U0819031

道路桥梁工程与路基路面施工技术研究

陈咏锋 钟志光 朱明准 ◎ 著

吉林科学技术出版社

图书在版编目（CIP）数据

道路桥梁工程与路基路面施工技术研究 / 陈咏锋，钟志光，朱明准著. -- 长春 : 吉林科学技术出版社，2021.8

ISBN 978-7-5578-8654-7

Ⅰ. ①道… Ⅱ. ①陈… ②钟… ③朱… Ⅲ. ①道路施工②桥梁施工③路基工程－道路施工④路面施工 Ⅳ. ①U415②U445③U416

中国版本图书馆CIP数据核字(2021)第165346号

道路桥梁工程与路基路面施工技术研究

作　　者　陈咏锋　钟志光　朱明准
出 版 人　宛　霞
责任编辑　隋云平
封面设计　北京万瑞铭图文化传媒有限公司
制　　版　北京万瑞铭图文化传媒有限公司
幅面尺寸　185mm×260mm　1/16
字　　数　298千字
页　　数　222
印　　张　13.875
版　　次　2022 年 4 月第 1 版
印　　次　2022 年 4 月第 1 次印刷

出　　版　吉林科学技术出版社
发　　行　吉林科学技术出版社
地　　址　长春市净月区福祉大路5788 号
邮　　编　130118
发行部电话 / 传真　0431-81629529　81629530　81629531
81629532　81629533　81629534
运输部电话　0431-86059116
编辑部电话　0431-81629518
印　　刷　长春市昌信电脑图文制作有限公司

书　　号　ISBN 978-7-5578-8654-7
定　　价　60.00 元

版权所有　翻印必究　举报电话：0431-81629508

前言

随着人们出行次数的增加，交通运输的便利性显得更加重要，也受到了人们的广泛关注。路桥工程是现阶段国内交通运输工程建设的主要内容之一，为人们的出行带来了更多的便利。

在路桥工程建设的过程中，路基路面属于最为基础的结构，并且也是整个工程的核心部分，将对工程质量产生最为直接的影响。路基路面施工主要是施工企业结合施工方案在选择合适原材料的基础上所进行的施工活动，其中包括路基构筑、路面压实及路面摊铺等。在路基路面的建设当中，不同施工技术所形成的结果存在着明显的差异，为有效提高路基路面施工质量，有必要持续改进施工技术，充分满足新时期路桥工程建设需求，达到提升路基路面施工质量的目的。

总而言之，随着路桥工程建设的持续发展，路面路基施工技术也应当随之不断优化与革新。现阶段，依旧有很多因素会影响到路桥工程质量，甚至还可能危害到人民群众的出行安全，因而施工单位须加强对路基路面施工的重视度，主动分析路桥施工中容易出现的问题，并对这些问题进行合理分析，分别采取针对性的优化措施，避免偷工减料的状况出现。同时，施工单位应确保路基路面施工作业完全符合相关的操作规范，并逐步提高施工人员的安全与质量意识，使路基路面施工更加合理有效，最终充分提高路桥工程施工质量。此外，施工单位还要结合新时期的路桥施工建设需求不断完善路基路面施工技术，改进相关的技术操作内容，由于目前尚有许多技术性难题，只能采取合理的方法优化施工技术，并有待于在未来的发展中加以改善。

限于编著者们的水平和能力所限，书中错误和不妥之处在所难免，恳请广大读者批评指正。

目录

第一章 桥梁工程概论

桥梁工程施工技术

桥梁工程的建设一般需经过规划、勘察、设计和施工等阶段。施工阶段的主要任务是具体实现桥梁设计思想和设计的意图，将图纸上的内容变为实际的能够满足功能要求的工程结构物。

桥梁工程的施工主要包括桥梁的施工技术和施工组织。施工技术水平对桥梁的建设起着十分重要的作用，尤其是对于结构复杂、施工环境恶劣的桥梁，建设者的建设意图在实际的工程结构物中体现，很大程度上依赖于所采用的施工技术。桥梁工程施工技术的发展，为实现桥梁设计的意图，提供了丰富多样的手段，也为增大桥梁跨度、改进结构形式以及采用新材料，提供了必要的条件。因此，先进的施工技术，能够影响和促进桥梁设计水平的提高和发展。此外，采用先进合理的施工技术，对于降低工程造价、保证工程质量、加快施工进度和实现安全生产都是十分重要的。

桥梁施工包括桥梁下部结构施工和桥梁上部结构施工，下部结构主要包括桥墩、桥台和基础，桥墩分为实体墩、柱式墩和排架墩等，桥台分为重力式桥台、轻型桥台、框架式桥台、组合式桥台、承拉桥台等，桥梁基础按构造和施工方法不同分为明挖基础、桩基础、沉井基础、沉箱基础和管柱基础等。

一、桥梁的组成及分类

（一）桥梁的组成

桥梁由五个主要部件（桥跨结构、支座系统、桥墩、桥台、基础）和桥面构造（桥面铺装、排水防水系统、栏杆、伸缩缝和灯光照明）组成。

桥跨结构、支座系统和桥面构造是桥梁的上部结构，它是线路中断时跨越障碍的主要承重结构。上部结构的作用是满足车辆荷载、行人通行，并通过支座将荷载传递给墩台。墩台和基础是桥梁的下部结构，它的作用是支撑上部结构，并将结构的荷载传给地基。

（二）桥梁的分类

桥梁的种类繁多，它们都是在长期的生产活动中通过反复实践和不断总结，逐步创造发展起来的。

1. 按桥梁的受力体系分类

桥梁可根据拉、压和弯三种基本受力方式分为梁式桥、拱式桥、悬索桥和刚构桥四种基本体系。当有几种不同的结构体系组合在一起时，则组成组合体系桥。

（1）梁式桥

梁式桥是一种在竖向荷载作用下无水平反力的结构。由于外力的作用方向与承重结构的轴线接近垂直，故与同样跨径的其他结构体系相比，梁内产生的弯矩最大，通常用抗弯能力强的材料来建造，它结构简单，施工方便。梁式桥又可分为简支梁桥和连续梁桥。简支梁桥的跨越能力有限，当计算跨径小于 20 m 时，通常采用混凝土材料；当计算跨径较大时，需要采用预应力混凝土结构，但跨径一般不超过 40 m。悬臂梁桥和连续梁桥都是利用增加中间支承以减小跨中弯矩，更合理地分配内力，加大跨越能力。

（2）拱式桥

拱式桥的主要承重结构是拱圈或拱肋。其特点是结构在竖向荷载作用下，两拱脚处不仅产生竖向反力，还产生水平反力，由于水平推力的作用使得拱截面的弯矩和剪力大大地减小。设计合理的拱主要承受拱轴压力，拱截面内弯矩和剪力均较小，因此可充分利用石料或混凝土等抗压能力强的房工材料。拱式桥是推力结构，其墩台、基础必须承受强大的拱脚推力。因此拱式桥对地基要求很高，适建于地质和地基条件良好的桥址。拱式桥不仅跨越能力强，而且外形酷似彩虹卧波，造型十分美观。

（3）悬索桥

悬索桥又称吊桥。传统的吊桥均使用悬挂在两边塔架上强大的缆索作为主要的承重结构。悬索桥由主塔、缆索、锚碇结构及吊杆、加劲梁等组成。在竖向荷载作用下，通过吊杆使缆索承受很大的拉力，通常就需要在两岸桥台的后方修筑巨大的锚碇结构。吊桥也是具有水平反力的结构。现代的吊桥上，广泛采用高强度的钢丝编制的钢缆，以充分发挥其优异的抗拉性能。因此，结构自重较轻、建筑高度较小的悬索桥能够建造出比其他任何桥型都要大的跨度。

（4）刚构桥

刚构桥的主要承重结构是梁与立柱刚性连接的结构体系。刚构桥的特点是在竖向荷载作用下，柱脚处不仅产生竖向反力，同时产生水平反力和弯矩，使其基础承受较大推力。刚构桥跨中的建筑高度可以做得较小。

（5）组合体系桥

由几种不同体系的结构组合而成的桥梁称为组合体系桥。常见的有：斜拉桥和梁、拱组合体系桥。

2. 桥梁的其他分类

除上述按受力特点将桥分成不同的结构体系外，人们还习惯按桥梁的用途、大小规模和建桥材料等其他方面来进行分类：①按桥梁全长和跨径的不同，分为特大桥、大桥、中桥和小桥。②按桥梁主要承重结构所用的材料划分，有圬工桥（包括砖、石、混凝土等）、钢筋混凝土桥、预应力钢筋混凝土桥、钢桥和木桥等。木材易腐且资源有限，因此除少数临时性桥外，一般不宜采用。目前，我国在公路上使用最广泛的是圬工桥、钢筋混凝土桥、预应力钢筋混凝土桥。③按桥梁上部结构的行车道位置，分为上承式桥、下承式桥和中承式桥。桥面布置在主要承重结构之上者称为上承式桥，桥面布置在承重结构之下的称为下承式桥，桥面布置在桥跨结构高度中间的称为中承式桥。④按桥梁用途来划分，分为公路桥、铁路桥、公路铁路两用桥、农桥、人行桥、运水桥及其他专用桥梁。

二、桥梁工程施工的一般特点

（一）流动性与地域性

桥梁工程施工生产不同于一般的工业生产，由于建造地点的不同，其施工是在不同的地区，或同一地区的不同场地进行的，因此其生产在地区之间、场地之间流动。桥梁工程施工受地区条件的影响，其结构、造型、材料和施工方案等方面均有所不同，具有一定的地域性。

（二）固定性与单一性

具体到某一座桥梁工程施工，经过统一规划后，根据其使用功能，在选定的地点上单独设计、单独施工，不可更改，建设地点具有固定性。即使是提倡使用标准设计和通用构件，但受桥梁工程所在地区的自然、经济和技术条件的约束，其结构、建筑材料、施工方法和施工组织等也可因地制宜加以修改，以适应不同地区和不同桥型的需要，从而使桥梁工程的施工具有单一性。

（三）周期性与重复性

桥梁工程施工受混凝土龄期、同部位分节施工等影响，需按部就班地开展，如梁板预制、钢筋绑扎、模板安装固定、混凝土浇筑、顶推循环施工等，从而使桥梁工程施工具有周期性和重复性。

（四）露天性与高空性

桥梁工程地点的固定性和体形庞大的特征决定了其施工具有露天作业和高空作业多的特点。随着社会经济发展和现代化交通运输的需要，各种大型桥梁的施工任务越来越多，使得桥梁工程高空作业的特点日益明显。

（五）施工周期长与占用流动资金多

桥梁体形庞大，其建造必然要消耗大量的人力、物力和财力，同时施工过程还要受到工艺流程和生产程序的制约，使各专业和各工种间必须按照合理的施工顺序进行配合与衔接。而建造地点的固定性，使得施工活动的空间具有一定的局限性，从而导致桥梁施工具有生产周期长、占用流动资金大的特点。

（六）施工生产组织协作的复杂性

桥梁工程施工涉及工程力学、地基基础、工程地质、水文水力学、土力学、工程材料、工程机械设备、施工组织管理等学科的专业知识，施工涉及面较广，需要在不同时期、不同地点上组织多专业、多工种的综合作业。此外，它还涉及不同种类的专业施工队伍，以及规划与征用土地、勘察设计、“五通一平”、科研试验、质量监督、交通运输、电水热供应、劳务等社会各领域的外部协作配合，使得桥梁工程施工生产的组织协作关系错综复杂。

三、桥梁工程施工的基本程序

桥梁工程主体施工大致可分为桥梁下部结构和桥梁上部结构两部分。桥梁下部结构工程（基础、墩台）大多采用就地浇筑施工，桥梁上部结构根据桥位的地形地貌特点、墩台高低、梁孔多少等选择桥位现浇法或预制梁场集中预制的运架方案。桥梁工程施工的精细度及要求高，施工组织应科学合理，管理应精细严格。

四、桥梁工程施工准备工作

施工单位承接桥涵施工任务后，必须组织有关人员对设计文件、图纸及其他有关资料进行了解和研究，并进行现场勘察与核对，必要时进行补充调查。其内容包括：气候条件，气象资料，河流水文，地形地貌，河床地质，当地材料，可利用的现有建筑物，劳动力情况，工业加工能力，交通运输条件，施工场地的水，电源以及生活物资供应，农田耕作的要求等。

（一）施工单位在编制施工组织设计前

应组织有关人员对设计文件、图纸、资料进行研究和现场核对，必要时进行补充调查。研究设计文件、图纸、资料时，应首先查明是否齐全、清楚，图纸本身及相互之间有无矛盾和错误。如发现图纸和资料欠缺、错误、矛盾等情况，应向建设单位提出，予以补全、更正。较复杂的中桥、大桥和特大桥，可要求建设单位进行设计交底，施工单位可提出修改意见供建设单位考虑。

（二）在勘查现场及审阅图纸后

应请建设单位主持，请建设主管部门、监理单位、设计单位设计人员进行设计交底。交底后施工单位将发现的问题提出，请设计单位解答，会议纪要由建设单位于会后以正式文件分发给设计、施工及其他单位。

在施工单位内部应贯彻层层交底制度，施工技术部分应由技术负责人进行书面交底。交底内容应包括结构特点、施工季节特点、施工步骤、操作方法、质量要求、安全要求和各项有关的规程、技术措施，并结合设计意图，向各级人员及操作人员交代清楚。

（三）根据工程规模，编制施工组织设计或施工方案

施工组织设计具体应包括下列内容：

1. 工程特点

应叙述工程结构情况与特点及工程地点的水文、地质、气候、地形等特殊情况，以及与工程有关的其他情况。

2. 主要施工方法

根据工程特点，简要叙述本工程主要部位的施工方法和保证工程质量、施工安全、节约，以及推广新工艺、新技术、新结构、新材料等的施工方法。

3. 施工现场总平面布置图及施工图纸

包括水、电、路和各加工厂与存料场的布置、面积，以及与场外的交通联系。

4. 施工进度计划

主要项目施工网络计划、施工物资供应计划及半成品供应计划、施工机具与劳动力计划。

5. 施工预算

科研项目及内容。

6. 对施工中间的障碍应做详细调查

提出处理方法与时间，对旧建筑物的处理方法，如需爆破时，则应提前做准备，并报请有关单位批准，按计划施行。

7. 在河道中施工时

应划定足够的施工水域和拟定过往船只通行的措施，报请航道部门批准。对河床情况，除去探测外，还应向附近人员了解河道内有无特殊障碍，以便制订施工计划。在陆地施工时应充分考虑交通组织问题，应与铁道、公路及交通管理部门联系，并办理有关手续。

五、桥梁工程施工常备式结构与主要机具设备

（一）桥梁施工常备式结构

1. 钢管脚手架（支架）

根据钢管的连接、组合方式不同而产生了多种不同类型的脚手架，主要有扣件式、碗扣式、门式脚手架等。扣件式钢管脚手架的特点是装拆方便，搭设灵活，能适应结构平面、立面的变化。

2. 拼装式常备模板

拼装式钢模、木模和钢木结合模板的构造都基本相同，均由底模、侧模和端模三部分组成。整体式模板是预制工厂的常备结构，常用于桥梁预制工厂的一些标准定型构件的生产。目前，组合式钢制定型模板在桥梁工程施工中也有使用。

组合式定型钢模板具有通用性强、可灵活组装、装拆方便、强度高、刚度大、尺寸精度高、接缝严密、表面光洁、适于组合拼装成大块、实现机械化施工、周转次数多（50次以上）、节

约木材、降低成本等优点。

3. 万能杆件

万能杆件是用角钢制成的可拼成节间距为 2 m × 2 m 的桁架杆件。万能杆件通用性强，各杆件均为标准件，装拆、运输方便，利用率高，可拼装成多种形式，也可作为墩台、索塔施工脚手架。万能杆件的构件一般有杆件、连接板、缀板三大部分。

4. 贝雷（贝雷梁）

贝雷是一种由桁架拼装而成的钢桁架结构。贝雷常拼成导梁作为承载移动支架，再配置部分起重设备与移动机具来实现架梁。贝雷主要构件有：桁架、加强弦杆、横梁、桁架销、螺栓、支撑构件等。

（二）桥梁施工常用的起重机具设备

1. 扒杆

扒杆是一种简单的起重吊装工具，一般都是由施工单位根据工程的需要自行设计和加工制作的。扒杆可以用来升降重物、移动和架设桥梁等。常用的扒杆种类有独脚扒杆、“人”字扒杆、摇臂扒杆和悬臂扒杆。

2. 龙门架

龙门架是一种最常用的垂直起吊设备。在龙门架顶横梁上设行车时，可横向运输重物、构件；在龙门架两腿下设有缘滚轮并置于铁轨上时，可在轨道上纵向运输；在两脚下设能转向的滚轮时，则可进行任何方向的水平运输。

3. 浮吊

浮吊船是在通航河流上建桥的重要工作船只。常用的浮吊有铁驳轮船浮吊和用木船、型钢及人字扒杆等拼成的简易浮吊。我国承建的孟加拉国吉大港帕德玛大桥主桥建造工程中，浮吊船的最大起重重量可达 1000 t。通常简易浮吊可以利用两只民用木船组拼成门船，用木料加固底舱，舱面上安装型钢组成的底板构架，上铺木板，其上安装“人”字扒杆制成。起重动力可使用双筒电动卷扬机一台，安装在门船后部中线上。制作“人”字扒杆的材料可用钢管或圆木，并用两根钢丝绳分别固定在民船尾端两舷旁钢构件上。吊物平面位置的变动由门船移动来调节，另外还需配备电动卷扬机绞车、钢丝绳、锚链、铁锚作为移动及固定船位用。

4. 缆索起重机

缆索起重机是利用承载缆索上行走的起重小车进行吊运作业的起重机具。缆索起重机以柔性钢索作为大跨距架空承载构件，具有垂直运输和水平运输功能，用于较大空间范围内。

5. 架桥机

目前在我国使用的架桥机类型很多，其构造和性能也各不相同，最常用的有单梁式架桥机和双梁式架桥机两种类型。

单梁式架桥机的特点是：机械化程度较高，本身设有自动行驶的动力装置，能架桥、铺轨两用，轴重小，能自动行驶上桥对位，使用操作较安全、方便；机臂能做水平摆动，并可在隧道口架梁；能吊铺桥上 25 m 长的轨排及上渣工作；除端门架和支柱需拆卸外，其余基本上不需要解体运输，因此，整机组装和拆卸均较简单，而且不需要其他超重机械帮助。

双梁式架桥机的特点是：架桥机吊梁桁车可直接由运梁平车上起吊梁，不需换装；架梁时，因吊梁桁车可横向移动，因此，每片梁均能一次就位，而不需要人工在墩台上移梁；机臂能做水平转动；可在隧道口和隧道内架桥；机臂前后两端均能架梁，架桥机不需转向。此外，双梁式架桥机还自带发电设备，结构简单，操作方便，便于养护维修，适用于山区和地形复杂的道路铺设和架桥工作。

6. 汽车起重机

汽车起重机是装在普通汽车底盘或特制汽车底盘上的一种起重机，其行驶驾驶室与起重操纵室分开设置。这种起重机的优点是机动性好，转移迅速。缺点是工作时须支腿，不能负荷行驶，也不适合在松软或泥泞的场地上工作。汽车起重机的底盘性能等同于同样整车总重的载重汽车，符合公路车辆的技术要求，因而可在各类公路上通行无阻。此种起重机一般备有上、下车两个操纵室，作业时必须伸出支腿保持稳定。起重量的范围很大，为 8 ~ 1000 t，底盘的车轴数，可为 2 ~ 10 根，是使用广泛的起重机类型之一。

六、桥梁工程施工现场安排

施工现场的施工安排工作，主要是为工程的施工创造有利的施工条件和物资保证。其具体内容如下：

（一）施工测量控制网的复测和加密

按照设计单位提供的桥位总平面图及测量控制网中给定的基线桩、水准基桩和保护桩等资料，在施工现场进行三角控制网的复测。并根据桥梁的精度要求和施工方案，补充加密施工所需要的各种标桩，建立满足施工要求的工程测量控制网。

（二）“五通一平”

“五通一平”是指工程中为了合理有序施工进行的前期准备工作，一般包括通水、通电、通路、通信、通排水、平整土地。一般基本要求是“三通一平”（通水、通电、通路、平整土地）。为满足采用蒸汽养生和寒冷冰冻地区取暖的需要，还要考虑做好供热工作。

（三）建造临时设施

按照施工总平面图的布置，建造各种生产、办公、生活居住和储存等临时房屋，以及施工便道、便桥、码头、混凝土搅拌站和构件预制场等大型临时设施。由于临时设施的项目繁多，内容庞杂，因此建造时应精打细算，做好规划，合理地确定项目、数量和进度等。要因地制宜，降低造价，使之尽量标准化和通用化，以便于拆迁和重复利用。

（四）安装调试施工机具

按照施工机具需要量计划，组织施工机具的进场，并根据施工总平面图的布置将施工机具安置在规定的地点。对所有施工机具都必须在施工之前进行检查和试运转。

（五）原材料进场及验收

为了确保进入施工现场的材料符合规范要求，确保工程质量，应从原材料的采购进行控制，选择合格的供应商，保证所有同工程质量有关的物资采购时能满足规定的要求，做到比质比价，质量第一。进场材料由项目物资部、质保部联合按批次验收；原材料进场时必须资料齐全；钢筋、水泥等必须经复验合格。

项目部组织验收合格后，须报监理和甲方验收，通过后方可使用。未经检验和试验的材料，未经批准紧急放行的材料，经检验和试验不合格的材料，无标识或标识不清楚的材料，过期失效、变质受潮、破损和对质量有怀疑的材料等不得使用。当材料需要代用时，应先办理代用手续，经设计单位或监理单位同意认可后才能使用。

（六）原材料的试验和储存堆放

按照材料的需要量计划，应及时提供材料试验如钢材的机械性能试验，预应力材料的力学性能试验，水泥、沙石等原材料的试验，以及混凝土的配合比试验等申请计划。材料的进场要及时组织，进场后应按规定的地点和指定的方式进行储存和堆放。

（七）做好夏、冬、雨季施工安排

按照施工组织设计的要求，落实夏、冬、雨季的临时设施和技术措施，做好施工安排。

（八）落实消防和保安措施

建立消防和保安等组织机构，制定有关的规章制度，布置安排好消防、保安等措施。

七、桥梁工程安全文明施工和环境保护

（一）安全施工措施

桥梁工程施工常采用高处作业，由于高处作业危险性大，伴随着高处作业易发生坠落事故，因此必须认真采取防护措施，做好防护工作和应急措施。

桥梁工程施工中的安全基本规定：①高桥、大跨、深水、结构复杂的大型桥梁施工，应对施工安全做专项调查研究，并制定相应的安全技术措施。单项工程（包括辅助结构、临时工程）开工前，应根据规定的安全操作细则向施工人员进行安全技术交底。②桥梁施工前，应对施工现场、机具设备及安全防护措施等进行全面检查，确认符合安全要求后方可施工。③手持式电动工具，应按《手持式电动工具的管理、使用、检查和维修安全技术规程》（GB/T 3787—2006）的规定，根据手持式电动工具的类别和作业场所的安全要求，加设漏电保护器。④桥梁施工中，采用多层作业或桥下通车、行人等立体施工时，应得到交通管理和市政部门的同意，并布设安全网。⑤对

于通航江河上的桥涵工程，施工前应与当地港航监督部门联系，制定有关通航、作业安全事宜。⑥桥梁施工受气候环境因素影响很大。因此，应注意天气预报风力级别，高处露天作业及缆索吊装、大型构件等在起重吊装时，应根据作业高度和现场风力大小对作业的影响程度，制定适于施工的风力标准。遇有六级（含六级）以上大风时，上述施工应停止作业。

（二）文明施工措施

同道路工程施工相同，文明施工能够展示施工单位的形象，体现施工队伍素质，文明施工不仅可以体现当代建设者及建设单位的责任感，还能够提高施工质量，保证工程建设有序进行，具体规定同道路文明施工的规定。

（三）环境保护措施

1. 水土保持措施

（1）桥梁施工水土保持措施

基础施工，特别是钻孔过程中会有大量的泥浆水排放，为防止污染水源，破坏环境，钻孔过程中的泥浆水先集中在泥浆池沉淀，符合要求后排放到工地的排水系统，严禁乱流乱淌。

（2）弃渣（土）场水土保持措施

弃渣场选址应依据设计文件规划或与地方有关部门协商，并结合当地土地利用规划。一般选择在坡度较缓、易于形成坡度开发山坡荒地处，避开大面积汇水地带的滞留谷地。弃渣前先将地表熟土集中存放，砌筑片石挡渣墙，墙身设泄水孔，渣底预埋透水管道。必须先挡后弃，工程结束后对弃渣场进行平整，地面做必要的防护，将存放的熟土回填弃渣场顶部，植草复垦。

（3）防止水污染措施

施工及生活废水的排放遵循清污分流、雨污分流的原则，各种施工废油、废液集中储积，集中处理，严禁乱流乱淌，防止污染水源，破坏环境。

（4）地表植被的保护

合理规划施工便道、施工场地，固定行车路线、便道宽度，限制施工人员的活动范围，尽量少扰动地表、少破坏地表植被。

（5）维护生态平衡，避免人为恶化环境措施

加强生态环境保护的宣传工作，使全体参建员工充分认识环境保护的重要性和必要性，加强环保意识，制定详细的环境保护措施，建立严格的检查制度，避免人为恶化环境。保护好桥址沿线的植被、水环境、大气环境、自然生态环境、土壤结构、自然保护区、野生动植物，维护生态平衡系统。

2. 生态环境保护措施

（1）临时工程环境保护

便道、混凝土搅拌站及办公生活区的设置要合理、紧凑，严禁随意搭建，尽量减少对植被的损坏，不占用乡村道路。搅拌站等高噪声生产设施尽可能远离居民区或采取限时作业措施。施工

场地周围预先开挖排水沟，做到排水畅通，场内不得积水、积污，应充分考虑其对原地面排水的影响，以免阻挡地表径流的排泄，影响当地居民的生产、生活。

（2）植被保护

施工期间加强对施工人员保护自然资源及野生动植物的教育，限制施工人员和车辆的活动范围。施工便道选线和办公生活区、大型临时设施场地选址尽量少占或绕避林地、耕地，保护原有植被。对合同规定的施工界限外的植物尽力维护，工程完工后及时进行现场清理，复垦或绿化。

（3）施工中的环保措施

注意夜间施工的噪声影响，尽量采用低噪声施工设备。不能使用不符合尾气排放标准的机械设备。做好当地水系、植被的保护工作，在施工时对路基边坡及时进行防护与植被绿化，施工车辆不得越界行驶，以免碾坏植被、庄稼、乡村道路等。施工便道、工棚及作业场地的布置，尽量维护自然面貌，少占荒地，少开挖，以保护自然植被。

（4）竣工后环境恢复措施

工程完工后，将临时设施全部拆除，当地可以利用的，通过当地政府或环保部门的同意，协议转让。施工场地认真清理并收集施工垃圾运至指定的位置处理或就地掩埋。工程完工后，临时租用的土地立即复耕归还。工程竣工的同时，严格按照环保及生态环境保护的要求，对临时设施、施工工点、取弃土场及其他施工区域范围做好环保及生态环境的恢复工作。

第二章 桥梁构造形式

第一节 梁式桥

一、梁式桥概述

目前我国的中小跨径公路桥梁或者城市桥梁，大部分是钢筋混凝土或预应力混凝土梁式桥。这两种桥梁具有能就地取材、工业化施工、耐久性好、适应性强、整体性好以及美观等许多优点。预应力混凝土梁桥更兼有节省钢材和跨越能力大的长处。

从承重结构的截面形式上分类，混凝土梁式桥可分为板桥、肋梁桥和箱形梁桥。

从受力特点上看，混凝土梁式桥可分为简支梁桥、连续梁桥和悬臂梁桥。

按施工方法分类，混凝土梁式桥又可分为整体浇筑式梁桥和预制装配式梁桥两类。

二、梁式桥的构造和设计要点

（一）简支梁桥构造与设计

1. 板桥构造与设计

因为桥在建成后外形上像一块薄板，习惯上称为板桥。

（1）整体式简支板桥的构造

整体式板桥一般做成实体式等厚度的矩形截面，为了减轻自重也可做成肋板式截面。

整体式简支板桥一般使用跨径在 8 m 以下，其桥面宽度往往大于跨径。因此，在荷载作用下，桥面板实际上是处于双向受力状态，即除板的纵向中部产生正弯矩外，横向也产生较大的弯矩。因此当桥面板宽较大时，除配置纵向的受力钢筋外，尚应计算配置板的横向受力钢筋。

整体式板桥行车道的主钢筋直径应不小于 12 mm，间距应不大于 20 cm，一般也不宜小于 7 cm；两侧边缘板带的主钢筋数量宜较中间板带（板宽 2/3 范围内）增加 15%；分布钢筋直径不小于 6 mm，间距不应大于 25 cm，并且在单位板长的截面面积一般不应少于主钢筋面积的 15%。

为保证混凝土结构在设计年限内具有足够的耐久性，决定性因素是混凝土内的钢筋不被腐蚀。理论和实践均表明，钢筋腐蚀与混凝土保护层厚度和密实性有很大的关系。《公路桥涵施工技术规范》（JTG/T F50—2011）规定，板的主钢筋与板缘间的净距（保护层厚度）应不小于 2 cm；设置钢筋网时，上、下层钢筋的混凝土保护层厚度不得小于 1.5 cm。

（2）装配式简支板桥的构造

装配式简支板桥的横截面形式主要有实心板和空心板两种。

1）矩形实心板桥

矩形实心板具有形状简单、施工方便、建筑高度小等优点，一般使用跨径为 1.5 ~ 8 m，板高为 0.16 ~ 0.36 m，常用的桥面净空有净 – 7 m，净 – 9 m 两种。

2）空心板桥

当跨径增大时，宜采用空心板截面，它不仅能减轻自重，而且能充分利用材料。

我国交通行业标准《公路桥涵标准图》中，对钢筋混凝土空心板桥，采用的标准跨径为 8 ~ 13 m，板厚为 0.4 ~ 0.8 m；对预应力混凝土空心板，采用的标准跨径为 8 ~ 16 m，板厚为 0.4 ~ 0.7m。空心板横截面的最薄处不得小于 7 cm，以保证施工质量和承载的需要。

3）装配式板桥的横向连接

装配式板桥板块之间必须采用横向连接构造，以保证板块共同承担荷载作用。常用的横向连接方式有企口混凝土铰连接和钢板焊接连接。

企口混凝土铰接形式有圆形、菱形和漏斗形三种。它是在块件安装就位后，在铰缝内用 C25 到 C40 细集料混凝土填实而成；如果要使桥面铺装层也参与受力，也可以将预制板中的钢筋伸出与相邻板的同样钢筋互相绑扎，再浇筑在铺装层内。

实践证明：企口式混凝土铰连接能保证传递横向剪力，使各块板共同受力。

由于企口缝内的混凝土需要养护一段时间才能通车，当需要加快工程进度、提前通车时，也可采用钢板连接。连接构造的纵向中距通常为 80 ~ 150 cm，跨中部分布置较密，向两端支点处逐渐减疏。

2. 肋梁桥构造与设计

混凝土肋梁桥因在横截面上具有明显的肋形结构而得名。它具有受力明确、构造简单、施工方便等优点，是中小跨径桥梁中应用最广的桥型。

简支梁桥的上部构造由主梁、横隔梁、桥面板、桥面系等部分组成。主梁是桥梁的主要承重结构；横隔梁保证各根主梁相互连成整体，以提高桥梁的整体刚度；主梁的上翼缘构成桥面板，组成行车（人）平面，承受车辆（人群）荷载的作用。这类桥梁可采用整体现浇和预制装配两种不同的方式进行施工。

（1）整体式简支 T 形梁桥

整体式梁桥在城市立交桥中应用较广泛，具有整体性好、刚度大、易于做成复杂形状等优点，多数在桥孔支架模板上现场浇筑，个别也有整体预制、整孔架设的情况。

（2）预制装配式简支 T 形梁桥

装配式 T 形梁桥是使用最为普遍的结构形式，其优点是制造简单，整体性好，接头也方便。

1）主梁

主梁梁肋厚度在满足抗剪要求下可适当减薄，但梁肋太薄，混凝土不易振捣密实。当主梁间距小于 2 m 时，梁肋一般做成全长等厚度；主梁间距大于 2 m 时，梁肋端部在 2.0 ~ 5.0 m 范围内可逐渐加宽，以满足抗剪和安放支座要求。对于预应力混凝土主梁梁肋，端部宽度尚应满足预应力锚具布置的要求。

当吊装重量允许时，主梁间距采用 1.8 ~ 2.2 m 为宜。过去，我国较多采用主梁间距为 1.6 m，现已编制了主梁间距为 2.2 m 的标准图，其预制宽度为 1.6 m，吊装后铰缝宽为 60 cm。

2）桥面板及横向连接构造

装配式简支梁桥桥面板（翼缘板）一般采用变厚式，其厚度随主梁间距而定，翼缘根部与梁肋衔接处的厚度应不小于梁高的 1/12，边缘厚度不宜小于 6 cm。主梁间距小于 2.0 m 的钗接梁桥，板边缘厚度可采用 8 cm（桥面铺装不参与受力）或 6 cm（桥面铺装通过预埋的连接钢筋与翼缘板共同受力）；主梁间距大于 2.0 m 的刚接梁桥，桥面板的跨中厚度一般不小于 15 cm，边缘板边厚度不小于 10 cm。

预制 T 形主梁吊装就位后，当设有横隔梁时，必须借助横隔梁和翼缘板的接头将所有主梁连接成整体。对于少横隔梁的主梁，应在翼缘板上加设接头和加强桥面铺装，使其横向连成整体。因此接头应有足够的强度以保证结构的整体性，并使其在营运过程中安全承受荷载的反复作用和冲击作用，而不发生松动。常用的桥面板（翼缘板）横向连接有刚性接头和铰接接头两种。刚性接头既可承受弯矩，也可承受剪力。铰接接头只能承受剪力。

（二）连续梁桥构造与设计

1. 等截面连续梁桥

（1）跨径布置

等截面连续梁桥可选用等跨和不等跨两种布置方式。

长桥、选用顶推法施工或者简支连续施工的桥梁，多采用等跨布置，这样做结构简单，模式统一。等跨布置的跨径大小主要取决于经济分孔和施工的设备条件。当标准跨径不能满足通航或桥下交通要求而需要加大个别跨的跨径时，常常不需改变高度，而是采用增加钢束和调整截面尺寸的方式予以解决，使桥梁外观仍保持等截面布置。这样做既可以使桥梁的立面协调一致，又能减少构件及模板的规格。

当标准跨径较大时，有时为减少边跨正弯矩，将边跨跨径取小于中跨的结构布置，一般边跨与中跨跨长之比在 0.6 ~ 0.8 之间。

（2）力学特点及构造特点

超静定结构的连续梁在恒载和活载作用下，支点截面设计负弯矩一般比跨中截面设计正弯矩大，但在跨径不大时这个差值不是很大，可以考虑采用等截面形式，并采取一定的构造措施予以调节，从而简化了主梁的构造。

边跨与中跨之比应不小于0.6，高跨比一般为1/25 ~ 1/15；在顶推施工的等截面连续梁桥中，梁高与顶推跨径之比一般为1/17 ~ 1/12。

（3）适用范围

等截面连续梁一般适应以下情况：①桥梁一般采用中等跨径，以40 ~ 60 m为宜（国外也有达到80 m跨径的）。这样可以使主梁构造简单，施工快捷。②立面布置以等跨径为宜，也可以采用不等跨布置。③适应于有支架施工、逐孔架设施工、移动模架施工及顶推法施工。

当连续梁的跨径较大时，宜采用悬臂法施工，这样主梁支点截面的负弯矩将比跨中截面的正弯矩大得多，若主梁仍采用等截面布置，从受力上讲就显得不太合理，而且不经济，这时，则以采用变截面连续梁桥更为有利。

2. 变截面连续梁桥

（1）跨径布置

主梁采用变截面形式的大跨径预应力混凝土梁桥，立面一般采用不等跨布置，但多于三跨的连续梁桥，除边跨外，其中间各跨一般采用等跨布置。当采用多于两跨的连续梁桥，其边跨一般为中跨的0.6 ~ 0.8倍。三跨连续梁用得最为广泛，当采用箱形截面的三跨连续梁时，边孔跨径甚至可减少至中孔的0.5 ~ 0.7。有时为了满足城市桥梁或跨线桥的交通要求而需增大中跨跨径，可将边跨跨径设计成仅为中跨的0.5或更小，在此情况下，端支点上将出现较大的负反力，故必须在该位置设置能抵抗拉力的支座或压重以消除负反力。

连续梁桥连续超过五跨时的内力情况虽然与五跨的相差不大，但连续过长会增大温度变化的附加影响，造成梁端伸缩量很大，需设置大位移量的伸缩缝，因此连续孔数一般不超过五跨。当需要在宽阔的河流或旱谷上修建很多孔连续梁时，通常可按3 ~ 5孔为一联分联布置，联与联的衔接处，像简支梁桥一样，通过两排支座支撑在一个桥墩上口。为了使边跨与中跨的梁高和配筋接近协调一致，连续梁桥各孔跨径的划分，通常按照边跨与中跨跨中最大弯矩趋近于相等的原则来确定，因此也要布置成对称于中央孔的不等跨径。

（2）力学特点及构造特点

主跨跨径接近或大于70 m的大跨径预应力混凝土梁桥一般采用变截面形式。原因是大跨度桥梁在恒载和活载作用下，支点截面设计负弯矩一般比跨中截面的设计正弯矩大，因此主梁采用变截面形式才符合受力要求，高度变化基本上与内力变化相适应。

梁底立面曲线可采用折线、圆弧线和抛物线等，用得较多的是二次抛物线，因为二次抛物线的变化规律与连续梁的弯矩变化规律基本接近。采用折线形截面变化布置可使桥梁的构造简单，施工方便。在大跨度预应力混凝土连续梁桥中，除截面高度变化外，还可将截面的底板、顶板和腹板做成变厚度，以满足主梁内各截面的不同受力要求。

变截面连续梁中，支点截面梁高与最大跨径之比一般为 1/18 ～ 1/16。跨中截面梁高通常为支点截面梁高的 1/2.5 ～ 1/1.5。

（3）适用范围

①当连续梁的主跨跨径达到 70 m 及其以上时，从结构受力和经济的角度出发，主梁采用变截面布置符合梁的内力变化规律。②采用变截面布置适合悬臂法施工（悬臂浇筑和悬臂拼装两种），施工阶段的主梁内力与运营阶段的主梁内力基本一致。③采用变截面结构外形美观，可节省材料并增大桥下净空高度。

大跨度预应力混凝土连续梁桥采用悬臂法施工时，存在墩梁临时固结和体系转换的工序，结构稳定性应加以重视，施工较为复杂；此外，主墩需要布置大型橡胶支座，存在养护上甚至更换上的麻烦。

（三）悬臂梁桥构造

1. 结构体系

悬臂梁桥分为双悬臂梁桥和单悬臂梁桥。

与简支梁桥相比较，悬臂梁桥由于支点负弯矩的存在，跨中正弯矩显著减小，故可以减小跨度内主梁的高度，从而可降低钢筋混凝土用量和结构自重，而这本身又导致了恒载内力的减小。

2. 适用范围

悬臂梁桥和简支梁桥一样，都属于静定体系，它们的内力不受基础不均匀沉降的影响。

悬臂梁桥与多孔简支梁桥相比较，另一个重要特点是：从桥的立面上看，在桥墩上只需设置一排沿墩中心布置的支座，从而可相应地减小桥墩的尺寸。

从运营条件来看，悬臂梁桥和简支梁桥均不是很理想，简支梁桥在梁与梁衔接处以及悬臂梁桥在悬臂端与挂梁衔接处的挠曲线都会发生不利于行车的折点，并且伸缩缝装置需经常更换。

钢筋混凝土的悬臂梁桥和连续梁桥在支点附近负弯矩区段内，梁的上翼缘受拉，不可避免要出现裂缝，雨水易于浸入梁体，而且其构造也较简支梁复杂。鉴于上述缺点，这种桥型目前在我国已不大采用。

3. 连续梁与悬臂梁常用截面形式

当连续梁桥的跨径超过 30 m 或更大时，主梁多采用箱形截面，构造布置灵活，适用于有支架现浇施工、逐孔施工、悬臂施工等多种施工方式，常用的箱形截面有单箱单室、单箱双室和分离式双箱单室等几种，以第一种应用得较多。单箱单室截面的顶板宽度一般小于 20 m；单箱双室的约为 25 m；双箱单室的可达 40 m 左右。一般地，等高度箱梁可采用直腹板或斜腹板，变高度箱梁宜采用直腹板。单箱单室截面 b ：a ：b 之比为 1 ：（2.5 ～ 3.0）：1 时横向受力状态较好。纵向负弯矩区受压底板的厚度对改善全桥受力状态、减小徐变下挠十分重要，因而大跨度连续体系梁桥中，应确保承受负弯矩的内支点区域的箱梁底板有足够的厚度，一般底板厚度与主跨之比宜为 1/160 ～ 1/130，跨中区域底板厚度则可按构造要求设计，一般为 0.22 ～ 0.28 m，箱梁其余尺寸的拟定可参考其他文献。

（四）梁式桥的施工方法

1. 简支梁桥施工方法

（1）简支梁桥制造工艺

1）基本施工工艺流程

无论采用哪一种施工方法进行施工，对于混凝土简支梁结构本身来说，都必须经过下列的基本施工工艺流程才能成型。

下面简单介绍每一流程。

①支立模板常用的构件模板材料有木模和钢模两种。前者多用于就地浇筑或者非等跨结构的场合；后者多用于预先制作的装配式标准构件，以利成批生产，降低成本。

②钢筋骨架成型混凝土内的钢筋骨架是由主筋、架立筋、箍筋、斜筋、分布钢筋以及附加钢件构成，并且均要通过钢筋整直→切断→除锈→弯曲→焊接或者绑扎等工序以后才能成型。

③浇筑及振捣混凝土该施工过程包括混凝土搅拌→混凝土运输→浇筑混凝土→振捣密实四个工序。

④养护及拆除模板混凝土浇筑完毕后，应在收浆后尽快用草袋、麻袋或稻草等物予以覆盖和洒水养护。混凝土构件经过养护后，达到了设计强度的 25% ~ 50% 时，即可拆除侧模；达到了设计吊装强度并不低于设计强度的 80% 时，就可起吊主梁。

2）预应力施工工艺

①后张法预应力混凝土简支梁的制造工艺特点普通钢筋混凝土简支梁构件的预制较为简单，这就是在地面专门的场地上按照基本施工工艺流程来完成构件的制作，然后堆放在场地的一侧，等待运到桥孔处进行安装。后张法预应力混凝土简支梁构件的预制过程也基本相同，所不同的主要有两点：第一，在钢筋成型这个施工过程，要按照设计图中的位置布设制孔器，即在混凝土构件中预留孔道，供以后预应力筋的穿入；第二，当完成混凝土养护和拆除模板后，按照设计图中所规定的混凝土龄期强度，将制备好的预应力筋穿入孔道中，完成张拉过程。由于它是在完成混凝土构件的制作之后再施加预应力，故把这种构件称作后张法预应力混凝土预制构件。

②先张法预应力混凝土简支板的制造工艺特点先张法预制板梁的工艺是在浇筑混凝土之前先进行预应力筋的张拉，并将其临时固定在张拉台座上，然后完成基本施工工艺流程，待混凝土达到规定强度（但不得低于设计强度的 80%）时，逐渐将预应力筋松弛，利用预应力筋回缩与混凝土之间的黏结作用，使构件获得预应力。

（2）就地浇筑法施工工艺

它是通过直接在桥跨下面搭设的支架作为工作平台，然后在其上面制造梁体结构。这种方法适用于两岸桥墩不太高的引桥和城市高架桥，或靠岸边水不太深且无通航要求的小跨径桥梁。

就地浇筑法施工工艺就是把基本施工工艺流程搬到工程现场的桥孔处来完成，也就是说，在桥孔下面先搭设好支架，立模浇筑混凝土构件且达到设计强度后，便可拆除支架，即：搭设施工支架→完成基本施工工艺流程→拆除或转移施工支架。

（3）预制安装法

当同类桥梁跨数较多，桥墩又较高，河水又较深且有通航要求时，通常将桥跨结构用纵向竖缝划分成若干根独立的构件，放在桥位附近专门的预制场地或者工厂进行成批制作，然后将这些构件适时地运到桥孔处进行安装就位。通常把这种施工方法称为预制安装法。

为了把在预制构件厂或桥梁施工现场预制的简支梁或板安放到设计位置，还需要完成两个重要的施工过程，即构件的水平运输和构件的垂直向安装。构件的安装按机械设备的不同可采用自行式吊车架梁、浮吊船架梁、跨墩龙门式吊车架梁、宽穿巷式架桥机架梁、联合架桥机架梁等方法。

2. 连续梁与悬臂梁桥施工方法

连续梁和悬臂梁桥的结构和重量一般都比简支梁大，其受力特点也与简支梁有所不同，故其施工方法与简支梁也大不相同。目前所用的施工方法大致可分为三类：

（1）逐孔施工法

它又可分为落地支架施工和移动模架施工两种。

（2）节段施工法（悬臂施工法）

它是将每一跨结构划分成若干个节段，采用悬臂浇筑或者悬臂拼装（预制节段）逐段地接长，然后进行体系转换。

（3）顶推施工法

它是在桥的一岸或两岸开辟预制场地，分节段地预制梁身，并用纵向预应力筋将各节段连成整体，然后应用水平液压千斤顶施力，将梁段向对岸推进。

第二节 拱桥

一、拱桥概述

拱桥是一种常用的桥梁形式。拱桥与梁桥不仅在外形上不同，而且在受力性能上两者也正是由于这个水平推力的作用，拱内弯矩大大减小。如果拱的形状设计得合理，还可以使拱承受主要压力，而弯矩、剪力较小。

（一）拱桥的组成

拱桥和其他桥梁一样，也是由桥跨结构（上部结构）和下部结构两部分组成。主拱圈是主要承重构件，承受桥上的全部荷载，并通过它把荷载传递给墩台及基础。由于主拱圈是曲线形，车辆无法直接在其上行驶，所以对实腹拱桥，需在水平桥面与主拱圈之间布置填充物；对空腹拱桥，需在主拱圈之间布置填充物，在行车道系与主拱圈之间布置传力构件。这些主拱圈以上的行车道系和传力构件或填充物统称为拱上建筑。

拱桥的下部结构包括桥墩、桥台和基础，用以支撑桥跨结构，将桥跨结构的全部荷载传至地基。桥台还起到与两岸路堤相连接的作用，使路桥形成一个协调的整体。

（二）拱桥的分类

拱桥的形式多种多样，构造各有差异，可以按照不同的方式来进行分类。

1. 按行车道的位置分类

根据行车道的位置，拱桥的桥跨结构可以做成上承式、中承式和下承式三种类型。就构造来讲，上承式拱桥较为简单，广为采用，其上部结构是由主拱圈（拱肋或拱箱，简称主拱）及拱上建筑（又称拱上结构）组成。

2. 按结构体系分类

（1）简单体系拱桥

在简单体系的拱桥中，上承式拱桥的拱上建筑或中承式、下承式拱桥的拱下悬吊结构，不参与主拱一起承受荷载。桥上的全部荷载由主拱单独承受，它是桥跨结构的主要承重构件。拱的水平推力直接由墩台或基础承受。

按照主拱的受力特点，简单体系的拱桥又可以分成三铰拱桥、双铰拱桥、无铰拱桥三种。

（2）组合体系拱桥

在拱式桥跨结构中，考虑行车道系结构与拱圈共同受力，可使用组合体系的拱桥（组合拱）。

由于行车道系与主拱的组合方式不同，其静力图也不同。组合拱可分为无推力的和有推力的两类；同样，也可以做成上承式或下承式。

（3）按主拱圈截面分类

拱桥的主拱圈沿拱轴线可以做成等截面或变截面形式。等截面拱构造简单，施工方便，使用普遍。

主拱的横截面形式很多，常见有板拱、肋拱和箱拱。

如果主拱圈的横截面采用整块的实体矩形截面，就称为板拱。其特点是构造简单，施工方便，但截面抗弯惯性矩不大，适用于中、小跨度的砌体拱桥。

为了节省材料，减轻结构自重，可将整块的矩形实体截面划分为两条（或多条）分离式的肋，以加大拱圈高度，提高截面的抵抗矩，这样就形成了由几条肋组成的拱桥，称为肋拱。肋拱桥的材料用量一般比板拱桥少，多用于较大跨度的拱桥。因拱肋是受压构件，就需要考虑其稳定问题。当两拱肋都是位于竖向平面时，可以在两肋之间沿拱设置横向连接系。当两拱肋分别位于向内倾斜的面时，两拱肋的拱顶部分相互靠近，使连接系更易设置，对增进稳定有益，这时，因拱肋很像提篮儿的把手，故称其为提篮拱。

若拱圈为箱形截面，则称之为箱拱。由于截面挖空，箱拱的截面抗弯惯性矩远大于相同截面面积的板拱，从而能大大减小弯曲应力并节省材料。另外，闭口箱形截面的抗扭刚度大，结构的整体性和稳定性均较好。它是国内外大跨度钢筋混凝土拱桥主拱圈截面的基本形式。

二、拱桥的设计

（一）拱桥的总体布置

通过必要的桥址方案比较确定了桥位之后，即可根据当地水文、地质、地形等具体情况进行拱桥的总体设计。总体布置是否合理，考虑问题是否全面，不但直接影响桥梁的总造价，而且对以后桥梁的使用、维护和管理带来直接的影响。因此，拱桥的总体布置十分重要。一个好的设计往往就体现在总体布置的优劣上。

总体设计的主要内容包括桥梁的长度、跨径、孔数、桥面标高以及主拱圈的矢跨比等。这里只阐明在具体设计拱桥中如何确定设计标高和矢跨比等问题。

1. 确定桥梁的设计标高和矢跨比

拱桥的标高主要有四个，即桥面标高、拱顶底面标高、起拱线标高、基础底面标高。这几项标高的合理确定对拱桥的设计有直接的影响。

拱桥桥面标高是指桥面与路缘石相接处的高程。一方面由两岸线路的纵断面设计来控制；另一方面还要保证桥下净空能满足泄洪及通航的要求。设计时应按规定，综合考虑有关因素，并与有关部门（如航运、防洪、水利等）商定。

桥面标高确定之后，由桥面标高减去拱顶处的建筑高度即可得到拱顶底面的标高。拱顶处的建筑高度包括拱顶填料厚度（30 ~ 50 cm）及拱圈厚度。

拟定起拱线标高时，为了减小墩台基础底面的弯矩，节省墩台的砌筑数量，一般宜选择低拱脚设计方案。但具体设计时，拱脚的位置往往又受到通航净空、排洪、流水等条件的限制。

至于基础底面的标高，主要根据冲刷深度、地质情况及地基承载能力等因素确定。

矢跨比的确定：当拱顶、拱脚的标高确定后，根据分孔时拟定的跨径，即可确定拱的矢跨比（f/l）。拱桥主拱圈的矢跨比是拱桥设计的主要参数之一。它不仅影响拱圈内力，还影响拱桥施工方法的选择。同时，对拱桥的外形能否与周围景物相协调也有很大关系。

对于石、混凝土板拱桥，其矢跨比一般为 1/8 ~ 1/4；钢筋混凝土箱拱桥的矢跨比一般为 1/10 ~ 1/6。拱桥的矢跨比不宜小于 1/12。矢跨比大于或等于 1/5 的拱桥称为陡拱；矢跨比小于 1/5 的称为坦拱。

2. 不等跨连续拱桥的处理方法

多孔连续拱桥最好选用等跨分孔方案，但在受到地形、地质、通航等条件的限制，或引桥很大，考虑与桥面纵坡协调一致时，或对桥梁的美观有特殊要求时，可以考虑采用不等跨的分孔。由于不等跨拱桥相邻孔的恒载推力不相等，桥墩和基础承受两侧拱圈传来的恒载推力不平衡。这种不平衡推力不仅对桥墩和基础的受力极为不利，而且在采用柔性墩的多孔连续拱桥中产生连拱作用，使计算和构造复杂。为了减小这个不平衡推力，改善桥墩、基础的受力状况，可采用以下措施。

（1）采用不同的矢跨比

在跨径一定时，推力的大小与矢跨比成反比。在相邻两孔中，大跨径孔采用较陡的拱（矢跨比较大），小跨径孔采用较坦的拱（矢跨比较小），以便使相邻孔在恒载作用下的不平衡推力尽量减小。

（2）采用不同的拱脚高程

由于采用了不同的矢跨比，两相邻孔的拱脚标高不在同一水平线上。因大跨径孔的矢跨比较大，拱脚降低，减小了拱脚水平推力对基底的力臂，这样可以使大跨与小跨的恒载水平推力对基底所产生的弯矩得到平衡；但因拱脚不在同一水平面，桥梁外形欠美观，构造也稍复杂。

（3）调整拱上建筑的恒载大小

在相邻两孔中，大跨径采用轻质的拱上填料或空腹式拱上建筑，小跨径采用重质拱上填料或实腹式拱上建筑，以改变恒载重量来调整拱桥的恒载水平推力。

（4）采用不同类型的拱跨结构

小跨径孔采用板拱结构，大跨径则采用分离式肋拱结构，以减轻大跨径孔的恒载重量来减小恒载的水平推力。有时，为了进一步减小大跨径孔的恒载推力，可加大跨径拱肋的矢高，而做成中承式肋拱桥。

在具体设计时，可采用上述措施中的任意一种或同时采用几种。如果仍不能达到完全平衡恒载推力的目的，则需设计成体型不对称的或加大尺寸的桥墩和基础来解决。

（二）拱轴系数的选择和拱上建筑的布置

拱式结构受力的本质是：在竖向荷载作用下，支撑处不仅产生竖向反力，而且还产生水平推力。正是由于水平推力的存在，拱内的弯矩和剪力大大减小，主拱圈主要承受压力。拱轴线线型不仅直接影响着拱圈的内力分布及截面应力的大小（拱圈的承载能力），而且它与结构的耐久性（开裂影响）、经济合理性和施工安全性等都有密切的关系。因此，选择拱轴线的原则，就是要尽可能降低由于荷载产生的弯矩数值。最理想的拱轴线是使其与拱上各种荷载作用下的压力线相吻合，使拱圈截面内只受轴向压力而无弯矩作用，截面应力均匀分布，充分利用材料的强度和砌筑材料的抗压性能，这样的拱轴线称为合理拱轴线。但事实上这种拱轴线是不可能获得的，因为除恒载外，拱圈还要受到活载、温度变化和材料收缩等因素的作用。

一般来说，拱桥设计中所选择的拱轴线应满足以下四方面的要求：尽量减小拱圈截面的弯矩，使主拱圈在计入弹性压缩、均匀温降、混凝土收缩等影响下各主要截面的应力相差不大，且最大限度地减小截面拉应力，最好是不出现拉应力；对于无支架施工的拱桥，应能满足各施工阶段的要求，并尽可能少用或不用临时性施工措施；计算方法简便，易为生产人员掌握；线型美观，便于施工。

三、拱桥的施工

拱桥的施工从方法上大体可分为有支架施工和无支架施工两大类。前者常用于石拱桥和混凝土预制块拱桥；后者多用于肋拱、双曲拱、箱拱、桁架拱及钢管拱桥等；也可采用两者结合的施工方法。

（一）有支架施工

有支架施工主要工序包括材料准备、拱圈放样、拱架制作与安装、拱圈与拱上建筑的砌筑等。

1. 拱架的形式和构造

（1）拱架的种类很多，按使用材料可分为钢拱架、木拱架、竹拱架及“土牛拱胎”等形式

钢拱架有多种类型，目前常采用常备式构件（又称万能杆件），在现场拼装，适应性强，运输安装方便，我国已在跨径 170 m 的钢筋混凝土箱拱桥施工中成功地采用了钢桁拱架。木、竹拱架在材料产地，供应充足地区的中小跨径的拱桥施工中应用也很普遍，它一次性投资小，制作方便。在少雨地区以及施工期间可以改流的地方，也可用就地取材、简单经济的“土牛拱胎”代替拱架，即先在桥下用土或沙、卵石填筑一个“土胎”（俗称“土牛”），然后在上面砌筑拱圈，砌成之后再将填土撤除即可。

（2）拱架按其构造类型可分为满布式拱架、拱式拱架、混合拱架等

下面介绍前两种。

1）满布式拱架

满布式拱架的优点是施工可靠、技术简单、对木材和铁件规格要求较低。缺点是材料用量大、受洪水威胁大。在水深流急、漂流物较多及要求通航的河流上不能采用。

满布式拱架通常有拱盔（拱架上部）、卸架设备、支架（拱架下部）三部分组成，一般常用形式有立柱式和撑架式。

2）拱式拱架

与满布式拱架相比，拱式拱架不需下部支架，因此不受洪水、漂流物的影响，在施工期间能维持通航，适应于墩高、水深、流急或要求通航的河流。

2. 拱圈及拱上建筑的施工

（1）拱圈的施工

修建拱圈时，为保证整个施工过程中拱架受力均匀，变形最小，使拱圈的质量达到设计要求，砌筑拱圈前，应根据拱圈跨径、矢高、厚度及拱架的情况，设计拱圈砌筑程序，一般根据跨径大小、构造形式等分别采用不同繁简程度的施工方法。

（2）拱上建筑的施工

拱上建筑的施工，应在拱圈合龙、间隔槽混凝土或填缝砂浆达到设计要求后进行，设计无明确要求时按设计强度 30% 以上控制。对于石拱桥，一般不小于合龙后三昼夜。

拱上建筑的施工，应避免使主拱圈产生过大的不均匀变形。实腹式拱上建筑，应由拱脚向拱

顶对称地砌筑。当侧墙砌筑好以后，再填筑拱腹填料及修建桥面结构等。

空腹式拱桥一般是在腹孔墩砌完后就卸落拱架，然后再对称均衡地砌筑腹拱圈，以免由于主拱圈的不均匀下沉而使腹拱圈开裂。

在多孔连续拱桥中，当桥墩不是按施工单向受力墩设计时，仍应注意相邻孔间的对称均衡施工，避免桥墩承受过大的单向推力，尤其是在裸拱圈上修筑拱上结构的多孔连拱更应注意，以免影响拱圈的质量和安全。

（二）缆索吊装施工

缆索吊装施工是拱桥无支架施工方法之一。在峡谷或水深流急的河段上，或在通航河流上满足船只的通行，或在洪水时期施工并受漂流物影响等条件下修建拱桥，以及采用有支架施工将会遇到很大的困难或是很不经济时，便可以考虑采用无支架的施工方法。

目前缆索吊装设备也逐渐配套、完善，并将现代电子遥控技术用于缆索吊装的拱箱吊装施工中。但缆索吊装施工要求施工设备较多，对施工的技术水平要求较高，且要多用一部分钢材，在选择此种施工方案时，应和其他无支架施工进行全面比较。

缆索吊装施工大致包括拱箱（肋）的预制，拱箱（肋）的移动和吊装，主拱圈的安砌，拱上建筑的灌砌，桥面结构的施工等主要工序。在此仅介绍最有代表性的吊装方法和加载程序。

1. 吊装方法

采用缆索吊装施工的拱桥，其吊装方法应根据桥的跨径大小，桥的总长及桥的宽度等具体情况而定。

拱桥的构件一般在河滩上或桥头岸边预制和预拼后，送至缆索下面，由起重机起吊牵引至指定位置安装。为了使端段基肋在合龙前保持在一定位置，在其上用扣索临时系住，然后才能松开吊索。吊装应自一孔桥的两端向中间对称进行。在最后一节构件吊装就位并将各接头位置调整到规定标高以后，才能放松吊索并将各接头接整合龙。最后将所有扣索撤去。

基肋（拱箱、拱肋或桁架拱片）吊装合龙要拟定正确的施工程序和施工细则并坚决按照执行。

拱桥跨径较大时，最好采用双基肋或多基肋合龙。基肋之间必须紧随拱段的拼装及时焊接（或临时连接）。端段拱箱（肋）就位后，除上端用扣索拉住外，应在左右两侧用一对称缆风索牵住，以免左右摇摆。中段拱箱（肋）就位时，宜缓慢地放松吊索，务必使各接头顶紧，应避免简支搁置和冲击作用。

2. 加载程序

对于中、小跨径拱桥，当拱肋的截面尺寸满足一定的要求时，可不做施工加载程序设计。按有支架施工方法对拱上结构做对称、均衡的施工。

对于大、中跨径的箱拱桥或双曲拱桥，一般多按分环、分段、均衡对称加载的总原则进行设计，即在拱的两个半跨上，按需要分成若干段，并在相应部位同时进行相等数量的施工加载。但对于坡拱桥，必须注意其特点，一般应使低拱脚半跨的加载量稍大于高拱脚半跨的加载量。

在多孔拱桥的两个邻孔之间，也须均衡加载。两孔的施工进度不能相差太远，以免桥墩承受过大的单向推力而产生过大的位移，造成施工进度快的一孔的拱顶下沉，邻孔的拱顶上冒，而导致拱圈开裂。

第三节 斜拉桥

一、斜拉桥的受力特点及分类

（一）斜拉桥概述

斜拉桥指用锚固在塔、梁上的若干拉索吊住梁跨结构的桥，也叫斜张桥。其主要组成部分为主梁、拉索和索塔。与一般梁式桥相比，主梁除支撑于墩身上外，还支承在由索塔引出的拉索上。斜拉桥的特点是从索塔上用若干拉索将梁吊起，相当于使主梁在跨内增加了若干弹性支点，从而大大减少了梁内弯矩，使梁高降低并减轻重量，提高了梁的跨越能力。当然，拉索对梁的这种弹性支撑作用，只有在拉索处于拉紧状态时才能得到充分发挥。因此必须在桥梁承受活载之前对拉索进行张拉。这种体系的优点是：梁体尺寸较小，桥梁的跨越能力增大；受桥下净空和桥面高程的限制少；抗风稳定性比悬索桥好；不需悬索桥那样的集中锚碇构造；便于采用悬臂施工等。另外，由于它是多次超静定结构，设计计算复杂；索与梁或塔的连接构造比较复杂；施工中高处作业较多，且施工控制等技术要求严格。

（二）斜拉桥分类

1. 按孔跨布置分类

斜拉桥最典型的孔跨布置形式为双塔三跨式与独塔双跨式。在特殊情况下，斜拉桥也可以布置成独塔单跨式及多塔多跨式等。

双塔三跨式是一种最常见的斜拉桥孔跨布置方式。由于它的主孔跨度较大，一般可适用于跨越较大的河流、河口和海面。在跨越河流时，可用主孔一跨跨越，将两个桥塔设在河滩浅水处，两个边跨设在靠岸边；也可以将两个桥塔设在河中，用三孔来跨越整个河道或主航道。

双塔三跨式斜拉桥可以布置成两个边跨跨度相等的对称形式，也可以布置成两个边跨跨度不等的非对称形式，可根据需要在两边跨内布置数量相等或不等的中间辅助墩，以提高结构体系的刚度。

独塔双跨式斜拉桥也是一种较为常见的孔跨布置方式，由于它的主孔跨径一般比双塔三跨式的主孔跨径小，故特别适用于跨越中等宽度的河流、谷地及交通道路。当采用双塔不经济时，可采用独塔跨越较宽河流的主航道部分，例如美国东亨丁顿桥、四川宜宾金沙江中坝大桥等。采用独塔双跨式时，根据河道情况，可以用两跨跨越河流，将桥塔设在河道中适当位置；也可以用主跨跨越河流，将桥塔及边跨设在河流的岸边。

独塔双跨式斜拉桥可以布置成两跨不对称的形式，即分为主跨与边跨；也可以布置成两跨对称即等跨形式。其中以两跨不对称的形式较多，也较合理。

为增加主跨跨度，可将独塔双跨式斜拉桥的主跨梁端与连续梁（刚构）相连，形成带协作体系的斜拉桥，如广东西江金马大桥。另外，在适宜的地形条件下，有时也可采用独塔单跨式斜拉桥，此时边跨跨度很小甚至没有边跨，靠岸边的斜拉索（背索）直接锚固在地面锚碇上。

在跨越宽阔水面或谷地时，由于桥梁长度大，必要时也可采用三塔或多塔斜拉桥，如中国宜昌夷陵长江大桥（三塔），香港汀九大桥（三塔，塔高不同），希腊里奥·安托里恩桥（四塔）和法国米约高架桥等。由于中间桥塔没有端锚索来有效地限制塔顶的水平变位，多塔斜拉桥的结构柔性会有所增大。

2. 按主梁的支撑体系分类

斜拉桥在索塔处及墩（含辅助墩）处的支撑形式对主梁的受力及结构的使用性能影响较大。

按主梁支撑条件不同，其可分为连续梁式和连续钢架式等。连续梁式往往在墩台支撑处仅用一个固定铰支座，其余为活动支座，梁的温度变位、水平变位等则由斜索予以约束。主梁采用连续梁式可以获得连续梁桥的主要优点，如行车顺畅、伸缩缝少，便于采用连续梁桥的各种施工方法等。目前广泛采用的形式，称为半漂浮体系。若将中间支点的支撑改为吊索，就形成漂浮体系，它可以减少索塔支点处梁的负弯矩，但梁的横向变位应加以约束。连续钢架式，它与一般钢架不同之处在于梁、墩与塔在支点处连成整体，形成十字固结，此处要抵抗很大的负弯矩，因此主梁截面要足够强劲，构造也较复杂。这类形式有利于简化平衡对称施工，且抵抗中跨变形的刚度较大。

3. 按拉索布置形式分类

（1）拉索的索面位置

拉索按其所组成的平面，通常分为单索面和双索面，双索面又可分为双平行索面和双斜索面。

双平行索面又有两种布置方式：一是将两索面布置在桥面外缘；二是将两索面布置在桥面宽度之内（如人行道内侧）。

当索塔在横向为A形、钻石形等时，就可能需要双斜索面与之配合。双斜索面的拉索可以提高梁的抗扭能力，抗风动力性能较好。

单索面设置在桥梁纵轴线上，这对于设置分车带的桥梁特别合适，基本上不需要增加桥面宽度，具有最小的桥墩尺寸和简洁的视觉效果。但是，单平面拉索只能支撑竖向荷载，由于竖向不对称活载或横向荷载（如风力）的作用而使主梁受扭，主梁横截面宜采用闭合箱梁。

对特殊情况，可能采用三索面，如正在建造的武汉天兴洲公铁两用桥，为突出桥梁造型，只在主跨内布置斜索，而取消边跨内或岸侧的斜索。具有这样索面布置的斜拉桥称为“无背索斜拉桥”，多在倾斜的独塔斜拉桥中采用。

（2）拉索的索面形状

1）辐射形

这种布置方法是将全部拉索汇集到塔顶，使各根拉索都具有可能的最大倾角。由于索力主要由其垂直分力的需要而定，因此索的拉力及截面可较小；而且辐射索使结构形成几何不变体系，对变形及内力分布都有利。这种做法的不足之处是：有较多数量的拉索汇集到塔顶，将使锚头拥挤，构造处理较困难；塔身从顶到底都受最大压力，自由长度较大，塔身刚度需保证压曲稳定的要求。

2）扇形

扇形是介于辐射形和平行形之间的形式，一般在塔上和梁上分别按不同的等间距布置，兼顾了以上两种形式的优点而弥补了其不足，因此应用广泛。

3）平行形

平行形中各拉索彼此平行，各索倾角相同。各对拉索分别锚固在塔的不同高度上，于是索与塔的连接构造易于处理；由于倾角相同，各索的锚固构造相同，塔中压力逐段向下加大，有利于塔的稳定性。但是索的用钢量较大；由于各对索力的差别，将在塔身各段产生较大的弯矩；由于是几何可变体系，对内力及变形的分布较不利，不过可以通过采用在边跨内设置辅助墩的办法来加以改善。

除此以外，还有星形（索在塔上分散锚固，在梁上汇集于一处），混合形（中跨为扇形，边跨为平行形或其他形状，多配合独塔斜拉桥采用），曲面形（索面形成空间曲面状，可用于讲究桥梁造型的城市桥梁和人行桥）等。正常情况下，所有斜拉索的下端均锚固于梁体。特殊情况下，也可将边跨靠外的部分长索（锚索）锚固于地面。

（3）索距的选择

根据拉索在主梁上的间距，有稀索斜拉桥（对于钢梁，间距为 30 ~ 60 m，对于混凝土梁，为 15 ~ 30 m）与密索斜拉桥（6 ~ 8 m）之分。早期斜拉桥多采用稀索，目前则多用密索。密索斜拉桥有下述优点：索间距较短，主梁弯矩可减小；每根索的拉力较小，锚固点的构造简单；悬臂施工时所需辅助支撑较少，甚至可以不要；每根拉索的截面及受力较小，易于更换。

（4）索塔的布置形式

斜拉桥索塔的布置形式分为沿桥纵向的布置形式和沿桥横向的布置形式，其中后者又因索面的布置位置不同而有所差异。索塔的纵向形式一般为单柱形。当需索塔的纵向刚度较大，或者需要有 2 根或 4 根塔柱来分散索塔的内力时，常常做成倒 V 形、倒 Y 形等。倒 V 形也可增设一道中间横梁变为 A 形。

在斜拉桥的总体布置中，索塔高度与拉索的倾角有关，故其选取也是涉及工程技术经济指标的一个重要参数。桥塔的有效高度一般从桥面以上算起。桥塔越高，拉索的倾角越大，斜拉索垂直分力对主梁的支撑效果也越好，但桥塔与拉索的材料用量也要增加。因此，桥塔的适宜高度要由经济比较来决定。

二、斜拉桥的构造

（一）主梁截面

斜拉桥的主梁截面形式根据所用材料（混凝土、钢或两者）及索面的布置方式有所不同。一般来说，在主梁的横截面形式方面，梁式桥主梁的不少横截面形式都可用于斜拉桥，但需注意到由于梁在跨间支撑在一排或两排拉索支点上，因此要求横截面的抗扭刚度比较好，而且便于拉索与主梁的连接。

钢梁的常用横截面形式主要有双主梁、钢箱梁、桁架梁等。双主梁一般采用两根“工”字形钢主梁或钢箱梁，上置钢桥面板，主梁之间用钢横梁连接。钢箱梁截面的形式多样，有单箱单室、多箱单室、多箱多室等布置；为提高抗风稳定性，大跨度钢斜拉桥往往采用扁平钢箱梁。斜拉桥采用钢桁梁则主要是为了满足布置双层桥面（公铁两用）的需要。

钢斜拉桥（以及后述悬索桥的加劲梁）的桥面往往采用正交异性板。它是指在钢桥面板（或钢箱梁上翼缘）下布置纵向及横向的、开口或闭口的加劲肋而形成的一种桥面构造。因加劲肋在平面纵横两个方向上正交且桥面板在两个方向的抗弯惯性矩不同，故此得名。

结合梁（钢梁与混凝土桥面板）斜拉桥在 20 世纪 80 年代才得到发展。与混凝土主梁相比，结合梁自重较小、施工方便；与正交异性钢桥面板相比，混凝土桥面板耐磨耗、造价低。由于构件的工厂制造化程度较高、易于组装，结合梁斜拉桥的建造费用较低。

（二）索塔

斜拉桥索塔的主要构件是以承受压力为主的塔柱。塔柱可竖直或倾斜布置，可取单根或多根。当采用多根时，各塔柱之间需布置横梁。混凝土斜拉桥常用的花瓶形索塔，整个塔柱由上、中、下三段组成；为简化设计和施工，拉索锚固区可集中布置在上塔柱内。主梁的中间支座布置在下横梁上，该横梁不仅为主梁提供支撑，还得承受塔柱因转折而产生的拉力。上横梁主要起联系作用，有必要时，也可在塔顶增设横梁。

根据材料划分，索塔有混凝土塔、钢塔和钢—混结合的索塔。

混凝土斜拉桥和一部分钢斜拉桥采用混凝土塔，其优点表现在：塔身刚度较大，造价较低，易于成形，养护简单。索塔或塔柱的基本截面形状是矩形，在此基础上，可变化为五角形（矩形靠桥外侧的一边形成转折）、六角形（矩形靠桥上、下游侧的两边均形成转折）、八角形（去掉矩形的四个角）等。对中小跨度的斜拉桥，多采用实心截面；对大跨度斜拉桥，宜采用空心截面。当塔柱为空心截面时，横梁也多如此。沿塔柱高度，可保持截面不变（对中小跨度）或有所变化（尤其对下塔柱）。另外，在拉索锚固区，应水平设置井字形或双 U 形预应力钢筋，以保证传力可靠，避免混凝土受拉沿塔柱竖向开裂。

钢—混结合的索塔指出于某种需要（如防撞击、防混凝土开裂等），让索塔的下塔柱采用混凝土，其余为钢（如南京长江三桥）；或让拉索锚固区为钢，其余为混凝土（如苏通长江大桥）。比照混合梁斜拉桥的定义，可将这类索塔称为混合塔。其关键技术是要处理好钢—混结合段的设计与施工。

（三）拉索

拉索对斜拉桥的工作状态影响很大，而且造价占全桥的25%～30%，因此对其构造要予以高度重视。

斜拉桥的拉索材料一般沿用悬索桥的大缆所采用的材料或预应力钢筋所用材料。目前在世界范围内用得较多的有平行钢丝索、钢绞线索和封闭式钢索等，在某些斜拉桥上也用过高强钢筋和型钢。我国斜拉桥常用7 mm高强钢丝组成的平行钢丝索或15 mm钢绞线组成的平行钢绞线索。

用平行排列的粗钢筋作为拉索，在少数斜拉桥中有过成功的运用。粗钢筋抗锈蚀能力好，便于锚固，但强度较低，材料长度较短（有时需要接长），运用有一定困难，故在斜拉桥中用得较少。

平行钢丝索在工厂制造，通常配合具有良好抗疲劳性能的冷铸镦头锚使用。它是先在锚板上钻孔（孔径稍大于钢丝直径），然后穿过钢丝，使用镦头机在钢丝端头镦头，最后进行整体张拉锚固，镦头就被支撑在锚板上。平行钢绞线索在工厂制成半成品（对每股钢绞线均进行防护处理），在现场装配成整索，需配合夹片锚使用。拉索用夹片锚为群锚体系，挂索张拉时，需先对每股钢绞线单独施锚，并采取措施保证各股钢绞线受力均匀、保证夹片在低应力状态下不松脱，然后按要求进行整体张拉。

三、斜拉桥的施工

一般来说，梁桥施工中可采用支架上拼装或现浇、悬臂拼装或浇筑、顶推法和平转法等。由于斜拉桥梁体尺寸较小，各节段间有拉索，索塔还可以用来架设辅助钢索，因此对各种无支架施工法更为有利。采用何种施工方法，要根据桥梁的构造特点、施工技术及设备、现场环境条件等因素，由设计部门与施工部门研究决定。

在支架或临时支墩（墩间设托架）上修建的方法最简单方便，但这类方法只有当桥面不高、桥下容许搭设支架或支墩时才有可能。混凝土斜拉桥边跨端部一定长度的梁段，因需要配重而无法悬臂施工，多采用支架施工方法。

顶推法施工只适用于塔梁固结、梁墩分离的斜拉桥体系，可分为纵移和横移两种情况。纵移与连续梁所用顶推法大致相同。横移指在平行于桥轴线的桥位一侧修建上部结构，然后横向顶推到桥轴位置。因为能使交通中断时间减少，这种方法最适用于替换旧桥。

平转法与拱桥中所采用的转体法相似，即将上部结构分为两半，分别沿两岸顺河流方向的较矮支架上制作，然后以索塔为圆心旋转到桥位合龙。采用此法修建的斜拉桥不多，跨径也不大。

悬臂施工法是斜拉桥普遍采用的方法。它可以是在支架（或支墩）上建造边跨，然后中跨采用悬臂施工的单悬臂法，也可以是对称平衡施工的双悬臂法。悬臂施工法的工序大致分为：修建索塔→吊装主梁节段（悬臂拼装法）或现浇混凝土主梁节段（悬臂浇筑法）→安装并张拉斜索→两者交替进行直至合龙。

悬臂浇筑法可采用常规挂篮施工，也可充分利用拉索，配合牵索式挂篮（也称为前支点挂篮）施工。这种挂篮的特点是，在浇筑梁段之前，将位于这一梁段内的拉索预先与挂篮前端相连并张拉，作为挂篮的“前支点”。随着恒载的增加，视情况分次张拉拉索；梁段施工完成后，再将索力从挂篮上转换到梁段上。牵索式挂篮的重量较小，适于施工阶段对梁的混凝土应力变化要求较严的斜拉桥。

索塔需在梁部施工前完成，塔柱可采用翻模技术施工，对横梁，则只能在支架上现浇施工。在施工过程中，斜拉索的索力和主梁线形需要根据设计要求和实际情况随时进行调整，且一般需在全桥合龙后进行最终调整。由于索力对结构体系的内力分布有很大影响，因此施工中应保证其符合设计要求，这就要求对各施工阶段节段的安装或立模高程及索力进行实时监测控制，并根据监控结果对索力及高程进行及时调整，以保证成桥状态满足设计要求。

第四节 悬索桥

一、悬索桥概述

悬索桥是一种适合于特大跨度的桥型。它以大缆（或称主缆、主索）、锚碇和塔为主要承重构件，以加劲梁（或称刚性梁）、吊索、鞍座等为辅助构件。

同其他桥型相比，跨度越大，悬索桥的优势越明显。

优势之一是在材料用量和截面设计方面。其他各种桥型的主要承重构件的截面面积，总是随着跨度的增加而增加，致使材料用量增加很快。但大跨悬索桥的加劲梁却不是主要承重构件，其截面面积并不需要随着跨度而增加。

优势之二是在构件设计方面。许多构件截面面积的增大是受到客观制约的，例如梁的高度、杆件的外廓尺寸、钢材的供料规格等，但悬索桥的大缆、锚碇和塔这三项主要承重构件在扩充其截面面积或承载能力方面所遇到的困难则较小。

优势之三是作为主要承重构件的大缆受拉，充分发挥钢材的抗拉强度高的优势，受力合理，这也是悬索桥适用于大跨径桥梁的一个重要因素。

优势之四是在施工方面。悬索桥的施工总是先将大缆架好，这样，大缆就是一个现成的悬吊式支架。在架梁过程中，加劲梁段可以挂在大缆之下，为了防御飓风的袭击，虽然也必须采取防范措施，但同其他桥所用的悬臂施工方法相比，风险较小。

悬索桥由于跨越能力大，常可因地制宜地选择一跨跨过江河或海峡主航道的布置方案，这样可以避免修建深水桥墩，满足通航要求。

悬索桥也有一些缺点：由于悬索是柔性结构，刚度较小，当活载作用时，悬索会改变几何形状，引起桥跨结构产生较大的挠曲变形；在风荷载、车辆冲击荷载等动荷载作用下容易产生振动。

二、悬索桥构造

（一）大缆

缆、索、链、绳都是指柔性大的构件，对独立的、直径较大的柔性构件，称为缆。其特点是抗弯刚度很小，而抗拉刚度可以很大，故只适合于受拉。

1. 大缆的类型及基本要求

悬索桥的大缆可采用钢丝绳和平行钢丝束两种形式，前者一般用于中小跨度（跨度 500 m 以下）的悬索桥，后者则适用于各种跨度的悬索桥。用于悬索桥的钢丝绳根据其规模大小可分别采用螺旋钢丝绳及绳股钢丝绳。平行钢丝束根据其架设方法分为空中纺线法（AS 法）和预制平行丝股法（PS 法）。前者是在施工现场通过移动的纺轮在空中逐丝编制而成，后者是预先在工厂按规定、的钢丝根数及长度制成丝股并做好锚头，绕在丝股盘上，然后运到现场通过牵引系统架设到设计位置。

2. 大缆的矢跨比和安全系数

大缆的矢高与跨度之比称为矢跨比。矢跨比越小，大缆中的恒载内力就越大，其刚度也就越大。通常，恒载小的桥所用的矢跨比小。桁式加劲梁的悬索桥矢跨比用得较大，而梭状扁平钢箱加劲梁的矢跨比用得较小，一般在 1/12 ~ 1/9 之间。矢跨比的选择主要是从结构布置、经济合理、美观和结构抗风稳定性等多方面综合考虑的。

大缆的安全系数主要由以下因素决定：大缆的构造、计算精度、恒载应力与活载应力之比、二次应力的影响、应力不均匀的程度、结构物的重要性等。选取适当的值作为大缆的安全系数，做到既保证结构的安全又经济合理，是降低悬索桥大缆材料用量的关键。国外早期悬索桥大缆的安全系数取得比较大。

（二）桥塔

桥塔的作用是支撑大缆。悬索桥的桥塔按其材料可分为砌体桥塔、钢桥塔和钢筋混凝土桥塔。早期的悬索桥多采用由石料砌筑的门架形桥塔结构。在 20 世纪修建的大部分悬索桥（特别是美国和日本的）桥塔采用钢结构。钢桥塔在桥梁横向的结构形式可分为带斜腹杆的桁架式、只带横杆的刚构式和以上两者的混合式。一般来说，桁架式桥塔在塔顶横向水平位移、用钢量、功能性及经济性方面均较有利，但在外观上不如刚构式简洁明快。二十多年来，随着混凝土技术的发展，特别是爬升模板问世以来，大跨度悬索桥塔开始采用混凝土结构。混凝土塔只采用带横杆的刚构形式。

（三）锚碇

锚碇是对锚块基础（有扩大基础、地下连续墙、沉井基础、桩基础等多种形式）、锚块、大缆锚固系统及防护结构等的总称。它是固定大缆的端头、防止其走动的巨大构件。悬索桥大缆两端的锚固方式有地锚（锚碇设在两岸上）与自锚（将大缆锚固于加劲梁端部）两种形式。绝大部分悬索桥采用地锚。自锚不需要修建大体积的锚碇，但应用情况较少，并且只限于小跨度，这是因为大跨度悬索桥的大缆内力值远远超过其加劲梁的承受能力。从施工方面讲，自锚悬索桥需先架设加劲梁，后架设大缆，这使施工尤其困难。因此，只在小跨度的城市悬索桥中，若因两岸建筑物密集，无场地或无良好地质条件可用作地锚时，才考虑自锚体系。

当大缆在锚碇前墙处需要展开成丝股并改变方向时，需设置大缆支架。大缆支架可以设置在锚碇之外，也可以设置在锚碇之内。大缆支架主要有三种形式，即钢筋混凝土刚性支架、钢制柔性支架及钢制摇杆支架。当采用刚性支架时，其底部必须设置辊筒，以适应大缆的伸缩。

（四）加劲梁

悬索桥加劲梁的作用不像斜拉桥的那样大，它主要起支撑和传递荷载的作用。现已建成的悬索桥的加劲梁大都采用钢结构，沿桥纵向等高度，一般采用桁架梁或梭状扁平钢箱梁。梭状扁平钢箱加劲梁的优点是：建筑高度小，自重较桁架梁轻，用钢量省，结构抗风性能好（风的阻力系数仅为桁架梁的 1/4 ~ 1/2）。

钢桁架式加劲梁在双层桥面的适应性方面远较钢箱梁优越，因此适合于交通量较大的或公铁两用的悬索桥。桁架加劲梁的立面布置多采用有竖杆的简单三角形形式，其横向布置应根据是否设双层桥面而定，桥面常采用钢筋混凝土板或正交异型钢桥面板。

大跨度悬索桥加劲梁的高度主要与结构的抗风性能等有关，与结构受力的关系不大，由于桁架的抗扭刚度相对较小，桁架加劲梁的梁高比流线型箱梁的高得多，如明石海峡大桥（主跨 1990 m 桁架式加劲梁）梁高 14 m，而大伯尔特桥（主跨 1624 m，扁平钢箱梁）梁高仅 4.0 m，我国目前所修建的大跨度钢箱加劲梁的梁高大都在 3.0 m 左右。

（五）索夹及吊索

作用于悬索桥加劲梁上的恒载及活载通过吊索传给大缆。为保证传力途径的安全可靠，需在大缆上安装索夹。索夹由铸钢制作，分成左、右两半或上、下两半，安装之后，用高强螺杆将两半拉紧，使索夹内壁对大缆产生压力，防止索夹沿大缆向低处滑动。

吊索可用钢丝绳、平行钢丝束或钢绞线等材料制作。吊索的下端与加劲梁连接，上端连接有两种方式：一种方式是采用销钉连接，在索夹（此时为上、下两半）下半的下垂板（又称吊耳）上设置销钉孔眼，吊索上端设开口套筒，两者通过销钉相连；另一种方式是让吊索绕过索夹（此时为左右两半），让吊索骑挂在索夹上，这类吊索常用钢丝绳制作，为避免过大直径钢丝绳绕过索夹时钢丝绳破断力降低太多，在每一索夹处常用两对直径较小的吊索。目前销钉连接方式用得较多。

吊索的安全系数要比大缆高得多，这主要是考虑到吊索的疲劳（风与车辆引起的振动）、设计制作及安装误差等的影响。国内外吊索的安全系数一般取 3.0 ~ 4.5。

（六）索鞍

鞍座是设在塔顶及桥台上直接支撑大缆并将大缆荷载传递给塔及桥台的装置。设在塔顶的鞍座叫主鞍，用作大缆跨过塔顶的支撑，承受大缆产生的巨大压力并传递给桥塔。

主鞍一般由铸钢件构成，随着焊接技术的发展，目前的鞍座大多采用铸焊结合结构。鞍槽采用铸钢件，鞍槽下的支撑结构用厚钢板的焊接结构，鞍槽与支撑结构之间也用焊接。为方便吊装，往往将主鞍座在纵向分为两段或三段，吊装到塔顶后用高强度螺栓连接成一体。

鞍座的弯曲半径关系到大缆的弯曲应力和大缆与鞍座的接触压力。大缆的弯曲应力与弯曲半径成反比，削弱大缆拉力强度的接触压力也同样与弯曲半径成反比，因此确定鞍座的半径时必须对这些方面加以充分考虑。一般悬索桥的主鞍半径是大缆直径的 8 ~ 12 倍。

三、悬索桥施工

悬索桥的基本施工步骤是先修建基础、锚碇、桥塔，然后利用桥塔架设施工便道，利用猫道来架设大缆，随后安装吊索并拼装加劲梁。

悬索桥施工的重点是大缆和加劲梁的架设。大缆架设分为用空中纺线法架缆和预制平行丝股架缆，加劲梁架设则采用梁段提升法。

（一）大缆架设

1. 空中纺线法

空中纺线法是美国人 J.A. 罗伯林在 1844 年提出的。其工作原理如下：沿着大缆设计位置，从锚到锚，布置一根无端牵引绳（长绳圈），将送丝轮扣牢在牵引绳某处。从卷筒抽出一钢丝头，套过送丝轮，并暂时固定在某靴根（可编号为 A）处。用动力机驱动牵引绳，送丝轮就带着钢丝套圈送至对岸，取下套圈，将其套在对应的靴根（编号为 A′）上。随着牵引绳的驱动，送丝轮就被带回本岸。在将钢丝绕过编号为 A 的靴根后，就可继续抽送钢丝，形成下一个套圈。如此反复进行，当套在两岸对应靴根（A、A′）上的丝数达到一根丝股的设计数目时，将钢丝剪断，用钢丝连接器将其两端头连起来。这样，一根丝股的空中编制就完成了。

为实现空中送丝，必须设置猫道和送丝设备。所谓猫道，就是指位于大缆之下（1 m 多），沿着大缆设置，让进行大缆作业（包括送丝、调丝、调股、紧缆、装索夹、装吊索、缠缆等工序）的工人有立足之处的脚手架。猫道一般设两条，宽度 3 m 左右，分设在大缆之下，用悬吊在塔和塔、塔和锚之间的几根平行承重绳加上铺面层组成。面层曾用木梁、木板，现大都改用镀锌钢丝网（但横梁及栏柱时常还用有防火涂料的木材），其自重较轻，所受到的风的静压较小，且对防火也更有利。

2. 预制平行丝股的制造及架设

（1）平行丝股的制造

预制平行丝股大缆的构造是：大缆由若干两端带锚头的丝股组成，每丝股含钢丝若干。钢丝从丝盘放出，通过导向网格，在成型机上向右移动，每隔一定距离用捆扎机捆扎一道，然后卷在卷筒上。同时，要给丝股两端装上锚头。

（2）用预制平行丝股架缆

采用预制平行丝股架成大缆时，也需要先架设导索和猫道，并设无端牵引绳（或叫拽拉索）及丝股输放机。但在猫道之上，要设置若干导向滚轮，以支撑丝股。这套拽拉系统把各丝股拽拉到位，丝股两端分别连接于锚杆。

（二）加劲梁架设

在完成大缆架设并调整好大缆线形后，就可安装索夹和吊索，开始加劲梁的架设工作了。当加劲梁是桁架式时，以往常采用的方法类似于桁架梁桥的悬臂安装法，即利用能沿着桁架上弦行走的吊机作为架梁机具。

在旧金山海湾桥施工中，第一次采用梁段提升法架梁。将架设好的梁段立即与对应的吊索相连，把梁段自重传给大缆，这样，先架设的梁段并不承受后架设梁段的自重。先将加劲梁预制成梁段，浮运到桥下，利用可行驶于大缆的起重台车，借助滑轮组及钢丝绳，将梁段提升到位。

第三章 梁桥上部结构施工技术

第一节 装配式预应力混凝土梁桥施工

一、桥梁上部结构装配式施工技术

（一）先张法预制梁板

1. 台座

台座是先张法施工的主要设备之一，承受预应力钢筋的全部张拉力，它应有足够的强度和稳定性，以免台座变形、倾覆、滑移而引起预应力损失。台座由一个框架（两根固定横梁和两根受压柱构成）和两根活动横梁组成，固定和活动横梁间设置千斤顶，预应力钢筋两端用工具锚固在活动横梁的锚固板上。千斤顶顶起活动横梁，使预应力筋受张拉。全部张拉力由框架承受。

压柱的承压形式可为中心受压或偏心受压，一般采用偏心受压。前者省料但作业不方便，后者则相反。

2. 模板工程

预制梁的模板是施工过程的临时结构，它不仅关系到预制梁尺寸的精度，而且对工程质量、施工进度和工程造价有直接的影响。

预制梁的模板通常按材料分类，有钢模板、木模板、土木组合模、土模以及钢木组合模等数种。预制工厂常采用钢模板和钢木结合的模板。

模板在制作时，应保证表面平整，转角光滑，连接孔配合准确。对于钢模要考虑焊缝收缩对长度的影响，对于木模要在构造上采取措施以防漏浆。模板的组装可在工作平台上进行，底模在制作时需考虑预制梁的预拱度。

模板的安装应与钢筋工作配合进行。在底模整平以及钢筋骨架安装后，安装侧模板和端模板；也可先安装端模，后安装侧模板。模板安装的精度要高于预制梁的精度要求。每次模板安装完成后需通过验收合格后，方可进入下一道工序。

模板分为底模、侧模、端模和内模。底模支承在底座上或设置在流水台车上，可用 12 ~ 16 mm 厚的钢板制成。将先张台座的混凝土底板作为预制构件的底模，要求地基不产生非均匀沉陷，底板制作必须平整光滑、排水畅通，预应力筋放松，梁体中段拱起，两端压力增大，梁位端部的底模应满足强度要求和重复使用的要求。底模在构造上应注意设置底模与侧模、底模与端模以及底模接长的联系构件。此外，还应在底模与台座之间设置减振垫。

侧模由侧板、水平加劲肋、斜撑等构件组成。钢侧模板一般采用 4 ～ 8 mm 厚钢板，采用 50 ～ 100 加劲角钢。侧模板在构造上应考虑悬挂振捣器的构件，要加强侧模间的连接构造，并需设置拆模板的设施。先张法制作预应力板梁，预应力钢筋放松后板梁压缩量为 1‰左右。为保证梁体外形尺寸准确，侧模制作要增长 1‰。

端模设置在梁的两端，安装时连接在侧模上，用于形成梁端形状。端模预应力筋孔的位置要准确，安装后与定位板上对应的力筋孔要求均在一条中心线上。由于施工中实际上存在偏差，力筋张拉时的筋位有移动，制作时端模力筋孔径可按力筋直径扩大 2 ～ 4 mm，力筋孔水平向还可做成椭圆形。

内模是空心截面梁、板的预制关键。其结构形式直接影响到制作是否经济、拆装是否方便、周转率高低等问题。

3. 预应力筋的张拉

预应力钢筋通常采用高强钢丝，钢绞线和精轧螺纹钢筋。

预应力混凝土预制梁制造过程中，张拉预应力筋、对梁施加预应力是一项十分重要的工作。施加预应力过多或不足都会影响梁的预制质量，必须按设计要求，准确地施加预应力。

先张法梁的预应力筋是在底模整理后，在台座上张拉已加工好的预应力筋。

先张法梁通常一端张拉，另一端在张拉前要设置好固定装置或安放好预应力筋的放松装置。张拉前，应先在端横梁上安装预应力筋的定位钢板，同时检查其孔位和孔径是否符合设计要求。之后在台座安装预应力筋，穿钢筋不能刮碰掉台面上的隔离剂。安装张拉设备时，应使张拉力的作用线与钢筋中心线一致。张拉时应采用应力与伸长值双控制，如发现伸长值异常，应停止张拉，查明原因。此外，在张拉过程中要十分重视施工安全。

为了减少张拉过程中的预应力损失，可以采用超张拉的方法。

4. 预应力混凝土的配料与浇筑

混凝土工程质量好坏是保证混凝土能否达到设计强度等级的关键，将直接影响钢筋混凝土结构的强度和耐久性。

（1）预应力混凝土配料

预应力混凝土配料除符合普通混凝土有关规定外，尚应符合如下要求。

配制高强度等级的混凝土应选择级配优良的配合比，在构件截面尺寸和配筋允许下，尽量采用大粒径骨料、强度高的骨料；含砂率不超过 0.4，水泥用量不宜超过 500 kg/m^3，最大不超过 550 kg/m^3，水灰比不超过 0.45，一般可采用低塑性混凝土，坍落度不大于 30 mm，以减少因徐变和收缩所引起的预应力损失。

在拌和料中可掺入适量的减水剂（塑化剂），以达到易于浇筑、早强、节约水泥的目的，其掺入量可由试验确定，也可参考经验值。拌和料不得掺入氯化钙、氯化钠等氯盐及引气剂，亦不宜掺用引气型减水剂。值得注意是，由于混凝土掺加减水剂效果显著，目前用于建造预应力混凝土桥梁的高强度混凝土几乎没有不掺加减水剂的，但对它的使用不能掉以轻心，使用不当将会严重影响混凝土的质量。

水、水泥、减水剂用量应准确到 ±1%；骨料用量准确到 ±2%。

预应力混凝土所用的一切材料，必须全面检查，各项指标均应合格。预应力混凝土选配材料总的发展趋势是提高强度，减轻自重，主要途径是采用多孔的轻质骨料。改善预应力混凝土物理力学性能的另一个重要途径是发展研制改性混凝土。

（2）预应力混凝土浇筑

混凝土浇筑前除按操作规程检查外，对先张构件还应检查台座受力、夹具、预应力筋数量、位置及张拉吨位是否符合要求等。

浇筑质量主要从两个方面来控制，一个是浇筑层的厚度与浇筑程序；另一个是良好的振捣，两个方面互相影响。当构件的高度（或厚度）较大时，为了保证混凝土能振捣密实，应采用分层浇筑法，并应在下层混凝土初凝之前，将上层混凝土浇筑并振捣完毕。T 形梁的浇筑顺序一般采用水平层浇筑，也可采用斜层浇筑。

混凝土浇筑不得任意中断，由于技术上或组织上的原因必须间歇时，间歇时间应根据环境温度、水泥性能、水灰比、外加剂类型及混凝土硬化条件确定。无试验资料时，对不掺外加剂的混凝土，间歇时间不宜超过 2 h；当温度高达 30℃左右时，应减少为 1.5 h；当温度低于 10℃左右时，可延长至 2.5 h。

（3）混凝土的振捣

混凝土浇筑与混凝土振捣要密切配合，分层浇筑分层振捣。

在预制梁时，组织强力振捣是提高施工质量的关键。由于预制梁截面形状复杂，梁高、壁薄、钢筋密集，在浇筑梁下层或下马蹄处的混凝土时，可使用底模和侧模下排的振捣器联合振捣，并依照浇筑位置调整振捣部位。当浇筑到梁的上层或梁肋混凝土时，主要使用侧模振捣，辅以插入式振捣。待浇筑桥面混凝土时，可使用侧模上排振捣器、插入式振捣器和平板式振捣器联合振捣。

混凝土的振捣时间应严格控制。振捣时间过长，容易引起混凝土的离析现象；振捣时间过短，不能达到要求的密实度。一般以振捣至混凝土不再下沉、无显著气泡上升、混凝土表面出现浮浆、表面达到平整为适度。当用附着式振捣器时，因振捣效率差，一般约需 120 s。当用插入式振捣器时，效果较好，一般只要 20 ~ 30 s。当用平板式振捣器时，在每个位置上的振捣时间为 25 ~ 40 s。

（4）混凝土的养护及拆模

为保持混凝土硬化时所需的温度与湿度，混凝土浇筑后需进行养护。预应力混凝土梁一般采用蒸汽法养护。开始时恒温，温度应按设计规定执行，不得任意提高，以免造成不可补救的预应力损失。

拆模的施工质量好坏直接影响到预制梁的质量和模板的周转使用。不承重的侧模，在混凝土强度达到 2.5 MPa 时，可以拆除。侧模可用千斤顶协助脱模，为使模板单元安全脱模，常用旋转法拆模，其转动中心可设在侧模的下端或上端。承重的底面模板应在混凝土强度能承受自重和其他可能的外荷载时拆除。

拆模后，如发现有缺陷，应进行修补。应遵循以下三点。

对有面积小、数量不多的蜂窝或露石的混凝土，先用钢丝刷或加压水洗刷基层，然后用 1 ∶ 2 ~ 1 ∶ 2.5 的水泥砂浆抹平。

对有较大面积的蜂窝、露石和露筋的混凝土应按其全部深度凿去薄弱层，然后用钢丝刷或加压水冲刷，再用比原混凝土强度等级高一个级别的细骨料混凝土填塞，并仔细捣实。

对影响结构性能的缺陷，应与设计单位研究处理。

5. 预应力筋的放松

当混凝土强度达到设计强度的 70% ~ 80% 以后，可在台座上放松受拉预应力筋，对预制梁施加预应力。放松过早会造成较多的预应力损失（主要是收缩、徐变损失）；放松过迟，则影响台座和模板的周转。放松操作时速度不应过快，尽量使构件受力对称均匀。只有待预应力筋被放松后才能切割每个构件端部的钢筋。

放松预应力钢筋的方法有：用千斤顶先拉后松、沙箱放松、滑楔放松和螺杆放松等方法，用得较多的是千斤顶放松。

采用千斤顶放松，是在混凝土达到规定强度后，再安装千斤顶重新张拉钢筋，施加的应力不应超过原有的张拉控制应力，之后将固定在横隔梁定位板前的双螺帽慢慢旋动后，再将千斤顶回油，让钢筋慢慢放松，使构件均匀对称受力。当逐根放松预应力筋时，应严格按有利于梁受力的次序分阶段进行。通常自构件两侧对称地向中心放松，以免较后一根钢筋断裂时使梁承受大的水平弯曲冲击作用。

（二）后张法预制梁板

1. 后张法预制梁板施工工序

第一，按施工需要规划预制场地，整平压实，完善排水系统，确保场内不积水。

第二，根据预制梁的尺寸、数量、工期，确定预制台座的数量、尺寸，台座用表面压光的梁（板）筑成，应坚固不沉陷，确保底模沉降不大于 2 mm，台座上铺钢板底模或用角钢镶边代作底模。当预制梁跨大于 20 m 时，要按规定设置反拱。

第三，根据需要及设备条件，选用塔吊或跨梁龙门吊做吊运工具，并铺设轨道。

第四，统筹规划梁（板）拌和站及水、电管路的布设安装。

第五，预制模板由钢板、型钢组焊而成，应有足够的强度、刚度和稳定性，尺寸规范、表面平整光洁、接缝紧密、不漏浆，试拼合格后，方可投入使用。

第六，在绑扎工作台上将钢筋绑扎焊接成钢筋骨架，把制孔管按坐标位置定位固定，如使用橡胶抽拔管要插入芯棒。

第七，用龙门吊机将钢筋骨架吊装入模，绑扎隔板钢筋，埋设预埋件，在孔道两端及最低处设置压浆孔，在最高处设排气孔，安设锚垫板后，先安装端模，再安装涂有脱模剂的钢侧模，统一紧固调整和必要的支撑后交验。

第八，将质量合格的梁（板）用专用设备运输，卸入吊斗，由龙门吊从梁的一端向另一端，水平分层，先下部捣实后再腹板、翼板，浇筑至接近另一端时改从另一端向相反方向顺序下料，在距梁端 3 ~ 4 m 处浇筑合龙，一次整体浇筑成型。当梁高跨长，或混凝土拌制跟不上浇筑进度时。可采用斜层浇筑或纵向分段，水平分层浇筑。

第九，梁（板）的振捣以紧固安装在侧模上的附着式为主，插入式振捣器为辅。振捣时要掌握好振动的持续时间、间隔时间和钢筋密集区的振捣，力求使梁（板）达到最佳密实度而又不损伤制孔管道。

第十，梁（板）混凝土浇筑完成后要将表面抹平、拉毛，收浆后适时覆盖，洒水湿养不少于 7 d，蒸汽养护恒温不宜超过 80℃，也可采用喷洒养护剂。

第十一，使用龙门吊拆除模板，拆下的模板要顺序摆放，清除灰浆，以备再用。

第十二，构件脱模后，要标明型号、预制日期及使用方向。

第十三，将力学性能和表面质量符合设计要求的预应力钢丝或钢绞线按计算长度下料，梳理顺直，编扎成束，用人工或卷扬机或其他牵引设备穿入孔道。

第十四，当构件梁（板）达到规定强度时，安装千斤顶等张拉设备，准备张拉。

第十五，张拉使用的张拉机及油泵、锚、夹具必须符合设计要求，并配套使用，定期校验，以准确标定张拉力与压力表读数间的关系曲线。

第十六，按设计要求在两端同时对称张拉，张拉时千斤顶的作用线必须与预应力轴线重合，两端各项张拉操作必须一致。

第十七，预应力张拉采用应力控制，同时以伸长值作为校核。实际伸长值与理论伸长值之差应满足规范要求，否则要查明原因采取补救措施。

第十八，张拉过程中的断丝、滑丝数量不得超过设计规定，否则要更换钢筋或采取补救措施。

第十九，预应力筋锚固要在张拉控制应力处于稳定状态时进行，其钢筋内缩量不得超过设计规定。

第二十，预应力筋张拉后，将孔道中冲洗干净，吹除积水，尽早压注水泥浆。

2. 后张法张拉时的施工要点

①对受力筋施加预应力之前，应对构件进行检验，外观尺寸应符合质量标准要求。张拉时，构件混凝土强度应符合设计要求；设计无要求时，不应低于设计强度等级值的 75%。当块体拼装构件的竖缝采用砂浆接缝时，砂浆强度不低于 15 MPa。

②对预留孔道应用通孔器或压气、压水等方法进行检查。端部预埋铁板与锚具和垫板接触处的焊渣、毛刺、混凝土残渣等应清除干净。当采用先穿束的方法时用压气、压水较好。

③钢筋穿束前，螺丝端杆的丝扣部分应用水泥袋纸等包缠 2 ~ 3 层，并用细钢丝扎牢；在钢丝束、钢绞线束、钢筋束等穿束前，将一端找齐平，顺序编号。对于短束，用人工从一端向另一端穿束；对于较长束，应套上穿束器，由引线及牵引设备从另一端拉出。

④对于夹片式锚具，上好的夹片应齐平，并在张拉前用钢管捣实。

⑤预应力筋的张拉顺序应符合设计要求，当设计未规定时，可采取分批、分段对称张拉。

⑥应使用能张拉多根钢绞线或钢丝的千斤顶同时对每一钢束中的全部力筋施加应力，但对于扁平管道中不多于 4 根的钢绞线除外。

⑦预应力筋张拉端的设置应符合设计要求，当设计无具体要求时，应符合以下规定：对于曲线预应力筋或长度大于等于 25 m 的直线预应力筋，宜在两端张拉；对长度小于 25 m 的直线预应力筋，可在一端张拉；曲线配筋的精轧螺纹钢筋应在两端张拉，直线配筋的精轧螺纹钢筋可在一端张拉。

⑧后张预应力筋断丝及滑丝不得超过有关规定的控制数。

⑨预应力筋在张拉控制应力达到稳定后方可锚固。预应力筋锚固后的外露长度不宜小于 300 mm，锚具应用封端混凝土保护，当需长期外露时，应采取防止锈蚀的措施。一般情况下，锚固完毕并经检验合格后即可切割端头多余的预应力筋，严禁用电弧焊切割，强调用砂轮机切割。

⑩张拉切割后即封堵。用素灰将锚头封住，然后用塑料布将其裹住进行养护，以防止裂缝而使锚头漏浆、漏气，影响压浆质量。

（三）预制梁的架设方法

1. 联合架桥机法

以联合架桥机并配备若干滑车、千斤顶、绞车等辅助设备架设安装的预制梁适用于多孔 30 m 以下孔径的装配式桥梁。

（1）联合架桥机的组成

联合架桥机主要由龙门架、导梁和蝴蝶架组成。龙门架用“工”字形钢梁架设，在架上安放两台吊车，架的接头处和上、下缘用钢板加固，主柱为拐脚式，横梁的高程由两根预制梁的叠高加上平板车的高度和起吊设备的高度决定。它是用来起落预制件和导梁，并对预制构件进行墩上横移和就位。蝴蝶架是专供托运龙门吊机在轨道上移走的支架，它形如蝴蝶，用角钢拼成，上设有供升降用的千斤顶。它是用以拖动龙门架转移位置的专用工具，托架是在桥头地面上拼装、竖直，用千斤顶顶起放在托架平车上，移至导梁上放置。导梁用钢桁梁拼成，以横向框架连接，其上铺钢轨供运梁行走。

（2）施工作业

架梁时，先铺设导梁和轨道，用绞车将导梁拖移就位后，把蝴蝶架用平板小车推上轨道，将龙门吊机托运至墩上，用千斤顶将吊机降落在墩顶，并用螺栓固定在墩的支承垫块上，然后用平车将梁运到两墩之间，由吊机起吊、横移、下落就位。待全跨梁就位后，向前铺设轨道，用蝴蝶架把吊机移至下一跨架梁。

（3）施工优点

其优点是可完全不设桥下支架，不受洪水威胁，架设过程中不影响桥下通车、通航。预制梁的纵移、起吊、横移、就位都比较便利。缺点是架设设备用钢材较多（可周转使用），较适用于多孔 30 m 以下孔径的装配式桥。

2. 双导梁穿行式架设法

双导梁穿行式架设法是在架设跨间设置两组导梁。导梁是用贝雷梁或万能构件组装的钢桁架，其梁长大于两倍桥梁跨径，前方为引导部分，由前端钢支架与前方墩上的预埋螺栓连接，中段是承重部分，后段为平衡部分。导梁顶面铺设小平车轨道，预制梁由平车在导梁上运至桥孔，由设在两根横梁上的卷扬机吊起，下落在两个桥墩上，之后在滑道垫板上进行横移就位。先安装两个边梁，再安装中间各梁。全跨安装完毕、横向焊接后，将导梁向前推，安装下一跨。

3. 扒杆架设法

扒杆架设法又称吊鱼架设法，是利用"人"字扒杆来架设桥梁上部结构构件，而不需要特殊的脚手架或木排架。

"人"字扒杆又有一副扒杆和两副扒杆架设两种。两副扒杆架设中，一副是吊鱼滑车组，用以牵引预制梁悬空拖曳；另一绞车是牵引前进，梁的尾端设有制动绞车，起溜绳配合作用，后扒杆的主要作用是预制梁吊装就位时，配合前扒杆吊起梁端，抽出木垛，便于落梁就位。一副扒杆架设中，基本方法与两副扒杆架设相同，不同之处是采用千斤顶顶起预制梁，抽出木垛，落梁就位。

用此法架梁时，必须以预制梁的质量和墩台间跨径为基础，在竖立扒杆、放倒扒杆、转移扒杆或吊梁进行横移等各个阶段，对扒杆、牵引绳、控制绳等零件进行受力分析和应力计算，以确保设备的安全。本法不受架设孔墩台高度和桥孔下地基、河流水文等条件影响，适用于起吊高度不大和水平移动范围较小的中、小跨径的桥梁。

4. 自行式吊车架梁

在桥不高、场内又可设置行车便道的情况下，用自行式吊车（汽车吊车或履带吊车）架设中、小跨径的桥梁十分方便。此法视吊装质量不同，还可采用单吊（一台吊车）或双吊（两台吊车）两种形式。其特点是机动性好，不需要动力设备，不需要准备作业，架梁速度快。一般吊装能力为 150 ~ 1000 kN。此方法适合于陆地架设。

5. 跨墩门式吊车架梁

跨墩龙门吊机安装适用于岸上和浅水滩以及不通航浅水区域安装预制梁。

两台跨墩龙门吊机分别设于待安装孔的前、后墩位置，预制梁由平车顺桥向运至安装孔的一侧，移动跨墩龙门吊机上的吊梁平车，对准梁的吊点放下吊架，将梁吊起。当梁底超过桥墩顶面后，停止提升，用卷扬机牵引吊梁平车慢慢横移，使梁对准桥墩上的支座，然后落梁就位，接着准备架设下一根梁。

在水深不超过 5 m、水流平缓、不通航的中小河流上的小桥孔，也可采用跨墩龙门吊机架梁。这时必须在水上桥墩的两侧架设龙门吊机轨道便桥，便桥基础可用木桩或钢筋混凝土桩。在水浅流缓而无冲刷的河上，也可用木笼或草袋筑岛来做便桥的基础。便桥的梁可用贝雷组拼。

6. 浮吊架设法

在海上和深水大河上修建桥梁时，用可回转的伸臂式浮吊架梁比较方便，也可用钢制万能杆件或贝雷钢架拼装固定的悬臂浮吊进行。这种架梁方法高空作业较少，施工比较安全，吊装能力也大，工效也高，但需要大型浮吊。鉴于浮吊船来回运梁航行时间长，要增加费用，一般采取用装梁船存梁后成批一起架设的方法。

浮吊架梁时需在岸边设置临时码头来移运预制梁。架梁时，浮吊要认真锚固。如流速不大时，则可用预先抛入河中的混凝土锚来作为锚固点。

二、桥梁上部结构支架施工技术

（一）支架、拱架、模板的类型

1. 支架

支架按其构造分为立柱式支架、梁式支架和梁柱式支架；按材料可分为木支架、钢支架、钢木混合支架和万能杆件拼装的支架等。

（1）立柱式支架

立柱式支架构造简单，可用于陆地或不通航河道以及桥墩不高的小跨径桥梁施工。

（2）梁式支架

根据跨径不同，梁可采用工字钢、钢板梁或钢桁梁。

（3）梁柱式支架

当桥梁较高、跨径较大或必须在支架下设孔通航或排洪时可用梁柱式支架。

2. 拱架

拱架按结构分为支柱式、撑架式、扇形、桁式、组合式等；按材料分为木拱架、钢拱架、竹拱架和土牛拱胎。

3. 模板

施工所用模板，有组合钢模板、木模板、木胶合板模板、竹胶合板模板、硬铝模板、塑料模板、各类纤维材料板。施工时应根据结构物的外观要求选用。

（二）模板、支架和拱架的设计

1. 设计的一般要求

①模板、支架和拱架的设计，应根据结构形式、设计跨径、施工组织设计、荷载大小、地基

土类别及有关的设计、施工规范进行。②应绘制模板、支架和拱架总装图、细部构造图。③应制定模板、支架和拱架结构的安装、使用、拆卸保养等有关技术安全措施和注意事项。④应编制模板、支架及拱架材料数量表。⑤应编制模板、支架及拱架设计说明书。

2. 设计荷载

（1）计算模板、支架和拱架时

①模板、支架和拱架自重；②新浇筑混凝土、钢筋混凝土或其他圬工结构物的重力；③施工人员和施工材料、机具等行走运输或堆放的荷载；④振捣混凝土时产生的荷载；⑤新浇筑混凝土对侧面模板的压力；⑥倾倒混凝土时产生的水平荷载；⑦其他可能产生的荷载，如雪荷载、冬季保温设施荷载等。

（2）钢、木模板，支架及拱架的设计

可按《公路钢结构桥梁设计规范》（JTG D64—2015）的有关规定执行。

（3）计算模板、支架和拱架的强度和稳定性时

应考虑作用在模板、支架和拱架上的风力。设于水中的支架，尚应考虑水流压力、流冰压力和船只漂流物等冲击力荷载。

（4）组合箱形拱

如为就地浇筑，其支架和拱架的设计荷载可只考虑承受拱肋重力及施工操作时的附加荷载。

3. 稳定性要求

①支架的立柱应保持稳定，并用撑拉杆固定。当验算模板及其支架在自重和风荷载等作用下的抗倾倒稳定时，验算倾覆的稳定系数不得小于 1.3。②支架受压构件纵向弯曲系数应符合《公路钢结构桥梁设计规范》（JTG D64—2015）的要求。

4. 强度及刚度要求

（1）验算模板、支架及拱架的刚度时

其变形值不得超过下列数值：①结构表面外露的模板，挠度为模板构件跨度的 1/400；②结构表面隐蔽的模板，挠度为模板构件跨度的 1/250；③支架、拱架受载后挠曲的杆件（盖梁、纵梁），其弹性挠度为相应结构跨度的 1/400；④钢模板的面板变形为 1.5 mm；⑤钢模板的钢棱和柱箍变形为 L/500 和 B/500（其中 L 为计算跨径，B 为柱宽）。

（2）受压杆件的长细比不得超过下列数值

主要受压杆件（立柱）的长细比为 100，次要受压杆件的长细比为 150。

（3）拱架各截面的应力验算

根据拱架结构形式及所承受的荷载，验算拱顶、拱脚及 1/4 跨各截面的应力、铁件及节点的应力，同时应验算分阶段浇筑或砌筑时的强度及稳定性。验算时不论板拱架或桁拱架均作为整体截面考虑，验算倾覆稳定系数不得小于 1.3。

（三）模板、支架和拱架的制作及安装

1. 钢模板制作

（1）钢模板宜采用标准化的组合模板。组合钢模板的拼装应符合现行国家标准《组合钢模板技术规范》（GB 50214—2013）。各种螺栓连接件应符合国家现行有关标准。

（2）钢模板及其配件应按批准的加工图加工，成品经检验确认合格后方可使用。

2. 木模板制作

（1）木模可在工厂或施工现场制作，木模与混凝土接触的表面应平整、光滑，多次重复使用的木模应在内侧加钉薄铁皮。木模的接缝可做成平缝、搭接缝或企口缝。当采用平缝时，应采取措施防止漏浆。木模的转角处应加嵌条或做成斜角。

（2）重复使用的模板应始终保持其表面平整、形状准确：不漏浆，有足够的强度和刚度。

3. 模板安装的技术要求

混凝土的模板板面应采用下列材料之一：金属板、木制板及高分子合成材料面板、硬塑料或玻璃钢板等材料。外露面的模板板面宜采用钢模板、胶合板，为减少模板的拼缝，对于大面积的混凝土，其每块模板的面积宜大于1.0 m^2。梁及墩台帽的突出部分，应做成倒角或削边，以便脱模。在结构物的某些部位设置凸条或凹槽的装饰线。在模板内的金属连接件或锚固件，应按图纸规定及监理工程师的要求将其拆卸或截断，且不损伤混凝土。模板内应无污物、砂浆及其他杂物。以后要拆除的模板，应在使用前彻底涂以脱模剂或其他相当的代用品，应使其易于脱模，并使混凝土不变色。

（1）模板与钢筋安装工作应配合进行，妨碍绑扎钢筋的模板应待钢筋安装完毕后安设。模板不应与脚手架连接（模板与脚手架整体设计时除外），避免引起模板变形。

（2）安装侧模板时，应防止模板移位和凸出。基础侧模可在模板外设立支撑固定，墩、台、梁的侧模可设拉杆固定。浇筑在混凝土中的拉杆，应按拉杆拔出或不拔出的要求，采取相应的措施。对小型结构物，可使用金属线代替拉杆。

（3）模板安装完毕后，应对其平面位置、顶部标高、节点联系及纵、横向稳定性进行检查，签认后方可浇筑混凝土。浇筑时，发现模板有超过允许偏差变形值的可能时，应及时纠正。

（4）模板在安装过程中，必须设置防倾覆设施。

（5）当结构自重和汽车荷载（不计冲击力）产生的向下挠度超过跨径的1/1600时，钢筋混凝土梁、板的底模板应设预拱度，预拱度值应等于结构自重和1/2汽车荷载（不计冲击力）所产生的挠度。纵向预拱度可做成抛物线或圆曲线。

（6）后张法预应力梁、板，应注意预应力、自重和汽车荷载等综合作用下所产生的上拱或下挠，应设置适当的预挠或预拱。

（7）当所有和模板有关的工作做完，待浇混凝土构件中所有预埋件亦安装完毕，才能浇筑混凝土。这些工作应包括清除模板中所有污物、碎屑物、木屑、水及其他杂物。

4. 支架、拱架制作安装

支架、拱架制作安装一般要求：

（1）支架和拱架宜采用标准化、系列化、通用化的构件拼装。无论使用何种材料的支架和拱架，均应进行施工图设计，并验算其强度和稳定性。

（2）制作木支架、木拱架时，长杆件接头应尽量减少，两相邻立柱的连接接头应尽量分设在不同的水平面上。主要压力杆的纵向连接，应使用对接法，并用木夹板或铁夹板夹紧。次要构件的连接可用搭接法。

（3）安装拱架前，对拱架立柱和拱架支承面应详细检查，准确调整拱架支承面和顶部标高，并复测跨度，确认无误后方可进行安装。各片拱架在同一节点处的标高应尽量一致，以便于拼装平联杆件。在风力较大的地区，应设置风缆。

（4）支架和拱架应稳定、坚固，应能抵抗在施工过程中有可能发生的偶然冲撞和振动。安装时应注意以下几点：①支架立柱必须安装在有足够承载力的地基上，立柱底端应设垫木来分布和传递压力，并保证浇筑混凝土后不发生超过允许的沉降量。②施工用的脚手架和便桥，不应与结构物的模板支架相连接，以避免施工振动时影响浇筑混凝土质量。③船只或汽车通行孔的两边支架应加设护桩，夜间应用灯光标明行驶方向。施工中易受漂流物冲撞的河中支架应设坚固的防护设备。

（5）支架或拱架安装完毕后，应对其平面位置、顶部标高、节点连接及纵、横向稳定性进行全面检查，符合要求后，方可进行下一工序。

（6）在浇筑混凝土及砌筑拱圈过程中，承包人应随时测量和记录支架和拱架的变形及沉降量。

（7）现浇混凝土的梁（板）结构，在支架架设后，应按图纸要求对支架进行预压，加在支架上的预压荷载应不小于梁（板）自重。

（四）模板、支架和拱架的拆除

承包人应在拟定拆模时间的 12 h 以前，报告拆模建议，并应取得同意。如果由于拆模不当而引起混凝土损坏。卸落拱架时应用仪器观测拱圈挠度和墩台变位情况，并做好记录。

1. 拆除期限的原则规定

（1）模板、支架和拱架的拆除期限应根据结构物特点、模板部位和混凝土所达到的强度来决定。①非承重侧模板应在混凝土强度能保证其表面及棱角不致因拆模而受损坏时方可拆除，一般应在混凝土抗压强度达到 2.5 MPa 时方可拆除侧模板。②芯模和预留孔道内模，应在混凝土强度能保证其表面不发生塌陷和裂缝现象时，方可拔除，拔除时间可按《公路桥涵施工技术规范》（JTG/T F50—2011）的有关规定确定。③钢筋混凝土结构的承重模板、支架和拱架，应在混凝土强度能承受其自重力及其他可能的叠加荷载时，方可拆除，当构件跨度不大于 4 m 时，在混凝土强度符合设计强度标准值的 50% 的要求后，方可拆除；当构件跨度大于 4 m 时，在混凝土强度符合设计强度标准值的 75% 的要求后，方可拆除。

如设计上对拆除承重模板、支架、拱架另有规定，应按照设计规定执行。

（2）石拱桥的拱架卸落时间应符合下列要求：①浆砌石拱桥，须待砂浆强度达到设计要求，或如设计无要求，则须达到砂浆强度的70%。②跨径小于10 m的小拱桥，宜在拱上建筑全部完成后卸架；中等跨径的实腹式拱，宜在护拱砌完后卸架；大跨径空腹式拱，宜在拱上小拱横墙砌好（未砌小拱圈）时卸架。③当需要进行裸拱卸架时，应对裸拱进行截面强度及稳定性验算，并采取必要的稳定措施。

2. 拆除时的技术要求

（1）模板拆除应按设计的顺序进行，设计无规定时，应遵循先支后拆，后支先拆的顺序，拆时严禁抛扔。

（2）为便于支架和拱架的拆卸，应根据结构形式、承受的荷载大小及需要的卸落量，在支架和拱架适当部位设置相应的木楔、木马、砂筒或千斤顶等落模设备。

（3）卸落支架和拱架应按拟定的卸落程序进行，分几个循环卸完，卸落量开始宜小，以后逐渐增大。在纵向应对称均衡卸落，在横向应同时一起卸落。在拟定卸落程序时应注意以下几点：①在卸落前应在卸架设备上画好每次卸落量的标记。②满布式拱架卸落时，可从拱顶向拱脚依次循环卸落；拱式拱架可在两支座处同时均匀卸落。③简支梁、连续梁宜从跨中向支座依次循环卸落；悬臂梁应先卸挂梁及悬臂的支架，再卸无铰跨内的支架。④多孔拱桥卸架时，若桥墩允许承受单孔施工荷载，可单孔卸落，否则应多孔同时卸落，或各连续孔分阶段卸落。⑤卸落拱架时，应设专人用仪器观测拱圈挠度和墩台变化情况，并详细记录。另设专人观察是否有裂缝现象。

（4）墩、台模板宜在其上部结构施工前拆除。拆除模板，卸落支架和拱架时，不允许用猛烈地敲打和强扭等方法进行。

（5）模板、支架和拱架拆除后，应维修整理，分类妥善存放。

（五）施工工序

1. 地基处理

地基处理应根据箱梁的断面尺寸及支架的形式对地基的要求而决定，支架的跨径大，对地基的要求就高，地基的处理形式就得加强，反之就可相对减弱。地基处理时要做好地基的排水，防止雨水或混凝土浇筑和养护过程中滴水对地基的影响。

2. 支架

（1）支架的布置根据梁截面大小并通过计算确定以确保强度、刚度、稳定性满足要求，计算时除考虑梁体混凝土质量外，还需考虑模板及支架质量，施工荷载（人、料、机等），作用模板、支架上的风力，及其他可能产生的荷载（如雪荷载，保证设施荷载）等。

（2）支架应根据技术规范的要求进行预压，以收集支架、地基的变形数据。作为设置预拱度的依据，预拱度设置时要考虑张拉上拱的影响。预拱度一般按两次抛物线设置。

（3）支架的卸落设备可根据支架形式选择使用木楔、砂筒、千斤顶、U形顶托等，卸落设备尤其要注意有足够的强度。

3. 模板

模板由底模、侧模及内模三个部分组成，一般预先分别制作成组件，在使用时再进行拼装。模板以钢模板为主，在齿板、堵头或棱角处采用木模板。模板的楞木采用方钢、槽钢或方木组成，布置间距以 75 cm 左右为宜，具体的布置需要根据箱梁截面尺寸确定，并通过计算对模板的强度、刚度进行验算。

4. 普通钢筋、预应力筋的布设

（1）在安装并调好底模及侧模后，开始底、腹板普遍钢筋绑扎及预应力管道的预设。混凝土一次浇筑时，在底、腹板钢筋及预应力管道完成后，安装内模，再绑扎顶板钢筋及预应力管道。混凝土二次浇筑时，底、腹板钢筋及预应力管道完成后，浇筑第一次混凝土，混凝土终凝后，再支内模顶板，绑扎顶板钢筋及预应力管道，进行混凝土的第二次浇筑。

（2）普通钢筋及预应力筋按规范的要求做好各种试验，严格按设计图纸的要求布设，对于腹板钢筋一般根据其起吊能力，预先焊成钢筋骨架，吊装后再绑扎或焊接成型，钢筋绑扎、焊接要符合技术规范的要求。

（3）预应力管道采用镀锌钢带制作，预应力管道的位置按设计要求准确布设，并采用每隔 50 cm 一道的定位筋进行固定，接头要平顺，外用胶布缠牢，在管道的高点设置排气孔。

（4）锚垫板安装前，要检查锚垫板的几何尺寸是否符合设计要求，锚垫板要牢固地安装在模板上。要使垫板与孔道严格对中，并与孔道端部垂直，不得错位。

（5）预应力筋的下料长度要通过计算确定，计算应考虑孔道曲线长，锚夹具长度，千斤顶长度及外露工作长度等因素。

（6）预应力筋穿束前要对孔道进行清理。

5. 混凝土的浇筑

浇筑施工前，应做混凝土的配合比设计及各种材料试验，并根据实际情况进行综合比较确定箱梁混凝土采用一次、两次或三次浇筑。以下两点施工中应给予重视。

（1）混凝土浇筑时要安排好浇筑顺序,其浇筑速度要确保下层混凝土初凝前覆盖上层混凝土。

（2）混凝土的振捣采用插入式振捣器进行，振捣器的移动间距不超过其作用半径的 1.5 倍，并插入下层混凝土 5 ~ 10 cm。对于每一个振捣部位，必须振捣到该部位混凝土密实为止，但也不得超振。

6. 预应力的张拉

（1）在进行张拉作业前，必须对千斤顶、油泵进行配套标定，并每隔一段时间进行一次校验。有几套张拉设备时，要进行编组，不同组号的设备不得混合。

（2）当梁体混凝土强度达到设计规定的张拉强度时，方可进行张拉。

（3）预应力的张拉采用双控，即以张拉力控制为主，以钢束的实际伸长量进行校核，实测伸长值与理论伸长值的误差不得超过规范要求，否则应停止张拉。

（4）张拉的程序按技术规范的要求进行。

（5）张拉过程中的断丝、滑丝不得超过规范或设计的规定。

7. 压浆、封锚

（1）张拉完成后要尽快进行孔道压浆和封锚，压浆所用灰浆的强度、稠度、水灰比、泌水率、膨胀剂剂量按施工技术规范及试验标准中要求控制。

（2）每个孔道压浆到最大压力后，应有一定的稳定时间。压浆应使孔道另一端饱满和出浆。并使排气孔排出与规定稠度相同的水泥浓浆为止。

（3）压浆完成后，应将锚具周围冲洗干净并凿毛，设置钢筋网，浇筑封锚混凝土。

第二节 预应力混凝土连续梁桥施工

一、桥梁上部结构逐孔施工技术

（一）概述

逐孔施工法从施工技术方面有三种类型。

1. 采用临时支承组拼预制节段逐孔施工

对于多跨长桥，在缺乏较大能力的起重设备时，可将每跨梁分成若干段，在预制现场生产；架设时采用一套支承梁临时承担组拼节段的自重，并在支承梁上张拉预应力筋，并将安装跨的梁与移动临时支承梁，进行下一桥的施工。

2. 使用移动支架逐孔现浇施工

此法亦称移动模梁法，它是在可移动的支架、模板上完成一孔桥梁的全部工序。由于此法是在桥位上现浇施工，可免去大型运输和吊装设备。桥梁整体性好；同时它还具有在桥梁预制厂生产的特点，可提高机械设备的利用率和生产效率。

3. 采用整孔吊装或分段吊装逐孔施工

这种施工方法是早期连续梁桥采用逐孔施工的唯一方法，可用于混凝土连续梁和钢连续梁桥的施工中。

（二）用临时支承组拼预制节段逐孔施工的要点

1. 节段划分

（1）桥墩顶节段

由于桥墩节段要与前一跨连接，需要张拉钢索或钢索接长，为此对墩顶节段构造有一定要求。此外，在墩顶处桥梁的负弯矩较大，梁的截面还要符合受力要求。

（2）标准节段

前一跨墩顶节段与安装跨第一节段间可以设置就地浇筑混凝土封闭接缝，用以调整安装跨第一节段的准确程度。封闭接缝宽 15 ~ 20 cm，拼装时由混凝土垫块调整。在施加初预应力后用混凝土封填，这样可调整节段拼装和节段预制的误差。

2. 支承梁

（1）钢桁架导梁

钢梁应设置预拱度，要求当每跨箱梁节段全部组拼之后，钢导梁上弦应符合桥梁纵断面标高要求。同时还需准备一些附加垫片，用于临时调整标高。

（2）下挂式高架钢桁架

在节段组拼过程中，架桥机前臂必然下挠，安装桥跨第一块中间节段的挠度倾角调整是该跨架安设的关键，因此要求当一跨节段全部由架桥机空中吊起后，第一个中间节段与墩上节段的接触面应全部吻合。

（三）用移动支架逐孔现浇施工（移动模架法）

当桥墩较高，桥跨较长或桥下净空受到约束时，可以采用非落地支承的移动模架逐孔现浇施工，称为移动模架法。移动模架法适用于多跨长桥，桥梁跨径可达 50 m，使用一套设备可多次移动周转使用。

移动模架法施工的主要工序：侧模安装就位、安装底模、支座安装、预拱度设置与模板调整、绑扎底板及腹板钢筋、预应力系统安装、内模就位、顶板钢筋绑扎、箱梁混凝土浇筑、内模脱模、施加预应力、管道压浆、落模、拆底模及滑模纵移。

（四）整孔吊装或分段吊装逐孔施工

1. 整孔吊装或分段吊装逐孔施工的吊装的机具

吊装的机具有桁式吊、浮吊、龙门起重机，汽车吊等多种，可根据起吊物重力、桥梁所在的位置以及现有设备和掌握机具的熟练程度等因素决定。

2. 整孔吊装和分段吊装施工应注意以下几个问题

第一，采用分段组装逐孔施工的接头位置可以设在桥墩处也可设在梁的 1/5 附近，前者多为由简支梁逐孔施工连接成连续梁桥；后者多为悬臂梁转换为连续梁。在接头位置处可设有 0.5 ~ 0.6m 现浇混凝土接缝，当混凝土达到足够强度后张拉预应力筋，完成连续。

第二，桥的横向是否分隔，主要根据起重能力和截面形式确定。当桥梁较宽，起重能力有限的情况下，可以采用 T 梁或工字梁截面，分片架设之后再进行横向整体化。为了加强桥梁的横向刚度，常采用梁间翼缘板有 0.5 m 宽的现浇接头。采用大型浮吊横向整体吊装将会简化施工和加快安装速度。

第三，对于先简支后连续的施工方法，通常在简支梁架设时使用临时支座，待连接和张拉后期钢索完成连续时拆除临时支座，放置永久支座。为使临时支座便于卸落，可在橡胶支座与混凝土垫块之间设置一层硫黄砂浆。

第四，在梁的反弯点附近设置接头，在有可能的情况下，可在临时支架上进行接头。桥梁上部结构各截面的恒载内力根据各施工阶段进行内力叠加计算。

二、桥梁上部结构悬臂施工技术

（一）悬臂拼装施工

1. 概述

悬臂拼装施工包括块件的预制、运输、拼装及合龙。它与悬浇施工具有相同的优点，不同之处在于悬拼以吊机将预制好的梁段逐段拼装。此外还具备以下优点：①梁体的预制可与桥梁下部构造施工同时进行，平行作业缩短了建桥周期；②预制梁的混凝土龄期比悬浇法的长，从而减少了悬拼成梁后混凝土的收缩和徐变；③预制场或工厂化的梁段预制生产利于整体施工的质量控制。

2. 悬拼法施工方法

①梁段预制方法分长线法及短线法。②长线法，组成梁体的所有梁段均在固定台座上的活动模板内浇筑且相邻段的拼合面应相互贴合浇筑，缝面浇筑前涂抹隔离剂，以利脱模。优点是由于台座固定，可靠，成桥后梁体线性较好，缺点是占地较大，地基要求坚实，混凝土的浇筑和养护移动分散。③短线法，梁段在固定台座能纵移的模内浇筑。待浇梁段一端设固定模架，另一端为已浇梁段（配筑梁段），浇毕达到强度后运出原配筑梁段，如此周而复始，台座仅需 3 个梁段长。优点是场地较小，浇筑模板及设备基本不需要移机，可调的底、侧模便于平竖曲线梁段的预制，缺点是精度要求高，施工要求严，施工周期相对较长。④长线法施工工序：预制场、存梁区布置→梁段浇筑台座准备→梁段浇筑→梁段吊运存放、修整→梁段外运→梁段吊拼。

（二）梁段的拼接施工

1. 0 号块梁段

为了确保连续梁分段悬拼施工的平衡和稳定，常将 T 构支座临时固结，必要时在墩两侧加设临时支架以满足悬拼的施工需要。

2. 1 号块梁段

1 号块梁段是紧邻 0 号块梁段两侧的第一箱梁节段，也是悬拼 T 构桥的基准梁段，是全跨安装质量的关键，一般采用湿接缝连接。湿接缝拼装梁段施工程序包括：吊机就位→提升、起吊 1 号块梁段→安设铁皮管→中线测量→丈量湿接缝的宽度→调整铁皮管→高程测量→检查中线→固定 1 号块梁段→安装湿接缝的模板→浇筑湿接缝混凝土→湿接缝养护、拆模→张拉预应力筋→下一梁段拼装。

3. 其他梁段拼装

采用胶接缝拼装，拼装施工程序包括：吊机就位→起吊梁段→初步定位试拼→检查并处理管道接头→移开梁段→穿临时预应力筋入孔→接缝面上涂胶接材料→正式定位、贴紧梁段→张拉临时预应力筋→放松起吊索→穿永久预应力筋→张拉预应力筋后移挂篮→下一梁段拼装。

（三）预制梁块悬臂拼装时应注意的要点

（1）梁段的存放场地应平整，承载力应满足要求，支垫位置应与吊点一致。

（2）预制梁块的测量要求：①箱梁基准块出坑前必须对所有梁块进行测量，详细记录，并根据其在桥上的设计位置进行校正；②箱梁标高控制点和挠度观测点，在箱梁顶面埋置 4 ~ 6 个；③在预制梁段上标出梁号、中轴线、横轴线。

（3）预制块件的悬臂拼装可依据设备和现场条件选用。若方便在陆地上或在便桥上施工时，可采用自行式吊车、门式吊车进行拼装；对于水中桥跨，可采用水上浮吊进行安装；对于高墩身的桥跨，可利用各种吊机进行高空悬拼施工。

（4）桥墩顶梁段及桥墩顶附近梁段施工时，可采用托架或膺架为支架就地浇筑混凝土。托架或膺架应经过设计，计算其弹性及非弹性变形。

（5）应保证拼装的第一个梁块（基准块）的预制精度，安装时应对纵、横轴线、高程进行精确定位测量，为以后的拼装创造条件。

（6）采用悬臂拼装法修建预应力悬臂梁桥时，应先将梁、墩临时锚固或在墩顶两侧设立临时支承，待全部块件安装完毕后，再撤除临时锚固或支承。

（7）采用悬臂吊机、缆索、浮吊悬拼安装时，应按施工荷载进行强度、刚度、稳定性验算，使安全系数大于 2.0。施工中还应注意：①块件起吊安装前，应对起吊设备进行全面的安全技术检查，并按照设计荷载的 60%、100% 和 130% 分别进行起吊试验。②吊机的最大承重能力应符合设计要求，应注意吊机的定位和锚固，经检查符合要求后再进行起吊拼装。③移动吊机前应将纵向主桁架上所有活动部件尽量移动到主桁架后端，然后方可松卸锚固螺栓。④桥墩两侧块件宜对称起吊，以保证桥墩两侧平衡受力。⑤移动吊机时应沿箱梁纵轴线对称地向两端推进。⑥墩侧相邻的 1 号块件提升到设计标高初步定位后，应立即测量、调整 1 号块件的纵轴线，使之与梁顶块件纵轴线的延伸线重合，使其横轴线与梁顶块件的横轴线平行且间距符合设计要求。应检查梁顶块件与 1 号块件间孔道的接头情况，调整并制作接缝间孔道接头后，方可将 1 号块件牢靠固定，其他各个块件连接时，均应按本条规定测量调整其位置。⑦应在施工前绘制主梁安装挠度变化曲线，悬臂拼装过程中应随时观测桥轴线安装挠度曲线的变化情况，并与设计值进行对比，遇有较大偏差时应及时处理，以便控制块件的安装高程。⑧吊机就位后须将支点垫稳，固定后锚螺栓，平车移动到起吊位置，进行下一块件的拼装。

（8）对于非 0 号、1 号块件的拼装，一般应在接缝上设置定位榫齿或钢定位器。

（9）采用胶接缝拼装的块件，涂胶前应就位试拼。胶黏剂一般采用环氧树脂，使用前应经过试验，符合设计要求方可使用。

（10）湿接缝块件应待混凝土强度达到设计强度等级的 70% 以上时（设计文件如有要求，则按设计文件要求处理，但不能低于设计强度等级的 70%），才能张拉预应力束。

（11）体系转换应按设计顺序进行。

（四）悬臂浇筑施工法

1. 概述

适用于大跨径的预应力混凝土悬臂梁桥、连续梁桥、T形刚构桥、连续刚构桥。其特点是无须建立落地支架，无须大型起重与运输机具，主要设备是一对能行走的挂篮。

2. 施工准备

（1）挂篮设计及加工

挂篮是悬浇箱梁的主要设备，它是沿着轨道行走的活动脚手架及模板支架。国内外现有的挂篮按结构形式可分为桁架式、三角斜拉带式，预应力束斜拉式、斜拉自锚式；按行走方式可分为滑移式和滚动式；按平衡方式可分为压重式和自锚式。对某一具体工程，应根据梁段分段情况，根据对挂篮的质量、要求承受荷载及施工经验对挂篮进行认真详细的设计。除必须满足强度、刚度、稳定性要求外，还要使其行走、锚固方便可靠，质量不大于设计规定。挂篮由主桁架、锚固、平衡系统及吊杆、纵横梁等部分组成，由工厂或现场根据挂篮设计图纸精心加工而成。挂篮试拼后，必须进行荷载试验。

（2）0号、1号块的施工

挂篮是利用已浇筑的箱梁段作为支撑点，通过桁架等主梁系统、底模系统，人为创造一个工作平台。对于0号、1号块挂篮没有支撑点或支撑长度不够，需采用其他方式浇筑。一般采用扇形托架浇筑。扇形托架可用万能杆件、贝雷片或其他装配式杆件组成，托架可支撑在桥墩基础承台上或墩身上。托架除须满足承重强度要求外，还须具有一定的刚度，各连续点应连接紧密，螺栓旋紧，以减少变形，防止梁段下沉和裂缝。

（3）临时固结

对于连续箱梁，梁与墩未固结在一起，施工时，两侧悬浇施工难以保持绝对平衡，必须在施工中采取临时固结措施，使梁具有抗弯能力。临时固结一般采用在支座两侧临时加预应力筋，梁和墩顶之间浇筑临时混凝土垫块。将梁固结在桥墩上，使梁具有一定的抗弯能力。在条件成熟时，再采用静态破碎方法，解除固结。

3. 悬臂浇筑施工中应注意要点

（1）主梁各部分的长度应充分考虑主梁的形式、跨径、墩宽、挂篮的形式以及施工周期来确定。0号块梁段长度一般为5 ~ 20 m，悬浇分段长度一般为3 ~ 5 m。

（2）桥墩顶梁段及桥墩顶附近梁段施工时，可采用托架或膺架为支架就地浇筑混凝土。托架或膺架应经过设计，计算弹性及非弹性变形。

（3）在梁段混凝土浇筑前，应对挂篮（托架或膺架）、模板、预应力筋管道、钢筋、预埋件、混凝土材料、配合比、机械设备、混凝土接缝处理情况进行全面检查，经确认后方可浇筑。

（4）悬臂施工过程中，若梁身与墩身采用非刚性连接，为保证结构的稳定性，悬臂梁桥和连续梁桥应实施0号块梁段与桥墩间临时固结支承措施；对于刚性连接的T形刚构、连续刚构梁，因结构本身已具有一定的抗弯能力，可根据设计和施工要求在墩旁架设临时托架等方法进行施工。

（5）挂篮安装时应保证安全、稳定、可靠：①挂篮的主纵、横梁的分联和移动操作应特别精心，以防急剧的塌落和倾覆。②浇筑混凝土时，后端应锚固于已完成的梁段上，后锚和移动架可采取保险锚、保险索或保险手动葫芦等安全措施。③挂篮桁架在已完成的梁段上行走时，应于后端压重稳定。④挂篮桁架行走和浇筑混凝土时的稳定系数，均不得小于1.50。⑤挂篮组拼后，应全面检查安装质量，并对挂篮进行试压，以消除结构的非弹性变形。挂篮试压的最大荷载一般可按最大悬浇梁段质量的1.3倍考虑。挂篮试压通常采用水箱加压法、试验台加压法及沙袋法。

（6）桥墩两侧梁段悬臂施工进度应对称、平衡，实际不平衡偏差不超过设计要求值。设计无要求时，其两端允许的不平衡质量最大不得超过一个梁段的底板自重。

（7）悬臂浇筑前端底板和桥面的标高，应根据挂篮前端的垂直变形及预拱度设置，施工过程中要对实际高程进行监测，如与设计值有较大出入时，应会同有关部门查明原因进行调整。

（8）安装模板后，应严格核准中心位置及标高、校正中线：①组装模板并校正中线，外模及框架的长度和高度应能适应各节段的变化。内模由侧模、顶模和内框架组成，应便于拆模和修改。②如上一节段施工后出现中线或高程误差需要调整时，应在模板安装时予以调整。③模板和前一节段的混凝土面应平整密贴。

（9）安装预应力预留管道时，应保证管道连接紧密、管道定位准确。放置预应力管道时要注意和前一段的管道连接接头严密对准，并用胶布包贴，防止灰浆渗入管道，还应设置足够的定位钢筋，以保证预留管道在浇筑混凝土过程中位置正确，线形和顺。纵向预应力管道用塑料波纹管时必须设置塑料内衬管，内衬管外径可比波纹管内径小3 ~ 4 mm。定位钢筋的纵向水平间距不大于100 cm，曲线段间距不大于50 cm。

（10）挂篮行走前要测定已完成节段梁端标高，并定出箱梁中轴线。当解除挂篮的后锚固后，挂篮沿箱梁中轴线对称向两端，每前进50 cm做一次同步观测，防止挂篮转角、偏位造成挂篮受扭。

（11）箱梁梁段混凝土浇筑，可视箱梁截面高度情况采用一次或二次浇筑法。无论采用何种方法浇筑，梁段自重误差应在 ±3% 范围内。

用一次浇筑法，可在箱梁顶板中部留一窗口，以供浇筑底板混凝土，待浇好底板后立即补焊钢筋封洞，并同时浇筑肋板混凝土，最后浇筑顶板混凝土，一次完成。浇筑肋板混凝土时，两侧肋板应同时分层进行。浇筑顶板及翼板混凝土时，应从外侧向内侧一次完成，以防发生裂纹。

当采用两次浇筑时，各梁段的施工应错开。箱梁分层浇筑时，底板可一次浇筑完成，腹板可分层浇筑，分层间隔时间宜控制在混凝土初凝之前且应使层与层覆盖住。为缩短两次浇筑混凝土的时间间隔，可一次支立外侧模，内侧模分次接高，内模接高应待底板混凝土达到一定强度后进行，同时做好钢筋的绑扎和预应力的定位、布设工作，然后浇筑肋板上段和顶板混凝土。其接缝除按施工缝要求进行处理外，还应采取如预埋型钢、预留凹槽等抗剪措施。

施工中还应注意：①检查钢筋、管道、预埋件的位置；②检查已浇混凝土表面的润湿情况；③浇筑时随时检查锚垫板的固定情况；④检查压浆管是否通畅牢固；⑤严密监视模板与挂篮变化情况，发现问题及时处理；⑥检查对称浇筑进度。

（12）箱梁截面混凝土浇筑顺序应按设计要求进行，若设计无明确要求，一般应按下列顺序进行浇筑：①浇筑混凝土时，必须从悬臂端开始，两个悬臂端应对称均衡地进行浇筑；②浇筑混凝土时，应加强振捣，对于高箱梁混凝土施工，可采用内侧模开仓振捣；③在浇筑混凝土的同时应注意对预应力管道的保护，浇筑后应及时对管道清孔，以利穿束。

（13）为提高混凝土早期强度，以加快施工速度，在设计混凝土配合比时，一般加入早强剂或减水剂。混凝土梁段浇筑周期一般为 5 ~ 7 d，为防止混凝土出现过大的收缩、徐变，应在配合比设计时按规范要求控制水泥用量。

（14）梁段拆模后，应对梁端的混凝土表面进行凿毛处理，以加强接头混凝土的连接。悬浇梁段分次浇筑混凝土时，如处理不当，由于后浇筑混凝土的重力的影响会引起挂篮变形，导致先浇筑的混凝土开裂，因此应采取措施消除后浇筑混凝土引起的挂篮变形。

（15）分期浇筑混凝土时，新旧混凝土的结合面应凿毛洗净，还应严格控制相邻两次混凝土浇筑的龄期差，一般在任何情况下不得大于 20 d，同时应控制水灰比降低骨料温度，减少模板与混凝土间的摩阻力。

（16）在每一梁段施工过程中出现大风预报应停止施工，并使两悬臂端不得出现不平衡荷载，且应确保挂篮的牢固性。

（17）混凝土浇筑完毕后应进行养护，待养护达到设计强度的 75%，并经过孔道检查、修理管口弧度后，即可进行穿束、张拉、压浆和封锚等工作。

4. 施工中易出现的问题及预防措施

（1）箱梁腹板出现斜向裂缝

悬臂现浇混凝土箱梁拆模后张拉预应力索，腹板混凝土出现裂缝。一种是有规律地出现于与底板约呈 45° 的斜裂缝。另一种为沿预应力索管方向的斜向裂缝，往往是靠近锚头处裂缝开展较宽，逐渐变窄而至消失。

1）原因分析

出现与底板呈 45° 斜裂缝的原因极大可能是该区域的主拉应力，超过了该处的预应力索和普通钢筋的抗剪力及混凝土的抗拉强度。也有可能是混凝土拆模时间过早，混凝土尚未达到其设计抗拉强度。

出现沿预应力索管方向的裂缝的原因往往是由于预应力索张拉时，索管及其周边混凝土受到较集中的压应力，由于柏松效应导致索管及其周边混凝土受到索管径向的巨大张力，如保护层混凝土不足以抵抗拉应力，则会在其最薄弱处开裂；混凝土未达到拆模、张拉的龄期或强度；腹板的非预应力普通钢筋网，钢筋间距较大，不能满足抗裂要求；施工临时荷载超载或在作用点产生过大的集中应力。

2）预防措施

悬臂现浇混凝土箱梁腹板斜向裂缝的出现往往是设计、施工、材料、工艺等综合因素作用的结果，原因比较复杂。但其中必然有一、两个原因是主要的。为此，应针对不同的情况，采取相应的对策。设计中应注意：①布置有弯起预应力筋部位，往往能有效地克服主拉应力。因此在无弯起预应力筋部位应特别注意验算该部位的主拉应力，并布置相应的抗裂钢筋。②加密普通钢筋间距以增强抗裂性。必要时可在易发生斜向裂缝的区段，加设钢丝网片。③在预应力束张拉集中的近锚头区域，增设钢筋网片，提高抗压能力和分散集中力。④施工工况、工艺流程必须与设计相符。如有变更应立即与设计单位联系，核算无误后方可施工。⑤混凝土未到龄期或强度，不能拆除模板。为掌握混凝土的实际强度，可在浇筑混凝土时多制作几组混凝土试块，在不同龄期进行试验。

（2）箱梁拆模后在腹板与底板承托部位出现空洞、蜂窝、麻面

箱梁浇筑混凝土拆模后，在底板与腹板连接处的承托部位，部分腹板离底板 1 m 高范围内出现空洞、蜂窝、麻面。

1）原因分析

箱梁腹板一般较高，厚度较薄，在底板与腹板连接部位钢筋较密，又布置有预应力筋使得腹板混凝土浇筑时不易振实，也有漏振情况，易造成蜂窝。

若箱梁设置横隔板，一般会设预留入孔，浇筑混凝土时从预留入孔两边同时进料，易造成预留孔下部空气被封堵，形成空洞。

浇筑混凝土时，若气温较高，混凝土坍落度小，模板湿水不够，局部钢筋太密，振捣困难，易使混凝土出现蜂窝，不密实。

箱梁混凝土浇筑量较大，若供料不及时，易造成混凝土振捣困难，出现松散或冷缝。

模板支撑不牢固，接缝不密贴，易发生漏浆、跑模，使混凝土产生蜂窝、麻面。

施工人员操作不熟练，振捣范围分工不明确，未能严格做到对相邻部位交叉振捣，从而发生漏振情况，使混凝土出现松散、蜂窝。

2）防治措施

箱梁混凝土浇筑前应做好合理组织和分工，对操作人员进行技术交底，划分振捣范围，浇筑层次清楚，相互重复振捣长度应取 50 cm 左右，一边下料。

对设置横隔板的箱梁，混凝土要轮流从横隔板洞口一边下料，并从洞口下另一边振出混凝土，避免使空气封堵在洞口下部，这样就不易在洞口下部形成空洞。

合理组织混凝土供料，如采用商品混凝土，现场宜有临时备用搅拌设备，以便当商品混凝土因运输或其他原因带来供料中断时予以临时供料。

根据施工气温，合理调整混凝土坍落度和混凝土水灰比，当气温高时，应做好模板湿润工作。

当箱梁腹板较高时，模板上应预留入孔处，使得振捣棒可达到各部位。

对箱梁底板与腹板承托处及横隔板预留入孔处，应重点进行监护，确保混凝土浇筑质量。

第四章 桥梁下部结构施工技术

第一节 明挖基础施工

明挖基础是将基础底板设在直接承载地基上，来自上部结构的荷载通过基础底板直接传递给承载地基。其施工方法通常采用明挖方式进行，是一种直接敞坑开挖、就地浇筑的浅基础形式。由于其施工简便，造价低，因此只要在地质和水文条件许可的情况下，都应优先选用此种施工方法。

明挖基础适用于无水、少水或浅水河流处的基础工程，可采用人工开挖或机械开挖。明挖基础施工中，需重点解决的问题是敞坑边坡的稳定及开挖过程中的排水。

明挖基础适用于浅层土较坚实，且水流冲刷不严重的浅水地区。施工中坑壁的稳定性是必须特别注意的问题，由于它的构造简单，埋深小，施工容易，加上可以就地取材，故造价低廉，被广泛用于中小桥涵及旱桥。我国的赵州桥就是在亚黏土地基上采用了这种桥基。

明挖基础也称扩大基础，是由块石或混凝土砌筑而成的大块实体基础。其埋置深度可较其他类型基础浅，故为浅基础。由于它的构造简单，所用材料不能承受较大的拉应力，故基础的厚宽比要足够大，使之形成所谓的刚性基础，受力时不致产生挠曲变形。为了节省材料，这类基础的立面往往砌成台阶形，平面根据墩台截面形状而采用矩形、圆形、T 形或多边形等。建造这种基础时多用明挖基坑的方法施工。在陆地开挖基坑时，将视基坑深浅、土质好坏和地下水位高低等因素来判断是否采用坑壁支护结构——衬板或板桩。在水中开挖，则应先筑围堰。

明挖基础施工的主要内容包括基础的定位放样、基坑开挖、基坑排水、基底处理以及砌筑（浇筑）基础结构物等。

一、基础的定位放样

在基坑开挖前，先进行基础的定位放样工作，以便正确地将设计图纸上的基础位置、形状和尺寸在实地标定出来，准确地设置到桥址上。放样工作是根据桥梁中心线与墩台的纵、横轴线，推出基础边线的定位点，再放线画出基坑的开挖范围。基坑各定位点的高程及开挖过程中的高程检查，一般采用水准测量的方法进行。

二、基坑开挖

基坑开挖的主要工作有挖掘、出土、支护、排水、防水、清底及回填等。施工时，应根据地质条件、水文条件、基坑开挖深度、开挖所采用的方法和机具等，采用不同的开挖工艺。

基坑在开挖前通常需完成下列准备工作：施工场地的清理，地面水的排除，临时道路的修筑，供电与供水管线的敷设，临时设施的搭建，基坑的放线等。施工场地的清理包括拆除房屋、古墓，拆迁或改建通信设备、电力设备、上下水道及其他建筑物，迁移树木等工作。场地内低洼地区的积水必须排除，同时应注意雨水的排除，使场地保持干燥，以便基坑开挖。

地面水的排除一般采用排水沟、截水沟、挡水土坝等设施。应尽量利用自然地形来设置排水沟，将水直接排至基坑外或流向低洼处，再用水泵抽走。主排水沟最好设置在施工区域的边缘或道路的两旁，其横断面和纵向坡度应根据最大流量确定。排水沟的横断面尺寸一般不小于0.5 m×0.5 m，纵向坡度一般不小于3‰。平坦地区如出水困难，其纵向坡度不应小于2%，沼泽地区可降至1%，在基坑开挖过程中，要注意保持排水沟畅通，必要时应设置涵洞。基坑开挖时应注意以下事项：①基坑开挖对邻近建筑物或临时设施有影响时，应提前采取安全防护措施。②基坑顶面应提前做好地面防水、排水设施。③基坑开挖时，不得采用局部开挖深坑或从底层向四周掏土。④基坑顶有动荷载时，坑口边缘与动荷载间的安全距离应根据基坑深度、坡度、地质和水文条件及动荷载大小等情况确定，且不应小于1.0 m。⑤在土石松动地层或粉沙、细沙层中开挖基坑时，应先做好安全防护措施；当基坑开挖需要爆破时，应执行《爆破安全规程》（GB 6722—2003）中的有关规定；土质松软层基坑开挖时必须进行支护。⑥基坑开挖时，应观测坡面稳定情况。当发现坑沿顶面出现裂缝，坑壁松塌或遇涌水、涌沙时，应立即停止施工，加固处理后方可继续施工。

三、基坑排水

基坑如在地下水位以下，随着基坑的下挖，渗水将不断涌入基坑。施工过程中必须不断地排水，以保持基坑干燥，制造旱地施工条件，便于基坑挖土与基础的砌筑和养护。目前常用的基坑排水方法有表面排水和井点法降低地下水位两种。

（一）表面排水

表面排水是最简单，也是应用最为普遍的方法。在基坑整个开挖过程及基础砌筑和养护期间，在基坑四周开挖集水沟汇集坑壁及基底的渗水，将其引向一个或数个比集水沟更深的集水坑。集水沟和集水坑应设在基础范围以外。在基坑每次下挖以前，必须先挖集水沟和集水坑。集水坑的深度应大于抽水机吸水龙头的高度，以保证吸水龙头的正常工作。在吸水龙头上套竹筐围护，以防止土石堵塞龙头。

这种排水方法设备简单，费用低，适用于岩石及碎石类土，也适用于渗水量不大的黏性土基坑。由于抽水会引起流沙现象，造成基坑的破坏和坍塌，因此当地基土为饱和粉细沙土等黏聚力较小的细粒土层时，应避免采用表面排水法。

（二）井点法降低地下水位

井点法适用于地下水位较高，有承压水，挖基较深，坑壁不稳定的粉质土、粉沙类土、细沙类土土质基坑。根据使用设备的不同，井点主要有轻型井点、喷射井点、电渗井点和深井泵井点等多种类型，可根据土的渗透系数、要求降低水位的深度及工程特点选用。

轻型井点降水布置即在基坑开挖前预先在基坑四周打入（或沉入）若干根井点管，井点管下端 1.5 m 左右为过滤管，过滤管上钻有若干直径约 2 mm 的滤孔，外面用过滤层包扎。各个井点管用集水总管连接并抽水。井点管两侧一定范围内的水位逐渐下降，各井点管相互影响就形成了一个连续的疏干区。在整个施工过程中应保持不断抽水，以保证在基坑开挖和基础砌筑的整个过程中基坑始终保持无水状态。

轻型井点降水的特点是井点管范围内的地下水不从基坑四周边缘和底面流出，而是以相反的方向流向井点管，因而可以避免发生流沙和边坡坍塌现象，流水压力对土层还会有一定的压密作用。在过滤管部分包有铜丝过滤网，以免带走过多的土粒而引发土层潜蚀现象。

（三）帷幕法排水

帷幕法是在基坑边线外设置一圈隔水幕，用以隔断水源，减少渗流水量，防止流沙、突涌、管涌、潜蚀等地下水的作用。其方法有深层搅拌桩隔水墙法、压力注浆法、高压喷射注浆法、冻结帷幕法等，采用时均应进行具体设计并符合有关规定。

四、基底检验及处理

（一）基底检验

基础是隐蔽工程。基坑开挖至设计标高后，在基础浇筑前应按规定对基底进行检验，以确定其是否符合设计要求。

基底检验的主要内容应包括：检查基底的平面位置、尺寸大小、基底标高是否与原设计相符，检查基底地质情况和承载力是否与设计相符，检查基底处理及排水情况是否与施工设计规范相符。

（二）基底处理

天然地基上的浅基础是直接靠基底土来承受荷载的，故基底土质状态的好坏对基础和墩台结构的影响极大。所以基底检验合格后，即要进行基底处理工作。

基底处理应根据地基土的种类、强度和密度，按照设计要求并结合现场情况，采取相应的处理方法。基底处理的范围至少应超出基础之外 0.5 m。符合设计要求的细粒土、特殊土基底，修整妥善后应尽快修建基础，不得使基底浸水和长期暴露。

基底处理方法视基底土质而异，一般对细粒土及特殊土地基、粗粒土和巨粒土地基、岩层地基、多年冻土地基、溶洞地基、泉眼地基进行相应的基底处理。

五、基础圬工浇筑

基础砌筑可分为以下三种：无水砌筑、排水砌筑和水下灌注。为了方便施工和保证质量，基础的砌筑应尽可能在干燥无水的状况下进行。当基坑渗漏很小时，可采用排水砌筑。只有当渗水量很大，排水困难时，才采用水下灌注混凝土的方法。基础圬工用料应在挖基完成前准备好，以保证及时砌筑基础，避免基底土质变差。

排水砌筑施工时，应确保在无水状态下砌筑圬工，禁止带水作业及用混凝土将水赶出模板外的灌注方法，基础边缘部分应严密隔水，水下部分圬工必须待水泥砂浆或混凝土终凝后才允许浸水。

基础圬工的水下灌注分为水下封底和水下直接灌注基础两种。

（一）水下混凝土封底再排水砌筑圬工

当坑壁有较好的防水设施（如钢板桩护壁等），但基坑渗漏严重时，可采用水下灌注混凝土封底的方法。待封底混凝土达到强度要求后排水，清除封底混凝土面浮浆，冲洗干净后再砌筑基础与工。

水下封底混凝土应在基础底面以下。封底只能起封闭渗水的作用，封底混凝土只能作为地基，而不能作为基础。因此，封底混凝土不得侵占基础厚度。水下封底混凝土层的最小厚度由以下条件控制：当围堰作业已封底并抽干水后，板桩同封底混凝土组成一个浮筒，该浮筒的自重应能保证其不浮起；同时，封底混凝土作为周边简支的板，在基底面上水压力的作用下，不致因向上挠曲而折裂。封底混凝土的最小厚度一般为 2.0 m 左右。

（二）水下直接灌注混凝土

当今桥梁基础水下混凝土灌注施工中广泛采用的是直升导管法。混凝土经导管输送至坑底，并迅速将导管下端埋没。随后混凝土不断地被输送到被埋没的导管下端，从而迫使先前输送但尚未凝结的混凝土向上和向四周推移。随着基底混凝土的上升，导管也缓慢地向上提升，直至达到要求的封底厚度时停止灌入混凝土，并拔出导管。当封底面积较大时，宜用多根导管同时或逐根灌注，按先低处后高处、先周围后中部的次序并保持大致相同的标高进行，以保证混凝土充满基底全部范围。导管的有效作用半径依混凝土的坍落度大小和导管下口超压力的大小而异。

在正常情况下，所灌注的水下混凝土仅其表面与水接触，其他部分的灌注状态与空气中的灌注状态无异，从而保证了水下混凝土的质量。至于与水接触的表层混凝土，可在排干水外露时予以凿除。

采用直升导管法灌注水下混凝土时，应注意以下几个问题：①导管应试拼装，球塞应试验通过。施工时严格按试拼时的位置安装。导管试拼后，应封闭两端，充水加压，检查导管有无漏水现象。导管各节的长度不宜过大（一般为 1.0 ~ 2.0 m），连接应可靠而又便于装拆，以保证拆卸时中断灌注时间最短。②为使混凝土具有良好的流动性，粗集料粒径以 2 ~ 4 cm 为宜。坍落度应采用 18 ~ 20 cm，一般倾向于采用较大值。水泥用量比空气中同等级的混凝土增加 20%。③必须保证灌注工作的连续性，在任何情况下不得使灌注工作中断。在灌注过程中，应经常测量混凝土表面的标高，正确掌握导管的提升量。导管下端务必埋入混凝土内，埋入深度一般不应小于0.5 m。④水下混凝土的流动半径，主要由混凝土的质量、水头的大小、灌注面积的大小、基底有无障碍物以及混凝土拌和机的生产能力等因素决定。通常流动半径在3 ~ 4 m范围内就能够保证封底混凝土的表面不会有较大的高差，并具有可靠的防水性。只要处理得当，就可以保证封底混凝土的防水性能。

浇筑基础时，应做好与台身、墩身的接缝连接，一般要求为：①对于混凝土基础与混凝土墩身、台身的接缝，周边应预埋直径不小于16 mm的钢筋或其他铁件，埋入与露出的长度不应小于钢筋直径的20倍。②对于混凝土或浆砌片石墩身、台身的接缝，应预埋片石。片石厚度不应小于15 cm，片石的强度要求不低于基础或墩身、台身混凝土或砌体的强度。当墩台基础砌筑完毕后，应检验其质量和各部位尺寸是否符合设计要求。如无问题，即可进行基坑回填。基坑宜用原土或好土及时回填，每层回填厚度不大于30 cm，并应分层夯实。

第二节 钻孔灌注桩基础施工

一、钻孔方法和机具设备

钻孔灌注桩施工的关键是钻孔。钻孔方法可归纳为如下三种类型。

1. 冲击法

用冲击钻机或卷扬机带动冲锥，借助锥头下落产生的冲击力，反复冲击、破碎土石或把土石挤入孔壁中，用泥浆浮起钻渣，或用抽渣筒、空气吸泥机将钻渣排出而形成钻孔。

2. 冲抓法

冲抓锥依靠自重产生冲击力，切入土层或破碎土层，叶瓣抓土、弃土以形成钻孔。

3. 旋转法

用钻机通过钻杆带动锥或钻头旋转切削土壤，用泥浆浮起钻渣并将其排出而形成钻孔。

二、钻孔灌注桩的施工工艺流程

钻孔灌注桩施工因成孔方法的不同和现场情况各异，施工工艺流程不会完全相同。在施工前要安排好施工计划，编制具体的工艺流程图，作为安排各工序施工操作和进度的依据。

当同时有几个桩位施工时，要注意相互间的配合，避免干扰，并尽可能做到均衡使用机具与劳动力，既要抓紧新钻孔的施工，又要做好已成桩的养护和质量检验工作。

钻孔灌注桩施工，的主要工序包括：准备场地、埋设护筒、制备泥浆、钻孔、清底、钢筋笼制作与吊装以及灌注混凝土等。下面就其要点作简略介绍。

（一）准备场地

钻孔前要进行准备场地工作，其内容包括：①场地为旱地时，应清除杂物，换除软土，整平、夯实；②场地为陡坡时，可用枕木、型钢等搭设工作平台；③场地为浅水时，宜采用筑岛施工，筑岛面积应根据钻孔方法、设备大小等要求确定；④场地为深水或淤泥较厚时，可搭设工作平台。平台必须牢固、稳定，能承受工作时所有的静、动荷载，并保证施工机械能安全进出。

如水流平稳，水位升降缓慢，全部工序可在船舶或浮箱上进行，但必须锚固稳定，桩位准确。如流速较大，但河床可以整理平顺，可采用钢桩或钢丝网水泥薄壁浮式沉井，就位后灌水下沉至河床，然后在其顶部搭设工作平台，在其底部安设护筒；在某些情况下，可在钢板桩围堰内搭设钻孔平台。

（二）埋设护筒

钻孔成功的关键是防止孔壁坍塌。当钻孔较深时，地下水位以下的孔壁土在静水压力下会向孔内坍塌，甚至发生流沙现象。钻孔内若能保持比地下水位高的水头，增加孔内静水压力，就能稳定孔壁，防止坍孔。护筒除可起到这个作用外，还有隔离地表水，保护孔口地面，固定桩孔位置和钻头导向等作用。

制作护筒的材料有木、钢、钢筋混凝土三种。护筒要求坚固耐用，不漏水，其内径应比钻孔直径大（比旋转钻约大 200 mm，比潜水钻、冲击锥或冲抓锥约大 400 mm），每节长度为 2 ～ 3 m。一般常用钢护筒，其在陆上与深水中均能使用，钻孔完成后可拔出重复使用。其底部和周围一定范围内应夯填黏土，借助黏土压力及其隔水作用保持护筒稳定，保护孔口地面。在深水中埋设护筒时，先打入导向架，再用锤击或振动加压沉入护筒，护筒入土深度应视土质与流速而定。护筒平面位置的偏差不得大于 50 mm，倾斜度不得大于 1%。

（三）制备泥浆

钻孔泥浆由水、黏土（膨润土）和添加剂组成，具有浮悬钻渣，冷却钻头，润滑钻具，增大静水压力，在孔壁上形成泥膜，隔断孔内外渗流，防止坍孔的作用。调制的钻孔泥浆及经过循环净化的泥浆，应根据钻孔方法和地层情况采用不同的性能指标。泥浆稠度应视地层变化或操作要求灵活掌握。泥浆太稀，则排渣能力弱，护壁效果差；泥浆太稠，则会削弱钻头的冲击功能，降低钻进速度。

通常采用塑性指数大于 25、粒径小于 0.002 mm、颗粒含量大于 50% 的黏土，通过泥浆搅料机或人工调和储存在泥浆池内，再用泥浆泵输入钻孔内。泥浆泵应有足够的流量，以免影响钻进速度。大直径深孔采用正循环旋转法施工时，泥浆泵应经过流量和泵压计算来选择。对孔深百米以内的钻孔，一般可采用不小于 2 MPa 的泵压。

（四）钻机就位

测量放样，在护筒周边放出桩位中心十字线，并用红油标识。采用泵吸式反循环成孔工艺成孔，采用钻机本身的动力就位。开始之前注意桩的钻孔和开挖，应在中距 5 m 内的任何混凝土灌桩完成 24 h 后才能开始，以避免干扰邻桩或钻孔过程。钻孔开钻后要连续作业，根据钻孔和地质层合理选择钻进速度；遇地下水后开始向孔内注浆，孔内水头高度保证 2 m 以上。钻头使用三翼圆笼钻锥，用优质泥浆护壁，桩的钻孔应保证各桩之间无影响，成孔前应检查孔的中心位置、垂直度和泥浆指标，钻进过程中要经常检查孔径、垂直度、泥浆指标、垂直度和成孔速度。如有偏差，应及时调整，保证桩基的成孔质量。

（五）成孔

钻孔灌注混凝土桩的成孔方法不胜枚举，至少有几十种。国内常用的有如下方法。

1. 正循环旋转法

利用钻具旋转切土体钻进，泥浆泵将泥浆压进泥浆龙头，泥浆通过钻杆中心从钻头处喷入钻孔内，然后挟带钻渣沿钻孔上升，从护筒顶部排浆孔排出至沉淀池。钻渣在此沉淀而泥浆流入泥浆池循环使用。正循环旋转法的特点是钻进与排渣同时连续进行，在适用的土层中钻进速度较快，但需设置泥浆槽、沉淀池等，施工占地面积较大，且机具设备较复杂。

2. 反循环旋转法

与正循环旋转法不同的是，泥浆输入钻孔内，然后从钻头的钻杆下口吸进，通过钻杆中心排出至沉淀池内。其钻进与排渣效率较高，但接长钻杆时装卸麻烦，钻渣容易堵塞管路。另外，因泥浆从上向下流动，孔壁坍塌的可能性较正循环旋转法大，为此需用较高质量的泥浆。

3. 潜水电钻法

系统旋转电动机及变速装置均经密封后安装在钻头与钻杆之间，潜入水下作业。其特点是钻具简单轻便，易于搬运，噪声小，钻孔效率较高，操作条件也有所改善。但钻机在水中工作时较易发生故障。

4. 冲抓锥法

冲抓锥不需钻杆，钻进与提锥卸土均较推钻快。由于锥瓣下落时对土层有一股冲击力，故适用的土质较广。但该法不能钻斜孔；钻孔深度超过 20 m 后，其钻孔进度大为降低；当孔内遇到漂石或探头石时，冲抓较困难，需改用冲击锥钻进。

5. 冲击锥法

适用于各类土层。实心锥适用于漂、卵石和软岩层，空心锥（管锥）适用于其他土层。在冲击锥下冲时，部分钻渣被挤入孔壁，可起到加强孔壁并增加土层与桩间侧摩阻力的作用。但该法不能钻斜孔；钻普通土层时，进度比其他方法都慢；钻大直径孔时，需采用先钻小孔而后逐步扩孔的方法（分级扩孔法）。

近年来，基岩钻孔技术特别是钻机的进步是令人惊喜的。过去只能用爆破法、高压水射流才可钻进的硬质岩层，现已能够采用机械钻进法，拓宽了钻孔灌注桩的应用范围。

（六）终孔检查与孔底清理

钻孔的深度、直径、位置和孔形直接关系到成桩质量与桩身曲直。因此，除了钻孔过程中进行密切观测监督外，在钻孔达到设计要求深度后，应对孔深、孔位、孔形、孔径等进行检查。确认满足设计要求后，填写终孔检查记录表。

清孔方法视使用的钻机不同而灵活选用，通常可采用正循环旋转法、反循环旋转法、真空吸泥机以及抽渣筒等清孔。

（七）钢筋骨架的制作、安装、入孔、固定

钢筋骨架采用在场内制作，现场安装分节成形（预留接头钢筋长度），现场用吊车吊起，分节入孔的方法施工。施工中骨架第一节入孔后，用支撑杆固定骨架于井口中心位置，吊起另一节骨架与第一节骨架相接，接头采用电弧焊以单面焊的工艺进行焊接。采用几台电焊机同时搭接单面焊，以减少混凝土浇筑前焊接所占用的时间。放钢筋骨架前，先在孔口加设 4 根导向钢管，以保证钢筋骨架在吊装过程中尽量对中，不伤孔壁及控制保护层厚度。钢筋骨架就位后，采取四点固定，以防止掉笼和混凝土浇筑时骨架上浮现象发生。支撑系统对准中线以防止钢筋骨架倾斜和移动。在钢筋骨架上焊接控制钢筋骨架与孔壁净距的护壁筋，以确保钢筋骨架在孔中的位置、保护层的厚度。钢筋骨架在孔内的高度位置用引笼拉筋固定在孔口位置的方式进行控制。

（八）灌注钻孔桩水下混凝土

采用导管直升法灌注水下混凝土。

1. 导管的形式和连接方法

导管直径为 300 ~ 400 mm，壁厚 4 ~ 6 mm，中段每节长 2000 mm，底节做成 6000 ~ 8000 mm 长，其余节段用 1000 mm 及 500 mm 的管节找零，导管之间采用法兰连接。吊装之前应将导管连接，做水密性试验和接头承拉试验，保证连接紧密、不漏水。入孔时导管尽量位于孔口中央，导管底端至孔底面距离约为 400 mm，且导管要进行升降试验，保证不碰撞钢筋骨架。

2. 灌注水下混凝土

钢筋骨架入孔校正完毕，导管入孔固定后，经监理工程师验收钢筋工序、孔内沉淀层厚度及泥浆指标后，开始浇筑孔内水下混凝土。

浇筑混凝土前再次检测孔底沉淀层厚度，如大于规范要求，应再次抽渣清孔；混凝土拌合物运至灌注地点时，检查和易性和坍落度，符合要求后方可使用；灌注不得间断。灌注首批混凝土后，导管埋入混凝土中的深度不小于 1 m。随着混凝土的不断灌注，不断提升导管，始终保持导管在混凝土中的埋置深度为 4 ~ 6 m，灌注的桩顶高程高出设计高程 0.5 ~ 1.0 m。灌注过程中应经常量测孔内混凝土面层的高程，及时调整导管排泄端与混凝土表面的相对位置，并始终严密监视导管在无空气和水进入状态下的填充情况。灌注混凝土时溢出的泥浆应引流至适当地点处理，以防污染。混凝土应连续灌注直至灌注到设计的混凝土顶面，以保证截切面以下的全部混凝土具有优良质量。

三、钻孔灌注桩基础施工注意事项

①钻孔机械就位后，应对钻机及配套设备进行全面检查。②钻机安设必须平稳、牢固，钻架

应加设斜撑或缆风绳。③冲击钻孔时，选用的钻锥、卷扬机和钢丝绳等应配置适当；钢丝绳与钻锥用绳卡固接时，绳卡数量应与钢丝绳直径相匹配。④冲击过程中，钢丝绳的松弛度应适宜。正、反循环旋转钻机及潜水钻机使用的电缆线要定期检查，接头必须绑扎牢固，确保不漏水、不漏电；对经常处于水、浆浸泡处应架空搭设。⑤挪移钻机时，不得挤压电缆线及风水管路。潜水钻机钻孔时，一般在完成一根钻孔桩后要检查一次电动机的封闭状况。钻进速度应根据地质变化加以调整，以保证安全运转。⑥采用冲抓或冲击钻孔，当钻头提到接近护筒底缘时，应减速、平稳提升，不得碰撞护筒和钩挂护筒底缘。⑦钻孔使用的泥浆宜设置泥浆净化系统，并注意防止或减少环境污染。⑧钻机停钻后，必须将钻头提出孔外置于钻架上，不得滞留孔内。⑨对于已埋设护筒但尚未开钻，或已成桩护筒尚未拔除的，应加设护筒顶盖或铺设安全网遮罩。

四、钻孔事故及处理

常见的钻孔（包括清孔）事故有坍孔、钻孔偏斜、掉钻落物、糊钻、扩孔与缩孔，以及出现梅花孔、卡钻、钻杆折断、钻孔漏浆等。遇到事故时，要冷静分析事故原因，及时、果断地采取补救措施。

五、挖孔灌注混凝土桩

挖孔灌注混凝土桩是用人工和小型爆破，配合简单工具挖掘成孔，灌注混凝土形成桩基，适用于无水或水较少的较实的各类土层。桩径（或边长）不宜小于 1.2 m，孔深一般不宜超过 20 m。在实际施工中，挖孔桩有一定的适用范围，其特点是投资少，进度快，可多点同步作业且所需机具设备少，成孔后可直接检查孔内土质状况，基桩质量有可靠保证。对于挖深过大（超过 15 ~ 20 m），或孔壁可能坍塌及渗水量稍大等情况，应慎重选择施工工艺，增加护壁措施，改善通风条件，以确保施工安全。

第三节　沉井基础施工

在修建负荷较大的建筑结构物时，其基础应该坐落在坚固、有足够承载力的土层上。当这类土层较深，采用天然基础和桩基础受水文地质条件限制时，需用一种就位后上、下开口封闭的结构物来承受上部结构的荷载，这种结构物被称为沉井。

沉井是用混凝土或钢筋混凝土制成的井筒（下有刃脚，以利于下沉和封底）结构物。施工时，先按基础的外形尺寸在基础的设计位置上制造井筒，然后在井内挖土，使井筒在自重（有时需配重）作用下克服土的摩阻力缓慢下沉。当第一节井筒顶下沉接近地面时，再接第二节井筒，继续挖土。如此循环，直至下沉到设计高程。最后浇筑封底混凝土，用混凝土或沙砾石充填井孔，在井筒顶部浇筑钢筋混凝土顶板，即形成深埋的实体基础。

一、沉井基础

沉井基础既是结构基础，又是施工时的挡土、防水围堰结构物。其埋深大，整体性强，稳定性好，刚度大，能承受较大的上部荷载，且施工设备和施工技术简单，节约场地，所需净空高度小。沉井可在墩位筑岛制造，井内取土后靠自重下沉，也可采用辅助下沉措施，如采用泥浆润滑套、空气幕等方法，以减小下沉时井壁摩阻力和井壁厚度等。刃脚在井壁最下端，形如刀刃，在沉井下沉时起切入土中的作用。井筒是沉井的外壁，在下沉过程中起挡土的作用。沉井下沉过程中，需要有足够的重量克服筒壁与土之间的摩阻力及刃脚底部的土阻力，使沉井能在自重作用下逐步下沉。

沉井基础施工内容如下。

沉井制作

沉井制作方案应根据沉井施工方法确定。在沉井施工前，应详细掌握沉井入土地层及其地基岩石地质资料，并依次制订沉井下沉方案；对洪汛、凌汛、河床冲刷、通航及漂浮物等做好调查研究，并制定必要的安全技术措施，以确保沉井下沉。

沉井制作可分为就地制作沉井、浮式沉井和泥浆润滑套沉井三种方案。

1. 就地制作沉井

沉井位于浅水或可能被水淹没的岸滩时，宜采用筑岛沉井；在无被水淹没可能的岸滩上时，可就地整平夯实制作沉井；在地下水位较低的岸滩，土质较好时可开挖基坑制作沉井。就地制作沉井的方法分为干旱滩岸沉井浇筑法和水中筑岛沉井浇筑法两种。

干旱滩岸沉井浇筑法就是墩台基础位于干旱地而制作沉井，施工时沉井就地下沉。若土质松软，应在进行场地平整并夯实后，在其上铺垫 300 ~ 500 mm 的沙垫层，并铺以垫木，垫木之间用沙填平，不允许在垫木下垫塞木块、石块来调整顶面高程，以防压重（也称配重）后产生不均匀沉降。

水中筑岛沉井浇筑法适用于水深 3 ~ 4 m、流速较小的情况，围堰筑岛时，其岛面、平台面和坑底高程应比施工时的最高水位高出 500 ~ 700 mm，当有流冰时还应适当加高。底层沉井的制作工序包括场地平整夯实，铺设垫木，立沉井模板及支撑，钢筋焊接，浇筑混凝土等。

在支垫上立模制作沉井时，应符合下列要求：①支垫布置应满足设计要求，应抽垫方便。②支垫顶面应与钢刃脚底面紧贴，使沉井重力均匀分布于各支垫上。③模板及支撑应具有足够的强度和较好的刚性。内隔墙与井壁连接处的支垫应连成整体，底模应支承于支垫上，以防不均匀沉陷；外模与混凝土面贴接一侧应平直、光滑。

刃脚部分采用土模制作时，应符合下列要求：①刃脚部分的外模应能承受井壁混凝土的重力在刃脚斜面上产生的水平分力；土模顶面的承载力应满足设计要求，一般宜填筑至沉井隔墙底面。②土模表面及刃脚底面的地面上均应铺筑一层 20 ~ 30 mm 的水泥砂浆，砂浆层表面应涂隔离剂。③应有良好的防水、排水设施。

由于沉井分节制作，分节沉入土中，故其分节制作的高度应既能保证其稳定，又能产生重力下沉的作用。因此，底节沉井的最小高度应能抵抗拆除垫木或挖去土模（当刃脚为土模时）时的竖向挠曲强度。当挖土条件许可时应尽量高，一般情况下每节高度不宜小于3 m，并应处理好接缝。在沉井接高时，注意使各节沉井的竖向中轴线与第一节沉井重合，且外壁应竖直、平整。

2. 浮式沉井

浮式沉井是把沉井底节制造成空体结构，或采取其他方法使之漂浮于水中，用船只拖运到设计位置后逐步用混凝土或水灌注，增大自重，使其在水中徐徐下沉直达河底——这种方法适用于水深流急、筑岛困难的沉井基础。

（1）钢丝网水泥薄壁沉井

钢丝网水泥薄壁由骨架、钢丝网、钢筋网和水泥砂浆等组成，由30 mm钢丝水泥薄壁隔成空腹壳体，入水后能浮于水中；浮运就位后向空腹壳体内灌水，使之下沉落于河床上，再逐格对称地灌注水下混凝土，从而使薄壁空腹沉井变成普通的重力式沉井。钢丝网水泥薄壁沉井由于钢丝网均匀分布在砂浆中，增加了砂浆的内聚力和握裹力，从而提高了砂浆的抗拉强度和韧性，使钢丝网水泥薄壁具有很大的弹性和抗裂性，并能抵抗一定程度的冲击。它具有结构薄而轻，有足够强度和刚度，节省材料，操作简单，可多点平行施工作业且施工时无须模板，可节省模板和支撑等特点。当河流宽度超过200 m时，可采取半通航措施，用钢丝绳牵引沉井入水，因而浮运就位方法简单，设备简便。

钢丝网水泥薄壁沉井的制作程序为：

1）预制场地的选择

为了保证浮式沉井安全地进行水上浮运，预制场地的选择应结合水下方案综合考虑。

2）刃脚踏面大角钢成形

成形可在弯曲机上进行，也可人工弯曲成形，但应注意掌握角钢的翘曲变形，并随时整平。

3）沉井骨架的架设

沉井骨架是由刃脚踏面角钢、竖面骨架角钢与内外箍筋焊接而成。

首先焊接刃脚踏面，其次架设竖面骨架，待其就位后，用支撑、缆绳予以临时固定，正位后即可加箍筋焊成整体沉井骨架。为了增强角钢刚度，在横隔板及横撑骨架间设置刃脚加撑骨架。

4）铺网

铺网工作是沉井制作的关键，要求铺网平整，否则会产生波浪形甚至高低不平，造成抹灰砂浆保护层厚薄不均，使沉井受力不利。铺网时内、外井壁和刃脚部分同时进行。铺刃脚钢丝网时，由刃脚斜面向刃脚立面铺设；铺井壁钢丝网时，由上至下铺设，首先铺内层钢丝网，其次铺纵筋，接着铺横筋，最后铺外层钢丝网。

5）抹水泥砂浆

当铺网工作结束后，即可进行抹灰作业。抹灰所用水泥宜采用强度等级不小于42.5的普通硅酸盐水泥，砂宜采用粗砂或中砂；水泥与砂的配比为 1 ∶ 1.5，水灰比为 0.4。抹灰时由下向上进行：先将砂浆从沉井腔内用力向外挤压，直到透过外层钢丝网为止；待砂浆初凝后再抹腔外，并将沉井外壁的外缘面抹光。

（2）钢筋混凝土薄壁沉井

钢筋混凝土薄壁沉井的内、外井壁及隔墙均采用钢筋混凝土薄壁轻型结构，具有良好的强度和刚度，刃脚也具有足够抵抗侧土压力的强度。

（3）装配式钢筋混凝土薄壁沉井

装配式钢筋混凝土薄壁沉井是近年来采用的一种深水墩基础形式。其沉井分层依次叠装，然后浇筑水下混凝土形成井壁，最后抽水、清基、填芯而成。基本构件由纵贯上下的梯形导杆（4 根）、每层 1 m 的井壳（圆头 2 块、直线段 2 块）和与井壳等高的支撑梁壳（4 块）装配而成。

3. 泥浆润滑套沉井

泥浆润滑套沉井是在沉井外壁与土层间设置泥浆隔离层，以减小土体与井壁间的摩擦力，从而可减轻沉井自重，加大下沉速度，提高下沉效率。泥浆润滑套沉井刃脚踏面宽度宜小于 100 mm，以利于减小下沉时的摩阻力。沉井外壁应做成单台阶形，为防止泥浆通过沉井侧壁而渗透到沉井内，对直径小于 8 m 的圆形沉井，台阶位置在距刃脚底面 2 ～ 3 m 处；对面积较大的沉井，台阶位置在底节与第二节接缝处。台阶的宽度应为泥浆套宽度，一般为 100 ～ 200 mm。

二、沉井下沉

沉井下沉是指通过井内除土，清除刃脚正面阻力和沉井内壁阻力后，依靠沉井自重下沉。井内除土方式有排水开挖和不排水开挖。在稳定的土层中，当渗水量不大时，可采用排水开挖使沉井下沉。在有涌水翻砂而不宜采用排水下沉的地层，应采用不排水开挖。不排水开挖采用抓土、吸泥等方法使沉井下沉，必要时辅以压重，高压射水，降低井内水位而减小浮力、增加沉井自重，泥浆润滑套等方法。

（一）拆除垫木

抽垫工作是沉井下沉的开始工作，也是整个沉井下沉工作中极为重要的工序之一。拆除垫木必须在沉井混凝土达到设计强度等级后方可进行。

第一，抽垫应分区、依次、对称、同步进行。

第二，应将井孔内的所有杂物清除干净，准备工作全部就绪后，方可进行抽垫。

第三，抽垫时，先挖垫木下的填砂，再抽垫木，垫木宜从外侧抽出。垫木抽出后，应回填土，开始几组可不作回填，当抽出几组垫木出现空当后，即应回填。回填材料可用砂、沙夹碎石。回填时应分层洒水夯实，每层厚度为 200 ～ 300 mm，但回填料不允许从沉井内或筑岛材料中获取，以防沉井歪斜。回填高度应以最后分配给定位垫木的重量不致压断垫木，以及垫木下土体承压应力不超过岛面极限承压应力为准，必要时可加大回填高度，甚至在隔墙下进行回填，以满足要求。

第四，抽垫时定位垫木的位置应按设计确定。若设计无规定，则对于圆形沉井，应安排在周边相隔 90° 的 4 个支点上；对于矩形沉井，应对称布置在长边，每边两个。

第五，当抽垫至垫木的 2/3 时，沉井下沉较为均匀，下沉量小，回填时间较为充裕，便于较好地抽垫和回填。当继续抽垫时，下沉量逐步加大，回填也较困难，甚至会出现下沉太快以致回填时间不足，造成垫木压坏或间断的情况。因此，抽垫开始阶段宜缓慢进行，以便有足够的时间充分回填夯实，力求尽量改变最后阶段下沉快、沉降量大、断垫等现象。

（二）井内除土

1. 排水开挖下沉

在稳定的土层中，渗水量不大（每平方米沉井面积的渗水量小于 1 m^3/h）时，可采用排水开挖下沉。从地面或岛面开始挖土下沉时，应将抽垫时在刃脚内侧的回填土分层挖去。其开挖顺序原则上与抽垫顺序相同，定位承垫处的土最后挖除。当一层全部挖完后，再挖第二层，如此循环往复。开挖的方法如下。当土质松软时，分层挖除回填土，沉井逐渐下沉。当沉井刃脚下沉至沉井中部与土面大致平齐时，即可在中部先向下开挖 400 ~ 500 mm，并向四周均匀开挖；距刃脚约 1 m 处时，再分层挖除刃脚内侧的土台。当土质较坚实时，可从中部向下开挖 400 ~ 500 mm，并向四周均匀扩挖，使沉井平稳下沉。当土质坚硬时，可按抽垫顺序分段掏空刃脚。每段掏空后随即回填沙砾，待最后几段掏空并回填后，再分层分次序地逐步挖去回填土，使沉井下沉至岩层。

开挖刃脚下的土体时，可采用跳槽法，即将刃脚周长等分为若干段，每段长约 1 m，先隔一段挖一段，然后挖去剩余各段，最后挖定位承垫处的岩石。开挖时，下沉速度应根据沉井大小、入土深度、地层情况而定。一般而言，平均下沉速度为 0.5 ~ 1.0 m/d。

2. 不排水开挖下沉

不排水开挖下沉的基本要求为：①沉井内除土深度应根据土质而定，最深不应低于刃脚 2 m；土质特别松软时，不应直接在刃脚下除土。②应尽量加大刃脚对土的压力。当沉井通过粉沙、细沙等松软地层时，不宜以降低沉井内水位从而减小浮力的方法来促使沉井下沉，应保持沉井内水位高于沉井外水位 1 ~ 2 m，以防止流沙现象的发生，其会引起沉井歪斜，增加吸泥工作量。③除纠正沉井倾斜外，沉井各孔内的土应均匀清除，土面高差不应超过 500 mm。④当沉井入土较深，井壁阻力较大时，应根据具体情况采取有效的下沉方法，如采取抓土、吸泥、射水交替联合作业。必要时还需辅以降低沉井内水位，在沉井底放炮震动，或用在沉井顶压重的方法，使沉井下沉至设计高程。

不排水开挖下沉常采用抓土下沉。单孔沉井时，抓斗挖掘井底中央部分的土，形成锅底状。

在沙或砾石类土体中，一般当锅底比刃脚低 1 ~ 1.5 m 时，沉井即可靠自重下沉，并将刃脚下的土挤向中央锅底；在黏性土中，由于四周土不易向锅底坍落，应辅以高压水松土。多孔沉井时，最好在每个井孔上配置一套抓土设备，以同时均匀除土，减少抓斗倒孔时间，使沉井均匀下沉。

为了使抓斗能在沉井孔内靠边的位置上抓土，需在沉井顶面井孔周围预埋挂钩。偏抓时，先将抓斗落至孔底，再将钢丝绳挂在井孔周边的挂钩上进行抓土，如此就可以达到偏抓的目的。

（三）辅助下沉措施

1. 高压射水

当局部地点难以由潜水员定点、定向射水掌握操作时，在一个沉井内只可同时开动一套射水设备，并不得进行除土或其他起吊作业。射水水压应根据地层情况、沉井入土深度等因素确定，可取 1 ~ 2.5 MPa。

2. 抽水助沉

不排水下沉的沉井，对于易引起翻砂、涌水的地层，不宜采用抽水助沉方法。

3. 压重助沉

沉井圬工尚未接高浇筑完毕时，可利用接高浇筑圬工压重助沉，也可在井壁顶部用钢铁块件或其他重物压重助沉。采用压重助沉时，应结合具体情况及实际效果选用。

4. 炮震助沉

一般不宜采用炮震助沉方法。在特殊情况下必须采用时，应严格控制用药量。在井孔中央底面放置炸药起爆助沉时，可采用 0.1 ~ 0.2 kg 炸药，具体使用应视沉井大小、井壁厚度及炸药性能而定。同一沉井每次只能起爆一次，并应根据具体情况适当控制炮震次数。

5. 利用空气幕下沉

（三）沉井接高

接高上节沉井模板时，不得直接支撑于地面。接高时应均匀加重，防止沉井突然下沉和倾斜。接高后的各节沉井的中轴线应为一直线。混凝土施工接缝应按设计要求布置接缝钢筋，清除浮浆并凿毛。

①沉井接高前，应尽量纠正倾斜，接高各节的竖向中轴线应与前一节的中轴线重合。②水上沉井接高时，井顶露出水面不应小于 1.5 m；地面上沉井接高时，井顶露出地面不应小于 0.5 m。③接高前不得将刃脚掏空，避免沉井倾斜，接高加重应均匀、对称地进行。

沉井下沉时，如需在沉井顶部设置防水或防土围堰，围堰底部与井顶应连接牢固，防止沉井下沉时围堰与井顶脱离。

（五）沉井纠偏

①纠偏前，应分析原因，然后采取相应措施，如有障碍物应首先清除。②纠正倾斜时，一般可采取除土、压重、顶部施加水平力或刃脚下支垫等方法进行。对空气幕沉井可采取偏侧局部压气纠偏。③纠正位移时，可先除土，使沉井底面中心向墩位设计中心倾斜，然后在对侧除土使沉井恢复竖直。如此反复进行，使沉井逐步接近设计中心。④纠正扭转时，可在一对角线的两角除土，在另外两角填土。借助于刃脚下不相等的土压力所形成的扭矩，可使沉井在下沉过程中逐步

纠正其扭转角度。

三、沉井清基和封底

（一）沉井清基

沉井清基是指沉井下沉到位后，清除基底的松散土层及杂质，以保证封底混凝土直接支承在持力土层上。

①沉井下沉至设计高程后，基底面地质应符合设计要求。如有不符需作处理，应征得设计单位同意，必要时取样鉴定。②清理后的基底面距隔墙底面的高度及刃脚斜面露出的高度，必须满足设计要求的最小高度。③基底浮泥或岩面残存物均应清除，保证封底混凝土与基底间不产生有害夹层。④隔墙底部及封底混凝土高度范围内井壁上的泥污应予以清除。

（二）沉井清基方法

1. 排水清基

排水清基时，施工人员可进入井底施工，比较简单，主要问题是防止沉井在清基时倾斜，处理从刃脚下涌入井内的流沙等。

2. 不排水清基

不排水清基可采用高压射水将刃脚及隔墙下的土破坏，然后用吸泥机除渣。高压射水一般使用直径为 75 ~ 86 mm 的钢管，下端配有单孔锥型射水嘴，出水孔直径为 13 ~ 20 mm。沉井沉至设计高程后，应检验基底的地质情况是否与设计相符。排水下沉时可直接检验、处理；不排水下沉时应进行水下检验、处理，必要时需取样鉴定。

（三）封底

基底检验合格后，应及时封底。对于排水下沉的沉井，在清基时如渗水量上升速度小于或等于 6 mm/min，可按普通混凝土浇筑方法进行封底；若渗水量大于上述规定，宜采用水下混凝土进行封底。

沉井封底时，若井内可以排水，则按一般混凝土施工；若不能排水，则采用导管法灌注水下混凝土。

用刚性导管法进行水下混凝土封底时，应满足如下要求：①混凝土材料可参照钻孔灌注桩水下混凝土的有关规定，混凝土的坍落度宜为 150 ~ 200 mm。②灌注封底水下混凝土时，需要的导管间隔及根数应根据导管作用半径及封底面积确定。③用多根导管进行灌注的顺序应进行设计，防止产生混凝土夹层。若同时浇筑，当基底不平时，应逐步使混凝土保持大致相同的高程。④每根导管开始灌注时所用的混凝土坍落度宜采用下限，首批混凝土的需要量应通过计算确定。⑤在灌注过程中，导管应随混凝土面的升高而徐徐提升。⑥在灌注过程中，应根据混凝土的堆高和扩展情况正确调整坍落度和导管埋深，使每盘混凝土灌注后形成适宜的堆高和不大于 1 ∶ 5 的流动坡度。抽拔导管时应严格保证导管不进水。混凝土面的最终灌注高度应比设计值高出至少

150mm。待灌注混凝土强度达到设计要求后，再抽水凿除表面松弱层。

沉井封底时，若为水下压浆混凝土，应按设计要求施工。

第四节 桥梁墩台及盖梁施工

一、桥梁墩台施工

墩台是桥梁的下部结构，支承着桥梁上部结构的荷载，并将它传给地基基础。桥梁墩台应具有足够的强度和稳定性，能够避免在荷载作用下产生过大位移和转动。因此，桥梁墩台施工是桥梁下部结构施工中的重要组成部分，其施工质量的优劣，不仅关系到桥梁上部结构的制作与安装质量，而且对桥梁的使用功能也影响重大。因此，墩台的位置、尺寸和材料强度等都必须符合设计规范的要求。墩台施工的主要工作有：墩台定位，放样，基础施工，在基础襟边上立模板和支架，浇筑墩（台）身混凝土或砌石，扎顶帽钢筋，浇顶帽混凝土并预留支座锚栓孔等。在施工过程中，应准确地测定墩台位置，正确地进行模板制作与安装，同时采用经过正规检验的合格材料，严格执行施工规范的规定，以确保施工质量。

桥梁墩台的施工方式主要有桥位就地施工与预制装配两种。墩台施工方法与构造形式密切相关。就桥墩而言，目前较多采用滑动模板连续浇筑施工，它对于高桥墩和薄壁无横隔梁的空心桥墩具有很高的经济效益，而装配式墩常采用带有横隔梁的空心墩或V形墩、Y形墩等。连续梁桥的墩台主要采用混凝土、钢筋混凝土和预应力混凝土结构建造。

（一）整体式墩台的施工要点

1. 混凝土及钢筋混凝土墩台的施工要点

①墩台施工前，应在基础顶面放出墩台中线和墩台内、外轮廓线的准确位置。②现浇混凝土墩台钢筋的绑扎应和混凝土的灌注配合进行。垂直方向的钢筋应配置不同的长度，以使同一断面上的钢筋接头符合《公路桥涵施工技术规范》（JTG/T F50—2011）的有关规定。水平钢筋的接头也应内外、上下互相错开。③注意掌握混凝土的浇筑速度。④若墩台截面积不大时，混凝土应一次连续浇筑完成，以保证其整体性。若墩台截面积过大，应分段分块浇筑。⑤在混凝土浇筑过程中，应随时观察所设置的预埋螺栓、预埋支座的位置是否移动，若发现移位应及时校正。浇筑过程中还应注意模板、支架情况，如有变形或沉陷应立即校对并加固。⑥对于高大的桥台，若台身后仰，本身自重力偏心较大，为平衡台身偏心，施工时应在填筑台身四周路堤土方的同时砌筑或浇筑台身，以防止桥台后倾或向前滑移。未经填土的台身施工高度一般不宜超过 4 m，以免偏心引起基底不均匀沉陷。⑦ V 形、Y 形和 X 形桥墩的施工方法与桥梁结构体系有密切关系。V 形墩类桥梁属刚架桥系统，其施工方法除了具有连续梁桥的施工特点外，还有其自身的特点。通常把这种桥梁划为 V 形墩结构、锚跨结构和挂孔部分三个施工阶段。其中，V 形墩是全桥施工的

重点，它由两个斜腿和顶部主梁组成倒三角形结构。

2. 片石混凝土或片石混凝土砌体墩台的施工要点

在浇筑实体墩台和厚大无筋或稀配筋的墩台混凝土时，为节约水泥，可采用片石混凝土或混凝土砌体。

当采用片石混凝土时，混凝土中允许填充粒径大于150 mm的石块（片石或大卵石），并应遵守下列规定：①填充石块的数量不宜超过混凝土结构体积的25%。②应选用均匀，无裂纹、夹层，不宜风化和未燃烧过的并具有抗冻性的石块。③石块的抗压强度应符合《公路桥涵施工技术规范》（JTG/T F50—2011）的有关规定，与对碎石、卵石的要求相同。④石块在使用前应仔细清扫，并用水冲洗干净。⑤石块应在捣实的混凝土中埋一半左右。受拉区混凝土不宜埋放石块；当气温低于0℃时，应停埋石块。⑥石块应在混凝土中分布均匀，两石块间的净距不应小于100 mm，以便捣实其间的混凝土。石块距表面（包括侧面与顶面）的距离不得小于150 mm，具有抗冻要求的距表面不得小于300 mm，并不得接触钢筋和碰撞预埋件。

当采用片石混凝土砌体时，石块含量可增加到砌体体积的50% ~ 60%，石块间净距可减小为40 ~ 60 mm，其他要求与片石混凝土相同。

（二）装配式桥墩的施工要点

装配式桥墩主要采用拼装法施工。它用于预应力混凝土、钢筋混凝土薄壁墩，薄壁空心墩或轻型桥墩。装配式桥墩主要由就地浇筑的实体部分墩身、基础与拼装部分墩身组成。实体部分墩身与基础采用就地现浇施工时，应考虑其与拼装部分的连接、抵御洪水和漂流物的冲击、锚固预应力筋、调节拼装墩身的高度等问题。

拼装部分墩身由基本构件、隔板、顶板和顶帽组成，在工厂制作，运到桥位处拼装成桥墩。拼装部分墩身的分块，要根据桥墩的结构形式，吊装、起重工具和运输能力确定，应尽可能使分块大、接缝小，并按照设计要求定型生产。加工制作出来的拼装块件应质量可靠，尺寸准确，内外壁光洁度高。拼装要根据施工现场的地形、水文、运输条件以及墩的高度、起吊设备等具体情况拟定施工细则，认真组织实施。确定拼装方法时应注意预埋件的位置，接缝处要牢固密实，预留孔道要畅通。

（三）高桥墩施工

1. 高桥墩施工的特点及准备工作

高桥墩施工的特点是施工难度大，技术含量高，对操作人员的素质要求严格。其特高处作业更容易产生安全隐患和发生各类安全事故。

高桥墩施工的准备工作如下：

（1）混凝土配合比设计

混凝土宜采用半干硬或低流动混凝土，要求和易性好，不易产生离析、泌水现象，坍落度应控制为3 ~ 5 cm。混凝土脱模强度宜控制为0.2 ~ 0.4 MPa，以保证混凝土出模后既能易于抹光表面，不致折裂或带起，又能支承上部混凝土的自重，不致流淌、坍落或变形。

（2）滑模施工的组织设计

高桥墩施工是一种综合性工艺，必须做好详细的施工组织计划，制定可靠的质量保证措施，设立完善的安全保证体系，以保证连续作业和施工质量。

（3）模板制作及滑模系统

模板装置由滑模系统、提升系统、操作平台系统组成。滑模系统由全钢模及提升架组成，钢模均使用定型大钢模板，模板之间采用螺栓连接。围圈应有一定的刚度，围圈接头应采用刚性连接，并上、下错开布置附着在钢模板上连成整体，以防止模板变形。提升系统由液压控制台、千斤顶、油路及支承杆组成。操作平台系统由外挑架及吊架组成。外挑架采用钢管连接，以增加整体刚度，外设防护栏杆，挂安全网。

（4）机具设备的选择

爬杆以前常用直径 25 mm 的圆钢，后因其承压能力差，较易发生弯曲而被同截面的 48 ×3.5mm 钢管取代。钢管位置一般取决于墩台的截面，爬杆应尽量处于混凝土的中心，其数量由起重计算确定，应做到受力均匀，提升同步并具有一定的安全储备，通常其间距为 1.5 ~ 2.5 m。同时，滑模提升也应做到垂直、均衡一致，各提升架之间的高差不大于 5 mm。为此，浇筑混凝土时应严格保持均匀、平衡，每层厚度要严格控制，混凝土布料也要对称，钢筋上料要按施工要求分成小批对称堆放在平台上，以防止滑模在不均匀荷载作用下倾斜。应随时对滑模的水平结构变形进行检查，以便及时调整、加固。

2. 滑升模板法施工

滑升模板法施工时，模板固定在工作平台上，随墩身的施工而逐渐提升，逐段浇筑混凝土。滑升模板法施工具有施工进度快，混凝土质量好，安全可靠等优点，故广泛应用于高墩台、桥塔的施工中。当桥梁跨越深谷时，必须采用高桥墩，这种情况下常采用滑升模板法进行墩身施工。

（1）滑升模板的构造

滑升模板主要由工作平台、模板和提升设备三大部分组成。

工作平台是整个滑升模板的骨架，由顶架、操作平台、吊架、混凝土平台等组成。它既提供施工操作的场地，又把各组成部分连接在提升设备的顶杆上。其中，顶架用以承受整个模板和操作平台的荷载，并将其传递给顶杆；操作平台提供施工操作的场地；吊架位于整个滑升模板的下方，供施工人员对混凝土进行表面整饰和养生等操作。

模板悬挂在工作平台上，如果桥墩是空心墩，则模板由内模和外模组成；如果桥墩向上收坡，可在模板上连接收坡丝杆，用于调节内、外模板的间距。提升设备由千斤顶和顶杆组成，千斤顶用于提供向上的提升力，将整个滑升模板设备向上提升；顶杆一端固定于墩台混凝土上，另一端穿过千斤顶，承受施工过程中的全部荷载。

（2）滑升模板的施工

滑升模板的施工是一个连续、循环的过程，主要包括组装滑升模板，浇筑混凝土，滑升模板等工序。

1）组装滑升模板

组装滑升模板的大致步骤如下：在基础顶面定出桥墩中心线，垫好垫木；在垫木上安装工作平台的内钢环，再依次安装辐射梁、外钢环、立柱；提升设备，撤去垫木，安装模板就位；待模板滑升至一定高度后安装吊架。设备组装完毕后，必须进行全面检查，及时纠正偏差。

2）浇筑混凝土

滑升模板法施工宜浇筑低流动性或半干硬性混凝土。浇筑时应分层、分段、对称进行，分层厚度以 200 ~ 300 mm 为宜，浇筑后混凝土表面距模板上缘宜有不小于 100 ~ 150 mm 的距离。

混凝土脱模时的强度控制为 0.2 ~ 0.5 MPa，混凝土中可掺入适量的早强剂，以加速提升强度。脱模后 8 h 左右开始养生，用吊在下吊架上的环绕墩身的带小孔的水管来进行，用水管进行混凝土的湿法养护。

3）滑升模板

滑升模板分为初次滑升阶段和正常滑升阶段。模板初次滑升的程序是：初次浇筑混凝土厚度 600 ~ 700 mm，分 3 次浇筑；待强度达到滑升要求后，初次滑升 20 ~ 50 mm，再浇筑 300 mm 混凝土，滑升 100 ~ 150 mm。之后进入正常滑升阶段，每浇筑一层混凝土向上滑升同样的高度。

滑升模板法施工要求连续作业，如施工过程中出现暂停，必须每隔比左右将模板略为提升，以避免混凝土和模板粘连。施工过程中还必须穿插进行钢筋绑扎、顶杆接长、预埋件的处理、混凝土表面整饰、检查中线等工作。滑升模板法施工是高处作业，施工人员应随时注意施工安全，严格执行高处作业安全制度。

3. 翻板式模板施工

墩身模板采用液压自升平台翻模，内、外模板共设三节，循环交替翻升。当第三节混凝土灌注完成后，提升工作平台，拆卸并提升第一节模板至第三节上方，安装、校正后浇筑混凝土，如此循环进行。当临近墩顶连接处时，在墩身上预埋托架，支立墩帽模板，浇筑墩帽混凝土。混凝土浇筑用泵送入模，然后用插入式振捣器振捣，最后用软塑管缠绕墩身喷水养护。

施工中因大风、大雨或其他原因必须停工时，应充分做好停工处理。停工前将混凝土面摊平，振捣完毕，控制好工作平台的提升高度，防止平台提升过高而影响其稳定性。复工时加强中线水平观测，新、旧混凝土接缝按规定处理后，再继续施工。

（1）墩身模板

模板分上、下两节，接缝采用对接接头，模板制作尺寸误差小于 2 mm，倾斜角偏差小于 1.5 mm，孔位误差小于 1 mm。为确保工程质量，应在厂内统一加工。施工过程中，两节模板交替轮番往上安装，每一节都立在已浇筑混凝土的模板上。

圆形空心墩内模采用组合钢模拼装，内、外模间设带内纹的对拉螺栓，以便拆模，避免墩身混凝土内形成孔洞。墩身内腔每隔一定高度预设型钢作支撑梁，上面搭设门式脚手架作为装拆内模和浇筑混凝土的工作平台。安装和拆卸模板，提升工作平台以及垂直运输钢筋等物品均由塔吊完成。墩身外侧设施工电梯，用于人员的运送。

（2）钢筋工艺

墩身竖向钢筋采用挤压套管连接方法。钢筋长度均为 9.0 m，但在高度上将一半数量的接头错开 4.5 m，这样每节混凝土外露钢筋有高、低两层。施工时，先在长钢筋上点焊一道箍筋，依靠已立好的内模将钢筋调整到正确位置，然后以此为定位筋安装接长钢筋。

（3）拆模

在安装钢筋的同时，可以开始拆下面一节外模。拆模时用手拉葫芦将下面一节模板与上一节模板上下挂紧，同时另设两条钢丝绳拴在上、下节模板之间。拆除左右和上面的连接螺栓后，下节模板就会脱落。脱模后放松葫芦，将拆下的模板用钢丝绳挂在上节模板上。然后逐个将四周各模板拆卸并悬挂于上节模板上。这样可将拆模工作和钢筋安装工作同时进行，节约时间，也减少了对塔吊工作时间的占用。

（4）模板位置调整

当模板组拼成型后，所有螺栓不必拧紧，留出少量松动余地。若模板前后方向偏斜，可通过手拉葫芦调整至正确位置；左右偏斜的调整通过在模板底边靠倾斜方向的一端塞加垫片实现。模板之间的缝隙塞有橡胶条，因而不会漏浆。调整完毕后，拧紧全部螺栓，即可浇筑混凝土。

（5）混凝土施工

混凝土的垂直运输采用输送泵一次完成。泵管利用模板对拉螺栓留在墩身内的螺母安装固定架由下而上固定在墩柱壁上。由于运送高度大，要求混凝土既要保持较大的流动性，又要达到设计强度。因此，应对各种水泥、外加剂及配合比进行多次试验，并依泵送情况随时调整。应加强振捣以确保混凝土的密实度，真正做到内实外美。在混凝土强度达到设计或监理工程师的要求后拆模、养生。

（6）施工中墩身施工测量控制

用极坐标定位法、铅垂线控制法、悬挂钢尺水准测量法和三角高程间接法分别对墩身进行平面和标高定位。

二、盖梁施工

（一）墩台帽施工

1. 放样

墩台混凝土浇筑或砌石砌至距离墩台帽下缘 300 ~ 500 mm 高度时，即需测出墩台帽纵、横中心轴线，并开始树立墩台帽模板，安装锚栓孔或安装预埋支座垫板，绑扎钢筋等。桥台台帽放样时，应注意不要以基础中心线作为台帽背墙线。模板立好后，在浇筑混凝土前应再次复核，以确保墩台帽中心、支座垫石等的位置、方向和高程不出差错。

2. 桩柱墩帽模板

桩柱墩帽也称盖梁，除装配式盖梁以外，其他盖梁均需要现场立模浇筑。盖梁圬工体积小，可利用钢筋混凝土桩柱本身作模板支承。其方法是用两根木梁将整排柱用螺栓相对夹紧，上铺横梁，横梁间衬以方木调节间距，也可用螺栓隔桩柱成对夹紧，在横梁上直接安装底模板。两侧模板借助于横梁、上拉杆和一对三角撑所组成的方框架来固定。所有框架、楔眼及角撑均预先制好，安装时只用木楔楔紧框构四周，就能迅速而正确地使模板定位。

3. 钢筋网、预埋件、预留孔等的安装

（1）钢筋网的安装

梁桥墩台帽支座处一般均布设 1 ~ 3 层钢筋网。当墩台帽为素混凝土或虽为配筋混凝土但钢筋网未设置架立钢筋时，施工时应根据各层钢筋网的高度安排墩台帽混凝土的浇筑程序。为了保证各层钢筋网位置正确，应在两侧板上画线，并加设钢筋网的架立钢筋和定位钢筋，以免振捣混凝土时钢筋网发生移动。

（2）墩、台预埋件的种类

①支座预埋件有以下几类：平面钢板支座的下锚栓及垫板，切线式支座的下锚栓及垫板，摆柱式支座的锚栓及垫板，盆式橡胶支座的固定锚栓。②防震锚栓。③装配式墩台帽的吊环。④供运营阶段使用的扶手、检查平台和护栏等。⑤供观测用的标尺。⑥防振挡块的预埋钢筋。

预埋件施工应注意下述各点：①为保证预埋件位置准确，应对预埋件采取固定措施，以免振捣混凝土时发生移动。②预埋件下面及附近的混凝土应注意振捣密实，对具有角钢筋的预埋件尤应注意加强捣实。③预埋件在墩台帽上的外露部分要有明显标志，浇至顶层混凝土时，要保证外露部分尺寸准确。④在已埋入墩台帽内的预埋件上施焊时，应尽量采用细焊条、小电流分层施焊，以免烧伤混凝土。

3. 预留孔的安装

墩台帽上的预留锚栓孔须在安装墩台帽模板时，安装好锚栓留孔模板，在绑扎钢筋时注意将预留孔位置留出。预留孔应该下大上小，其模板可采用拼装式。模板安装时，顶面可比支座垫石顶面约低 5 mm，以便垫石顶面抹平。带弯钩锚栓的模板安装时，应考虑钩的方向。为便于安装锚栓后灌实锚栓孔，可在每一锚栓孔模板外侧的三角木块部分预留进浆槽。

（二）附属工程施工

1. 桥台翼墙、锥坡施工要点

（1）翼墙、锥体护坡（简称锥坡）的作用和构造

翼墙、锥坡是用来连接桥台和路堤的防护建筑物，它的作用是稳固路堤，防止水流的冲刷。设翼墙的桥台称为“八”字形桥台。翼墙设于桥台两侧，在平面上为“八”字形；立面上为一变

高度的直线墙，其坡度变化与台后路堤边坡的坡度相适应；翼墙的竖直截面为梯形，翼墙顶设帽石。翼墙一般为浆砌片石或浆砌块石结构。根据地基情况，翼墙基础可以采用浆砌片石或片石混凝土。

锥坡一般为椭圆形曲线，锥体坡面坡度沿长轴方向与路基边坡相同，一般为 1 ： 1.5，沿短轴方向为 1 ： 1，锥体坡顶与路基外侧边沿同高。当台后填土高度大于 6 m，路堤边坡采用变坡时，锥坡也应做相应变坡处理。

锥坡内部用沙土或卵、砾石填筑、夯实，表面用片石干砌或浆砌，一般砌筑厚度为 200 ~ 350 mm。坡脚以下应根据地基情况及流速大小设置基础，或将坡脚伸入地面以下一段，并适当加厚趾部。

在受水流冲刷影响的地方，锥体可以考虑采用铺盖草皮或干砌片石网格代替满铺片石铺砌，也可以将锥坡的下段用片石满铺，上段铺草皮，以节约圬工数量。

（2）锥坡施工要点

①锥体填土应按设计高程及坡度填足，砌筑片石厚度不够时再将土挖去，不允许填土不足，临时边砌石边补填土。锥坡拉线放样时，坡顶应预先放高 20 ~ 40 mm，使锥坡随锥体填土沉降后坡度仍符合设计规定。②砌石时放样拉线要张紧，表面要平顺，锥坡片石背后应按规定做碎石倒滤层，防止锥体土方被水侵蚀变形。③锥坡与路肩或地面的连接必须平顺，以利排水，避免砌体背后冲刷或渗透导致坍塌。④在大孔土地区，应检查锥坡基底及其附近有无陷穴，并进行彻底处理，以保证锥坡稳定。⑤干砌片石锥坡用小石子砂浆勾缝时，应尽可能在片石护坡砌筑完成后间隔一段时间，待锥体基础稳定后再进行，以减少灰缝开裂。⑥锥体填土应分层夯实，填料以黏土为宜。锥坡填土应与台背填土同时进行，并应按设计宽度一次填足。

2. 台后填土要求

①台后填土应与桥台砌筑协调进行。填土应尽量选用渗水土，如黏土含量较少的沙质土。土的含水量要适宜，在北方冰冻地区要防止冻胀。如遇软土地基，为增大土抗力，台后适当长度内的填土可采用石灰土（掺 5% 石灰）。②填土应分层夯实，每层松土厚 200 ~ 300 mm，一般应夯 2 ~ 3 遍，夯实后的厚度为 150 ~ 200 mm，使密实度达到 96%（拱桥要求达到 98%），并作密实度测定。靠近台背处的填土打夯较困难时，可用木棍、拍板打紧捣实，与路堤搭接处宜挖成台阶形。③石砌圬工桥台台背与土的接触面应涂抹沥青或用石灰三合土、水泥砂浆胶泥做不透水层，作为台后防水处理。④拱桥台后填土必须与拱圈施工程序相配合，使拱的推力与台后土侧压力保持一定的平衡。一般要求拱桥台后填土应在主拱圈安装或砌筑以前完成。梁式桥的轻型桥台台后填土应在桥面完成后在两侧平衡地进行。⑤台后填土顺路线方向的长度一般应自台身起，顶面不小于桥台高度加 2 m，在底面应不小于 2 m；拱桥台后填土长度一般不应小于台高的 3 ~ 4 倍。

第五章 隧道工程

第一节 隧道工程概述

一、隧道发展概况

（一）隧道的定义

所谓隧道，是指一种修建在地层中的地下工程建筑物。它被广泛地应用于公路、铁路、矿山、水利、市政和国防等方面。公路隧道是指专供公路运输使用的地下工程结构物。随着高速公路的发展，它在公路工程中的作用和地位日益重要，特别是在山区公路的修建中的作用更为显著。

（二）我国隧道发展

1949 年以来，为改变国家的经济布局，发展内地和山区的经济，先后修建了数十条隧道比重较大的山区铁路，使得我国在铁路隧道的数量和施工技术上都有了较大发展，逐渐掌握了隧道建筑的近代技术，从以人力为主体的施工转向以机械开挖为主体的施工，技术上有了质的飞跃。

二、隧道的分类

（一）交通隧道

交通隧道是应用最广泛的一种隧道，其作用是提供交通运输和人行的通道，以满足交通线路畅通的要求，一般包括以下几种。

（1）公路隧道——专供汽车运输行驶的通道。

（2）铁路隧道——专供火车运输行驶的通道。

（3）水底隧道——修建于江、河、湖、海洋下的隧道，供汽车和火车运输行驶的通道。

（4）地下铁道——修建于城市地层中，为解决城市交通问题的火车运输的通道。

（5）航运隧道——专供轮船运输行驶而修建的通道。

（6）人行隧道——专供行人通过的通道。

（二）水工隧道

水工隧道是水利工程和水力发电枢纽的一个重要组成部分，包括以下四种。

1. 引水隧道

为了将水引入水电站的发电机组或水资源的调动而修建的孔道。

2. 尾水隧道

为了将水电站发电机组排出的废水送出去而修建的隧道。

3. 导流隧道或泄洪隧道

水利工程中为了疏导水流并补充溢洪道流量超限后的泄洪而修建的隧道。它是水利工程的一个重要建筑，其作用主要是泄洪。

4. 排沙隧道

为了冲刷水库中淤积的泥沙而修建的隧道。

（三）市政隧道

在城市的建设和规划中，充分利用地下空间，将各种不同的市政设施安置在地下而修建的地下孔道，称为市政隧道。市政隧道与城市中人们的生活、工作和生产关系十分密切，对保障城市的正常运转起着重要的作用。其类型主要有五种。

1. 给水隧道

为城市自来水管网铺设系统修建的隧道。

2. 污水隧道

为城市污水排送系统修建的隧道。

3. 管路隧道

为城市能源供给（煤气、暖气、热水等）系统修建的隧道。

4. 线路隧道

为电力、通信系统修建的隧道。

5. 人防隧道

为了战时的防空目的而修建的防空避难隧道。

在现代化的城市中，将前四种具有共性的市政隧道，按城市的布局和规划建成一个共用隧道，称为共同管沟。共同管沟是现代城市基础设施科学管理和规划的标志，也是合理利用城市地下空间的科学手段，是城市市政隧道规划与修建发展的方向。

（四）矿山隧道

在矿山开采中，从山体以外通向矿床和将开采到的矿石运输出来，是通过修建隧道来实现的。矿山隧道主要为采矿服务，有下列几种。

1. 运输巷道

向山体开凿隧道通到矿床，并逐步开辟巷道，通往各个开采面。前者称为主巷道，为地下矿区的主要出入口和主要的运输干道；后者分布如树枝状，分向各个采掘面，此种巷道多用临时支撑，仅能满足作业人员开采工作的需要。

2. 给水隧道

送入清洁水为采掘机械使用，并将废水及积水通过泵抽排出洞外的隧道。

3. 通风隧道

专门用来排除地下有害气体、采掘机械工作排出的废气、工作人员呼出的气体，补充新鲜空气的隧道。

综上所述，隧道工程应用到许多领域，已经成为国家建设、人民生活和生产的重要组成内容。

三、隧道结构构造

隧道结构由主体构造物和附属构造物两大类组成。主体构造物是为了保持岩体的稳定和行车安全而修建的人工永久建筑物，通常指洞身衬砌和洞门构造物。附属构造物是主体构造物以外的其他建筑物，是为了运营管理、维修养护、给水排水、供蓄发电、通风、照明、通信、安全等而修建的构造物。

（一）洞身

隧道的衬砌结构形式，主要是根据隧道所处的地质地形条件，考虑其结构受力的合理性、施工方法和施工技术水平等因素来确定的。随着人们对隧道工程实践经验的积累，对围岩压力和衬砌结构所起作用的认识的发展，结构形式发生了很大变化，出现了各种适应不同的地质条件的结构类型，大致有直墙式衬砌、曲墙式衬砌、喷混凝土衬砌、喷锚衬砌、复合式衬砌、偏压衬砌、喇叭口隧道衬砌、矩形断面衬砌等形式。

（二）洞门

洞门是隧道两端的外露部分，也是联系洞内衬砌与洞口外路堑的支护结构，其作用是保证洞口边坡的安全和仰坡的稳定，引离地表流水，减少洞口土石方开挖量。洞门也是标志隧道的建筑物，因此，洞门应与隧道规模、使用特性以及周围建筑物、地形条件等相协调。洞门形式有端墙式洞门、翼墙式洞门、环框式洞门、遮光棚式洞门等。

（三）明洞

当隧道埋深较浅，上覆岩（土）体较薄，难采用暗挖法时，则应采用明挖法来开挖隧道。用这种明挖法修筑的隧道结构，通常称明洞。

明洞具有地面、地下建筑物的双重特点，既作为地面建筑物用以抵御边坡、仰坡的坍方、落石、滑坡、泥石流等病害，又作为地下建筑物，在深路堑、浅埋地段不适宜暗挖隧道时用来取代隧道。另外，它还可以用在与公路、灌溉渠立交处，以减少建筑物之间的干扰。其形式有拱形明洞、棚式明洞。

（四）内装、顶棚及路面

1. 内装

为了确保行车安全，在道路隧道中必须采取措施，使墙面在长期的运营中保持必要的亮度。墙面需用适当的材料加以内装处理，以改善隧道内的环境，提高能见度和吸收噪声。通常采用的内装材料有饰面板、镶板、瓷砖、油漆等。

2. 顶棚

顶棚的反射率对提高照明效果有利，经过顶棚的反射光使路面产生二次反射，能明显增加路面亮度。顶棚是背景的一部分，特别是在有坡度处和变坡点附近对识别障碍物和察觉隧道内异常现象很有帮助。顶棚可以美化隧道，特别是与整齐排列的灯具相互衬托，更可以起到美化的效果，并有明显的诱导作用。

根据实际需要可以把顶棚做成平顶或者拱顶。在自然通风或诱导通风时，可以用拱顶。在半横向或横向通风时可以用平顶。顶棚以上可以作为通风道和供管理人员使用的通道。

3. 路面

路面材料主要有两种，即混凝土和沥青混凝土。由于混凝土的反射率较沥青混凝土路面高，横向抗滑性好，是过去广泛使用的材料。其最大缺点是产生裂缝时不容易修补，更换时要停止交通，在高寒地区还要受到防滑链的损害，必须考虑设置磨耗层。沥青混凝土路面的反射率较低，为了改善路面亮度，需要在面层加入石英和铝的混合物，有的还要加入浅色石子和氧化钛做填充料。

（五）隧道的防水与排水

水不仅是影响隧道正常施工的因素之一，也是影响隧道正常运营的重要因素之一。在施工期间，地下水不仅降低围岩的稳定性（尤其是对软弱破碎围岩影响更为严重），增加开挖难度，且增加了支护的难度和费用，甚至需采取超前支护或预注浆堵水和加固围岩。此外，若对地下水处理不当，还可能造成更大的危害。如地下、地表水位下降及水环境的改变，影响农业生产和生活用水，或被迫停工，影响工程进展等。

在运营期间，地下水常从混凝土衬砌的施工缝、变形缝（伸缩缝和沉降缝）、裂缝甚至混凝土孔隙等通道渗漏进隧道中，造成洞内通信、供电、照明等设备处于潮湿环境而发生锈蚀，使路面积水或结冰，造成打滑，危及行车安全。由于结冰膨胀和侵蚀性地下水的作用，不仅会使衬砌受到破坏，而且以上危害会更加严重。总之，隧道工程中，地下水的存在是必然的，但它对工程的危害却是可以避免和减少的。

为避免和减少水的危害，我国隧道工作者已总结出“截、堵、排相结合”的综合治水原则，并以模筑混凝土衬砌作为防水（堵水）的基本措施。

1. 截

就是在隧道以外将地表水和地下水疏导截流，使之不能进入隧道工程范围内。

2. 堵

就是以衬砌混凝土为基本防水层，以其他防水材料为辅助防水层，阻隔地下水，使之不能进入隧道内的防水措施，必要时还可以采用注浆堵水措施。堵水措施可以较好地保护地下水环境。

3. 排

就是人为设置排水系统，将地下水排出隧道。

4. 结合

就是因地制宜，综合考虑，适当选择治水方案，做到技术可行，费用少，效果良好，保护环境。这要根据围岩的工程地质条件，地下水的水量大小及埋藏和补给条件，工程结构的设计使用要求，施工技术水平及环境保护要求等情况来选择确定。结合的另一层含义是，设计、施工、维修相结合，但以施工为主，充分结合现场实际，实行点面结合，将大面积渗漏水汇集为局部出水，进行有组织排水。应尽可能在施工中就将水治理好，保护地下及地表水的自然环境，减少对水环境的破坏并尽量恢复其自然环境。

四、隧道围岩分级

隧道围岩是指隧道（坑道）周围一定范围内，对隧道（坑道）稳定性能产生影响的岩（土）体。隧道周围的地层可以是软硬不一的岩石，也可以是松散的土，把土视为一种特殊的（风化破碎严重的）岩石，所以隧道周围的地层，不管是土体还是岩体，统称为围岩。

隧道围岩压力是指隧道开挖后，围岩作用在隧道支护上的压力，是隧道支撑或衬砌结构的主要荷载之一。其性质、大小、方向以及发生和发展的规律，对正确地进行隧道设计与施工有很重要的影响。

（一）隧道围岩分级的指标及其选择

围岩分级的指标，主要考虑影响围岩稳定性的因素或其组合的因素，大体有以下几种。

1. 单一的岩性指标

单一的岩性指标一般有岩石的抗压和抗拉强度、弹性模量等物理力学参数；岩石的抗钻性、抗爆性等工程指标。在一些特定的分级中，如确定钻眼功效、炸药消耗量等，土石方工程中划分岩石的软硬、开挖的难易，均可采用岩石的单一岩性指标进行分级。但单一岩性指标只能表达岩体特征的一个方面，用来作为分级的唯一指标是不合适的。

2. 单一的综合岩性指标

单一的综合岩性指标是以单一的指标反映岩体的综合因素。这些指标有：

（1）岩体的弹性波传播速度

弹性波传播速度与岩体的强度和完整性成正比，其指标反映了岩石的力学性质和岩体的破碎程度。

（2）岩石质量指标（RQD）

是综合反映岩体强度和岩体破碎程度的指标。所谓岩石质量指标，是指钻探时岩芯复原率，或称为岩芯采取率。钻探时岩芯的采取率、岩芯的平均和最大长度是受岩体原始裂隙、硬度、均质性影响的，岩体质量的好坏主要取决于岩芯采取长度小于 10 cm 以下的细小岩块所占的比例。

（3）围岩的自稳时间

被认为是综合岩性指标。隧道开挖后，围岩通常都有一段暂时稳定的时间，不同的地质环境，自稳时间不同。

3. 复合指标

复合指标是一种用两个或两个以上的岩性指标或综合岩性指标所表示的复合性指标。

复合指标是考虑多种因素的影响，对判断隧道围岩的稳定性是比较合理可靠的，它可以根据工程对象的要求，选择不同的指标。但是，复合指标的定量数值，一般是通过试验、现场实测或凭经验确定的，带有较大的主观性。

通过以上分析，对隧道围岩的分级，首先应考虑对围岩稳定性有重大影响的主要因素，如将岩石强度、岩体的完整性、地下水、地应力、结构面产状以及它们的组合关系作为分级指标；其次选择测试设备比较简单、人为因素小、科学性较强的定量指标；同时考虑分级指标要有一定的综合性，如复合指标等。

（二）隧道围岩分级的方法

国内外隧道围岩分级的方法较多，所采用的指标也不同，但都是在隧道工程的实践基础上逐步建立起来的，随着人们对隧道工程、地质环境之间相互关系的认识和理解，围岩分级方法也在逐步深化和提高。

1. 以岩石强度为单一岩性指标的分级法

具有代表意义的是我国工程界广泛采用的岩石坚固系数值分级法。这种方法的优点是指标单一，使用方便，尤其是在值分类法中，还将定量指标值与作用在支护结构上的围岩压力直接联系起来，给设计和施工带来较大的方便。其缺点是不能全面地反映岩体固有的性态。

2. 以岩体构造和岩性特征为代表的分级法，如太沙基分级法

1975 年我国铁路工程技术规范中所采用的铁路隧道围岩分级法，属于这一类。这类方法的优点是正确地考虑了地质构造特征、风化状况、地下水情况等多种因素对隧道围岩稳定性的影响，并建议了各类围岩应采用的支护类型和施工方法。缺点是分级指标还缺乏定量描述，没有提供可靠的预测隧道围岩级别的方法，在一定程度上要等到隧道开挖后才能确定。

3. 与地质勘查手段相联系的分级法

如 1979 年日本提出的按围岩弹性波速度进行分级的方法、岩芯复原率分级法等，属于这一类。这类方法的优点是分级指标大体上是半定量的，同时考虑了多种因素的影响。其缺点是分级的判断还带有一定的主观性，如弹性波速度低，可能是岩体完整，但岩质松软；地质坚硬，但比较破

碎；地形上局部高低相差悬殊等几种原因引起的，就弹性波速度这一个指标，就很难客观地得出正确的结论。

根据上述介绍可知，隧道围岩分类方法有简有繁，并无统一格式。目前，国内外许多学者都认为，隧道围岩分级的详细程度，在工程建设的不同阶段应有所不同。在工程规划和初步设计阶段的围岩分级，可以定性评价为主，判别的依据主要来源于地表的地质测绘以及部分勘察工作。在工程设计和施工阶段，围岩分级应为专门的目的服务。如为设计提供依据的围岩分级，其判别依据主要是地质测绘资料、地质详勘资料、岩石和岩体的室内和现场试验数据。分级指标一般是半定量和定性的。为隧道施工钻爆提供依据的围岩分级，主要利用各种量测和观测到的实际资料对围岩分级进行补充修正，此时的分级的依据是岩体暴露后的实际值。

围岩分级的分阶段实施，是因为围岩分级除了取决于地质条件外，还和工程规模、形状、施工工艺等技术条件有关。

（三）我国公路隧道围岩分级

经过长期的隧道工程实践，我国公路隧道以铁路隧道围岩分级的标准为基础，参考了国内外有关围岩分级的成果，提出了适合我国公路隧道实情的围岩分级标准，下面介绍围岩分级的出发点和依据。

1. 公路隧道围岩分级的出发点

①强调岩体地质特征的完整性和稳定性，避免单一的岩石强度指标分级的方法。②分级指标应采用定性和定量指标相结合的方式。③明确工程目的和内容，并提出相应的措施。④分级应简明，便于使用。⑤应考虑吸收其他围岩分级的优点，并尽量和我国其他工程分级一致。

2. 分级的指标和因素

（1）岩体的结构特征与完整性

当风化作用使岩体结构发生变化，松散、破碎、软硬不一时，应结合因风化作用造成的各种状况，综合考虑确定围岩的结构完整状态。

（2）岩石强度

将岩浆岩、沉积岩、变质岩按岩性、物理力学参数、耐风化能力和作为建筑材料的要求划分为硬质岩石及软质岩石两级，依饱和抗压极限强度与工程的关系分为四种。当风化作用使岩石成分改变，强度降低时，应按风化后的强度确定岩石等级。

（3）地下水

在公路隧道围岩的分级中，遇有地下水时，一般的处理采用降级的方法。

第二节 隧道勘察与总体设计

一、隧道勘察

隧道勘察的目的在于查明隧道所处位置的工程地质条件和水文地质条件，以及隧道施工和运营对环境保护的影响，为规划、设计、施工提供所需的勘察资料，并对存在的岩土工程问题、环境问题进行分析评价提出合理的设计方案和施工措施，从而使隧道工程经济合理和安全可靠。

（一）地质勘查

隧道作为地下工程，其所在地区地质条件的好坏直接影响隧道工程施工以及运营期间的结构安全、建设工期、工程造价等。隧道地质调查就是为隧道方案比选和隧道设计提供依据，使隧道位置选择在地质条件较好的地段，从而保证隧道工程施工以及运营期间的结构安全，缩短建设工期、降低工程造价。

隧道地质调查在不同阶段应满足不同范围和目标的要求。在踏勘阶段应在大于可能方案的范围内进行调查，为路线走向比选提供区域地形、地质等基本资料；在初勘阶段应在大于比选方案范围提供路线所需的地形、地质基础资料；在详勘阶段应在隧道两侧及周围地区提供技术设计、施工图设计、预算等所需的地质资料。

隧道地质勘查手段主要包括收集地质文献、地质调绘、坑探、物理勘探、钻探和试验测试工作等。

1. 收集地质文献包括收集地质资料和工程资料。地质资料指地质图和相应说明书，一般应从地质部门收集 1 ∶ 50000 ~ 1 ∶ 200000 比例尺的地质图，长、大隧道还应参考遥感资料，概略了解隧道通过区域的地形、地貌、地层、岩性、不良地质现象、灾害资料、区域地震动峰值加速度系数等。工程地质资料指隧道附近的建设工程提供的资料，如铁路、水电、矿山、城建等工程提供的地质资料。这些资料从施工记录和工程报告总结等文件中得到。

2. 地质调绘就是通过观察露头收集地质资料的方法

地质调绘的范围应是隧道所穿越的全部地段及其延伸段，其宽度应根据地质的实际情况以及附属工程的布置和分布情况而定。通过调查应掌握隧道所在地区的地形、地貌、地层界线、地层岩性、地层产状、地质构造、接触关系、特殊岩土和不良地质范围等。调查的有效路线是与地层和断层的走向、褶曲轴的方向成正交的路线以及沿河川洼地、山谷和新建道路的路线。当露头的数量和位置不能满足地质调查的要求时，要开挖人工露头即坑探。

3. 坑探一般有挖探、探槽等方法

地质调绘和坑探调查的实际情况应随时标记在地形图和记入野外记录本上，调查完毕后归纳整理，分析研究写出调查报告书，并附调查路线图、地质平面图、地质剖面图。

4. 隧道勘察采用的物探方法主要有地震勘探和电法勘探

在人口密集和地下水发育区以采用电法勘探为宜。通过勘察可以了解覆盖层厚度、地质构造、赋水情况等。由于物探的局限性和资料成果的多解性，应结合钻探、坑探、地调等资料，进行物理力学指标的测定和岩土层次探测论证。

5. 钻探就是提取地下岩土体的岩芯

通过岩芯观测、钻进情况分析、试验工作来判断地下的地质条件。其调查项目有地层、岩性、坚硬程度、完整性、风化程度、接触关系、地质构造、地下水资料等。围岩分级中两项重要定量指标是坚硬程度和完整性系数，通过钻探或相关试验均可以得到。

6. 在收集地质文献的基础上

踏勘阶段一般以地质调绘为主，必要时可采用坑探、物探和钻探等方法，为路线走向比选提供地质依据；初勘阶段一般以地质调绘、坑探、物探方法为主，配合少量代表性钻探测试，相互印证，为方案比选提供地质依据；详勘阶段是进行地质调绘、坑探、物探和钻探等方法的综合勘探，并以钻探为主，相互印证，以期在初勘基础之上取得更加深入、可靠的地质结论，为隧道工程的设计提供地质依据。

勘察过程中应着重查明滑坡、崩塌、岩堆、岩溶、膨胀性岩土、软土、湿陷性黄土、泥石流、盐渍土、泥沼、煤层、冰川、雪崩、冻土和流沙等不良地质和特殊地质现象，查明其成因、范围、规模、水力联系等问题以及对隧道可能产生的影响等。勘察阶段应尽早提供不良地质地段详尽的资料，以便在确定隧道位置或确定隧道方案时有具体的可靠依据。

（二）水文勘察

隧道工程设计与施工应充分考虑地下水、地表水对隧道的影响以及隧道的修建对周围水资源的影响，这就要求隧道工程勘察期间应重视涌水及枯水的调查。隧道的涌水直接影响工程的施工难易、施工人员人身安全以及结构的长期稳定；枯水可能导致隧道上方地下水以及周围地表水枯竭，引起水环境问题。

隧道涌水可分为集中涌水和稳定涌水。集中涌水有时以突然发生大量涌水的形式出现，往往造成停工和人身伤亡事故。集中涌水通常发生在隧道通过的岩溶发育段、厚含水沙砾层段、富水断裂破碎带段。隧道集中涌水主要考虑对工程有影响的涌水位置、涌水压力、涌水量等。预测时可根据地形、地质调查、弹性波探测和钻探等分析地质构造，了解含水层位置、规模和透水性等。稳定涌水受隧道长度、埋深、位置、含水层规模和透水性等因素影响，并与流域的枯水流量有密切关系。调查时根据地形地质调查、弹性波探测和钻探等，查明流域范围的地形、地质构造、地下水状况，并测定径流范围的涌泉、溪流、河川等的枯水流量。

隧道涌水量考虑因素较多，预测较为困难，直接的方法是通过抽水、压水、提水、注水等试验获得相关的数据进行预测。根据抽水试验测定的渗透系数及涌水量，通常比压水、提水、注水等试验取得的资料准确。抽水试验是通过水量与水位降低的关系，按照相应的计算公式求得渗透系数，进行涌水量预测。当含水层埋藏较深、抽水试验有困难时，可采用其他试验手段。

为了明确由于修建隧道工程而使地下水及地表水受到影响的波及范围，必须进行枯水调查。因隧道施工而伴生的枯水现象是由于隧道内漏水而产生的结果，所以调查内容应建立在涌水调查内容基础之上。枯水问题有时对社会产生巨大的影响，所以枯水问题也要考虑到将来的水利规划远景。枯水调查的主要内容是水利资源的利用状况（包括用途与用量），溪流的单位流域和流量，泉水、降水量、地下水位的季节变化，植被、气象问题，以及以往工程的枯水资料等。考虑到枯水现象所引起的水位下降、流量减少等影响，往往波及下游，所以必须查清它的影响范围和不受影响的分界点，并且调查范围应该宽些。

针对隧道的涌水和枯水问题所进行的气象调查，主要是测定降水量及蒸发量。一般只调查地下水的主要来源——降水量即可。根据需要，可测量日降水量、月降水量、年降水量或连续降水量。

目前对于隧道涌水和枯水的定量掌握是困难的，只有沙砾石层的地下水涌水，利用矿床水文地质学及矿床坑道疏干公式计算其涌水量的把握较大。在查明区域地质条件后预测断裂构造带的涌水量也有可能，岩溶地下水则难以预报。

（三）环境调查评价

隧道的修建及运营必然带来一系列破坏自然环境的问题，为此，在隧道着手修建以前，要调查该地区的环境现状，不能因修建隧道给该地区的自然环境带来重大影响。要预测、研究隧道的修建及运营对周围环境的影响内容及其程度，提出减小或防止破坏环境的措施，以符合国家对环境保护的要求，这就是环境调查评价的目的。调查和评价环境主要有以下三个方面。

1. 自然环境评价

自然环境评价是对动植物生态进行调查评价，包括动植物的种类、分布、密度、季节变化等，评价修建隧道之后对动植物生态的影响及提出的补救措施；与水文地质勘查结合进行地表水、地下水调查评价，包括水质、水量、分布、饮用水源、农田水利设施等，评价修建隧道对水情的影响和提出的防排水措施。

2. 地物调查评价

地物调查评价是对土地利用情况和已有建筑物进行调查评价，包括良田、果林、木材林的分布，以及风景区、建筑物、文物古迹、各种管线的分布，评价隧道施工对其影响和相应的保护措施。

3. 生活环境评价

生活环境评价是隧道施工和运营期间出现的废气、噪声、振动、地基下陷、地下水泄漏对居住环境、自然资源、已有地物影响程度的调查评价。隧道运营期间排出的废气和发出的噪声对周围环境有很大的影响。不同的隧道形式和不同的隧址对废气的扩散有很大差异，必要时应做风洞试验推算其影响范围。隧道噪声主要是由车辆和通风机产生的，预测噪声对隧道内外的干扰，将关系到隧道隔声装置和对周围居住环境的影响。在隧道开挖过程中，因爆破震动、地基下陷引起地表建筑物的损坏必须给予足够的重视。隧道施工前应对已有建筑物进行调查、测绘、评价，施工中应采取相应措施加以防护。

二、隧道总体设计

（一）隧道位置选择

隧道位置选择的原则是：中、短隧道应服从路线走向；长、大隧道在服从路线总体走向的同时，作为路线基本走向的控制点，有时为了选择较好的隧道位置需要在合理的范围内先确定隧道位置，所以长、大隧道的地质调查在路线大方案确定之后就应该进行大范围调查，将调查结果作为定线的依据，而这也体现了地质选线的思想。

隧道位置应选择在相对稳定的地层中，对施工和营运均有利，亦可节省投资。对岩性不好的地层、断层和破碎带、含水层等不良地段应避免穿越，以免增大投资，造成施工与营运的困难，影响隧道安全。若不能绕避而必须通过时，应采取可靠的工程处理措施，以确保隧道施工及营运的安全。对于隧道位置的选择应充分考虑建设投资、施工工期、施工风险、经济效益、社会效益等因素并进行经济技术比选，同时对于不同的隧道类型，其位置的选择应具有不同的侧重点。

1. 越岭隧道选址

我国幅员辽阔，山川交错，通过山岭、重丘区的长、大干线公路往往要翻越分水岭，线路为穿越分水岭而修建的隧道称为越岭隧道。越岭地段通常地形陡峻，山峦起伏，地质及水文地质条件复杂，自然条件及交通运输条件比较困难，地形变化较大，如分水岭垭口的高低，垭口两侧沟谷的地势，山体覆盖的厚薄，山坡的陡度，以及山前台地分布情况等均会对隧道位置产生较大影响，必须慎重比选。

（1）越岭隧道平面位置的选择

越岭隧道平面位置选择，主要是指隧道穿越分水岭的不同高程及不同方向的垭口选择，选择时要着重考虑在路线总方向上的垭口、地质条件和隧道长度，另外，还应考虑两侧展线的难易程度、线形和工程量的大小。

垭口位置的选择一般可利用小比例尺地形图、航空照片、卫星照片等。根据线路的总方向和克服越岭高程的不同要求在较大范围内选线，寻求可供越岭的几个垭口位置，然后进行可能通过的垭口、河谷的比选。比选时应考虑：①优先考虑在路线总方向上或其附近的低垭口，因为这种垭口在两侧具有良好展线的横坡时，一般越岭隧道较短。②虽远离线路总方向，但垭口两侧有良好的展线条件河谷，又不损失越岭高程的垭口。③隧道一般选在分水岭垭口两边河谷标高相差不多，并且两边河谷平面位置接近处。④工程地质和水文地质条件良好的垭口。

经隧道长度、施工难度、运营条件等综合比选几个可能的平面方案，最后确定最佳方案。

（2）越岭隧道标高选择

在越岭垭口选定后，由于越岭标高不同会出现不同长度的展线及越岭隧道方案，即存在隧道标高的选择问题。一般来讲，隧道标高越高，隧道长度越短，相应施工工期也短，但两端展线长度增加，出现隧道群，且线路拔起高度大，运营条件差，线路通过能力降低；而低标高隧道则与之相反，但施工难度增加，施工期较长。因此，在选择越岭隧道标高时，考虑运营条件的改善和通过能力的提高，宜采用低标高方案，但必须进行地形、地质、施工、运营、经济技术等多种因素综合比较来确定最优隧道标高。

2. 傍山隧道选址

山区道路通常傍山沿河而行；山区水流的特点是河床狭窄、弯曲，经过常年的河水侵蚀和风化作用，地势往往变得陡峻。为改善线形，提高车速，缩短里程，节省时间，常常修建傍山隧道。傍山隧道一般埋藏较浅，地层受风化影响较大，施工中容易破坏山体平衡，造成各种工程病害；山坡亦常有滑坡，碎石松散堆积，泥石流等不良地质现象，地质情况较为复杂。另外，线路受河谷地形限制，其位置除两岸进行比选外，线路移动幅度不大，隧道经常是沿河的浅埋隧道和隧道群；洞身覆盖里侧厚外侧薄，易产生不对称的偏压状态；当河流湍急，冲刷严重时，对山坡稳定和隧道安全威胁较大等。因此，傍山隧道位置选择时，应根据地形地质，河流冲刷情况以及洞外的相关工程和运营条件等综合考虑，并应注意：①傍山隧道在埋深较浅的地段，一定要注意洞身覆盖厚度问题。为保持山体稳定和避免偏压产生，隧道位置宜往山体内侧靠。②河岸存在冲刷现象或河道窄，水流急，冲刷力强的地段，要考虑河岸冲刷对山体和洞身稳定的影响，隧道位置宜往山体内侧靠一些，有可能时最好设在稳定的岩层中。③傍山隧道位置应考虑施工便道设置和既有公路的位置，应注意既有公路边坡的可能坍塌和施工便道对洞身稳定的影响。④线路沿山嘴绕行应与直穿山嘴的隧道方案进行比较。如山嘴地段地形陡峻，地质复杂，河岸冲刷严重，以路堑或短隧道通过难以长期保证运营安全时，应“截弯取直”以较长隧道方案通过。

3. 隧道洞口位置选择

隧道洞口位置的选择是隧道勘测设计的重要环节之一。洞口位置选择好坏，将直接影响隧道施工、造价、工期和运营安全。选择时要结合洞口的地形、地质条件、施工、运营条件以及洞口的相关工程（桥涵、通风设施等）综合考虑。要避免单纯以经济观点来选定隧道洞口。根据已建交通隧道施工和运营的实践，由于洞口位置选择不当，而造成洞口塌方影响施工、中断行车的教训不少，值得注意。

洞口位置的选择一般考虑以下几点：

（1）洞口部分在地质上通常是不稳定的

应当考虑避开滑坡、崩塌、泥石流等不良地质地段。确定洞门位置时，对边、仰坡的稳定应着重考虑，并结合洞外相关工程和施工难易，通过技术经济比较确定，以免造成难以整治的病害，危及施工和运营安全。一般应设在山体稳定、地质条件好、排水有利的地方。隧道宜长不宜短，应“早进洞，晚出洞”，尽量避免大挖大刷，破坏山体稳定。

（2）洞口不宜设在沟谷低洼处和汇水沟处

沟谷洼地地势狭窄、施工不便，且防洪困难。另一方面沟谷附近一般地质较差，常会出现断层、冲积层等不良地质，而且地下水丰富。因此，一般宜将洞口移在沟谷地质条件较好的一侧有足够宽度的山嘴处。

（3）当洞口处为悬崖陡壁时

一般不宜扰动坡面和破坏地表植被及暴露风化破碎岩层。若无崩塌或落石可能，可以考虑贴壁；若有坍方可能，则应采用接长明洞的办法，将洞口推到坍方范围以外 3 ~ 5 m 处。

（4）洞口地形平整时，一般也应早进洞晚出洞

在这种情况下，洞口位置选择余地较大，应结合洞外路堑、填方、弃渣场地、工期等具体情况确定。如果洞口位于堆积层上，为避免引起坍塌、滑坡，保持山体稳定，一般不宜大量清刷；需要时可接长明洞，以确保施工和运营安全。

总之，隧道洞口和洞身是不可分的整体，在位置选择时不能顾此失彼，应该同样重视。

（二）隧道线形设计

隧道的几何设计研究的范围，主要是汽车行驶与隧道各个几何元素的关系，以保证在满足设计速度、预计交通量，通风、照明、安全设施齐全等条件下，行驶安全、经济，旅客舒适，隧道美观等。因此，隧道几何设计时，把隧道中心线解剖为隧道的平面、纵断面及净空断面来分别研究处理。

1. 隧道的平面设计

隧道是线路的一个组成部分，因此，隧道的平面线形除应满足《公路工程技术标准》（JTG B01—2003）规定外，还应考虑到由于隧道内的运营和养护条件比洞外明线差的特点，应适当提高线形标准。如隧道平面线形原则上采用直线，避免曲线。当必须设置曲线时，其半径也不宜小于不设超高的平面曲线半径。

这里有两点要注意：一是小半径曲线，二是超高。如果采用小半径曲线，会产生视距问题。为确保视距，势必要加宽断面。这样相应地要增加工程费用。断面加宽后，施工也变得困难，断面不统一，以及它们的相互过渡都给施工增加了难度。设置超高时，也会导致断面的加宽。因为在隧道内一般是禁止超车的，所以只能采用停车视距，根据停车视距可以换算出设置曲线时不加宽的最小平曲线半径。曲线隧道即使不加宽，在测量、衬砌、内装、吊顶等工作上也会变得复杂。此外，曲线隧道增加了通风阻抗，对自然通风很不利。从这些方面考虑也希望不设曲线。不过，是否设置曲线，应根据隧道洞口部分的地形地质条件及引道的线形等进行综合考虑决定。如沿河（溪）线的傍山隧道穿过山嘴时，就必然会出现曲线隧道。再如原设计为直线的隧道，在施工中遇到溶洞时，不得不改线绕行时出现的部分曲线隧道。另外，隧道内应尽量避免设反向曲线，以利运营和施工。单向行驶的长隧道，如果在出口一侧设置大半径平曲线，面向驾驶者的出口墙壁亮度是逐渐增加的。尤其是当出口处阳光可以直接射入，以及洞门面向大海等亮度高的时候，此

时曲线线形反而是设计所希望的。如果长、大隧道需要利用竖井、斜井通风时，在线形上应加以考虑。

2. 隧道纵断面设计

隧道内线路坡度可设置为单面坡（即向隧道一端上坡或下坡）或“人”字坡（即从隧道中间向洞口两端下坡）两种。

一般单向坡多数设置在越岭线路的展线及沿河（溪）线隧道中，单向坡隧道对运行时通风、排水有利，尤其是下行单向隧道通风条件较好。“人”字坡有利于从两端施工时的出渣和排水，但对运营通风不利，常出现在越岭隧道中。

控制隧道纵坡主要因素之一是通风问题，一般把纵坡控制在 2% 以下为好。超过 2% 时，汽车排出的有害物质迅速增加，所以从公路隧道通过车辆尽量少排出有害气体观点出发，限制纵坡不得大于 3%。不存在通风问题的短小隧道，如独立明洞和短于 50 m 的直线隧道，可按公路所在等级规定设置纵坡。当隧道采用单坡时，纵坡不宜大于 3%。当涌水量较大时应考虑减缓纵坡。采用“人”字坡时，施工涌水容易排出，但通风条件稍差，因此，一般以把纵坡控制在 1% 以下为宜，便于控制和排放有害气体。总之，隧道的纵坡以不妨碍排水的缓坡为宜。考虑到隧道在施工时和建成后洞内排水的需要，隧道内纵坡不应小于 0.3%。

纵坡变更处应根据视距要求设置竖曲线，为了提高视线的诱导作用，使乘客乘坐舒适，在隧道中应尽可能考虑选用较大竖曲线半径和竖曲线长度。

3. 隧道净空断面横断面设计

隧道净空是指隧道衬砌的内轮廓线所包围的空间，包括隧道建筑限界、通风及其他所需的断面积。断面形状和尺寸应根据围岩压力求得最经济值。

道路隧道的净空除应在符合隧道建筑限界的规定外，还应考虑洞内排水、通风、照明、防火、监控、营运管理等附属设施所需要的空间，并考虑土压影响、施工等必要的富余量，使确定的断面形式及尺寸，达到安全、经济、合理。在确定隧道净空断面时，应尽力选择净断面利用率高、结构受力合理的衬砌形式。

有行人通行的隧道，原则上应设置人行道，人行道的宽度一般不宜小于 0.75 m，以便肩挑背负者使用。在有自行车通行的隧道，人行道宽度不宜小于 1 m，以供自行车下车推行。必要时可设置栏杆，以消除隧道内混合交通的干扰和隐患。城市附近及行人众多的隧道，人行道的宽度应根据需要适当加宽，以保证非机动车及行人不侵占行车道。在行人和自行车非常多的情况下，因修很宽的人行道而加大隧道断面，需要的通风设备也相应增大，这时人和自行车与隧道分开，修建小断面的人行隧道反而有利，专供徒步行人通行。人行隧道与车行隧道分开，对安全也极有利，在火灾时可以供避难救护伤员使用，平时亦可兼做管理人员的通道。需通行自行车时，应另设自行车道，自行车不应混杂在行人中穿行。在山岭地区修建长、大隧道时，专为行人需要加大通风设施及其功率是不经济的，应另寻其他途径解决行人问题。人行道、自行车道或自行车道与车行道在同一隧道中时，为保证安全，应使其比车行道高出 0.25 m。为了彻底解决安全问题，或者对行车速度严加管制，或者把人行道等与车行道用护栏隔开，或者把设在路肩上的人行道等置于 1m 以上的台阶并加设保护栏。

车行道的净高，通常由汽车载货限制高度和富余量决定。另外，由于隧道内的路面全部更换困难，一般应估计到将来可能进行罩面，其厚度通常按 20 cm 预留，还应估计冬季积雪等可能减少净空。对不能满足净高要求的路段，应设标志牌，标明该处净高，并指明迂回道路。人行道、自行车道及自行车人行道的净空为 2.5 m，隧道的内轮廓线在施工中不可避免要产生凹凸不平，一般还应考虑 5 cm 的误差。

隧道的净空断面受通风方式影响很大。自然通风的隧道，断面适当大些。假如采用射流通风机进行纵向通风时，应考虑射流通风机本身的直径，悬吊架的高度和富余量，总计约为 1.5 m 的高度。长、大隧道的通风管断面积、通风区段的长度、通风竖井或斜井的长度和数量、设备费和长期运营费等应综合考虑。在平顶以上设置通风管道时，应保证顶板的厚度，还应考虑到顶板的挠度以及富余量。现在使用的轻质混凝土顶板的厚度为 7.5 ～ 10 cm，现浇混凝土板约 15 cm。如果考虑美观，用石棉或瓷砖进行内装时，还应另外留出 10 cm 的空间。吊设吸声板时，应预留相应位置。重要的长、大隧道，防灾设备（如火灾传感器、监控电视摄像机、通过率计等）也要占有空间。维修时往往是在不进行交通管制的条件下工作，还有管理人员的通道，根据实际需要可能设置在隧道的一侧或两侧等，要根据实际隧道具体确定。

由于地质条件的关系，隧道宽度过大则不经济，施工上也增加了难度，因此高速公路、一级公路一般应设计为上下行分离的两座独立隧道。两相邻隧道最小净距视围岩类别、断面尺寸、施工方法、爆破震动影响等因素确定。从理论上说，两相邻隧道应分别置于围岩压力相互影响及施工影响范围之外，或者说其间岩柱具有足够的强度和稳定，不致危及相邻隧道的施工及结构的安全，保证车辆安全营运。但由于影响两相邻隧道间距的因素很多，而这些因素的影响也难以定量，因此，还需根据经验通过工程类比分析确定。

4. 隧道接线

隧道洞口连接线的平面及纵断面线形应与隧道线形相配合，应当有足够的视距以保证行驶安全。尤其在进口一侧，需要在足够的距离外能够识别隧道洞口。为了使汽车能顺利驶入隧道，驾驶员应提前知道前方有隧道。通常当汽车驶近隧道，但尚有一定距离时，应使驾驶员能自然地集中注意力观察到洞口及其附近的情况，并保证有足够的安全视距，对障碍物可以及时察觉，采取适当措施，以保证行车安全。把开始注视的点称为注视点，从注视点到安全视距点所需时间称为注视时间。从注视点到洞口采用通视线形极为重要。在洞口及其附近放入平面曲线或是竖曲线的变更点时，应以不妨碍观察隧道，且保证有足够的注视时间为最低限度。

隧道两端的接线纵坡应有一段距离与隧道纵坡保持一致，以满足设置竖曲线和保证各级公路停车或会车视距的要求。需要机械通风的隧道，接线纵坡与隧道纵坡一致时，能使汽车以均匀速度驶入隧道。在洞口前如果为陡坡时，车速会降低，进入隧道后加速行驶，必然使排气量增加，从而导致通风设备的加大或通风量不足。

当隧道净宽大于所在公路的路基宽度时，两端接线应有不短于 50 m 的同隧道等宽的加宽段，并设计过渡段加以衔接。当隧道净宽小于所在公路的路基宽度时，两端接线仍然按等级公路标准设计，与隧道洞门端墙衔接。隧道内的路肩宽度与一般道路相比要缩小很多，需要进行平滑的过渡，应在适当的距离内收缩，使汽车进出隧道时顺利。为此，通常根据设计车速设计成 1/25 ~ 1/50 的楔形过渡段，在这个收缩过渡段中，一般应有路缘石、护栏、路面标志线以及其他洞口附近的构造物等。另外，设计引线还应考虑到接近洞口桥梁、路堤等。

第三节 隧道衬砌设计

一、隧道衬砌设计

（一）隧道衬砌的结构形式

隧道的衬砌结构形式，主要是根据隧道所处的地质地形条件，考虑其结构受力的合理性、施工方法和施工技术水平等因素来确定的。随着人们对隧道工程实践经验的积累，对围岩压力和衬砌结构所起作用的认识的发展，结构形式发生了很大变化，出现各种适应不同的地质条件的结构类型，大致有下列几类。

1. 直墙式衬砌

直墙式衬砌形式通常用于岩石地层垂直围岩压力为主要计算荷载、水平围岩压力很小的情况；一般适用于Ⅱ、Ⅲ类围岩，有时也可用于Ⅳ类围岩。对于道路隧道，直墙式衬砌结构的拱部，可以采用割圆拱、坦三心圆拱或尖三心圆拱。三心圆拱指拱轴线由三段圆弧组成，其轴线形比较平坦时称为坦三心圆拱，形状较尖时称为尖三心圆拱。

如果围岩完整性比较好的Ⅰ ~ Ⅱ类围岩中，边墙可以采用连拱或柱，称为连拱边墙或柱式边墙。

为了节省砌筑工程量，也可以采用大拱脚薄边墙衬砌。如果具备喷混凝土条件时，边墙可以用喷混凝土代替。该法是一个有局限性的方法，最大的问题是大拱脚支座施工困难，在非均质岩层中很难用钻爆法做出整齐稳定的支座。因此，在这种较好围岩中，不如优先考虑喷锚支护。

2. 曲墙式衬砌

通常在Ⅳ类以下围岩中，水平压力较大，为了抵抗较大的水平压力把边墙也做成曲线形状。当地基条件较差时，为防止衬砌沉陷，抵御底鼓压力，使衬砌形成环状封闭结构，可以设置仰拱。

3. 喷混凝土衬砌、喷锚衬砌及复合式衬砌

为了使喷混凝土结构的受力状态趋于合理化，要求用光面爆破开挖，使洞室周边平顺光滑，

成型准确，减少超欠挖，然后在适当的时间喷混凝土，即为喷混凝土衬砌。根据实际情况，需要安装锚杆的则先装设锚杆，再喷混凝土，即为喷锚衬砌。如果以喷混凝土、锚杆或钢拱支架的一种或几种组合作为初次支护对围岩进行加固，维护围岩稳定，防止有害松动。待初次支护的变形基本稳定后，进行现浇混凝土二次衬砌，即为复合式衬砌。为使衬砌的防水性能可靠，保持无渗漏水，采用塑料板做复合式衬砌中间防水层是比较适宜的。

4. 偏压衬砌

当山体地面坡陡于 1 ∶ 2.5，线路外侧山体覆盖较薄，或由于地质构造造成的偏压，衬砌为承受这种不对称围岩压力而采用偏压衬砌。

5. 喇叭口隧道衬砌

在山区双线隧道，有时为绕过困难地形或避开复杂地质地段，减少工程量，可将一条双幅公路隧道分建为两个单线隧道或两条单线并建为一条双幅的情况，或车站隧道中的过渡线部分，衬砌产生了一个过渡区段，这部分隧道衬砌的断面及线间距均有变化，相应成了一个喇叭形，称为喇叭口隧道衬砌。

6. 圆形断面隧道

为了抵御膨胀性围岩压力，山岭隧道也可以采用圆形或近似圆形断面，因为需要较大的衬砌厚度，所以多半在施工时进行二次衬砌。对于水底隧道，由于水压力较大，采用矿山法施工时，也多采用二次衬砌，或者采用铸铁制的方形节段。水底隧道广泛使用盾构法施工，其断面为全圆形。通常用预制的方形节段在现场拼装。此时，在顶棚以上的空间和路面板以下的空间可以用作通风管道，车行道两侧的空间可以设置人行道或自行车道，有剩余空间时还可以设置电缆管道等。水底隧道的另一种施工方法是沉管法，有单管和双管之分，其断面可以是圆形，也可以是矩形。

岩石隧道掘进机是开挖岩石隧道的一种机械化切削机械，其开挖断面通常为圆形，开挖后可以用喷混凝土衬砌、喷锚衬砌或拼装预制构件衬砌等多种形式。

7. 矩形断面衬砌

用沉管法施工时，其断面可以用矩形形式。用明挖法施工时，尤其在修筑多车道隧道时，其断面广泛采用矩形。这种情况，回填土厚度一般较小，加之在软土中修筑隧道时，软土不能抵御较大的水平推力，因而不应修筑拱形隧道。另一方面，矩形断面的利用率也较高。城市中的过街人行地道，通常都在软土中通过，其断面也是以矩形为基础组成的。

（二）衬砌基本尺寸的拟定

隧道衬砌是一种超静定结构，因此按超静定结构设计。一般是根据工程类比和设计者的经验首先假定断面尺寸，然后经分析计算、检算，修正假定尺寸，并反复这个过程，最终确定合理的断面形式和尺寸。

设计衬砌断面主要解决内轮廓线、轴线和厚度这三个问题。

衬砌的内轮廓线应尽可能地接近建筑限界，力求开挖和衬砌的数量最小。衬砌内表面力求平顺（受力条件有利），还应考虑衬砌施工的简便。

衬砌断面的轴线应当尽量与断面压力曲线重合，使各截面主要承受压应力。为此，当衬砌受径向分布的水压时，轴线以圆形最好；当主要承受竖向压力或同时承受不大的水平侧压力一时，可采用三心圆拱和直墙式衬砌；当承受竖向压力和较大侧压力时，宜采用五心圆曲墙式衬砌；当有沉陷可能和承受底部压力时，宜加设仰拱的曲墙式衬砌。

衬砌各截面厚度随所处地质条件和水文地质条件不同而有较大变化，并且与隧道的跨径、荷载大小、衬砌材料以及施工条件等有关。根据以往经验，拱圈可以采取等截面，也可采取在拱脚部分加厚的变截面。仰拱厚度一般略小于拱顶厚度，但从施工和衬砌质量要求出发，一般不应小于相关规范规定的最小厚度。

1. 衬砌内轮廓线

它是衬砌的完成线在内轮廓线之内的空间，即为隧道的净空断面。该线应满足所围成的断面积最小，适合围岩压力和水压力的特点，以既经济又适用为目的。

2. 衬砌外轮廓线

为保持净空断面的形状，衬砌必须有足够厚度（或称最小衬砌厚度）的外缘线。为保证衬砌的厚度，侵犯该线的山体必须全部除掉，木质临时支撑或木模板等也不应侵入，因此，该线又称为最小开挖线。

3. 实际开挖线

为保证衬砌外轮廓，开挖时往往稍大，尤其用钻爆法开挖时，实际开挖线不可避免地成为不规则形状。因为它比衬砌外轮廓线大，所以又称为超挖线。超挖部分的大小叫超挖量，一般不应超过 10 cm，实际上凹凸不平，这样 10 cm 的限制线只能是平均线，它是设计时进行工程量计算的依据。在施工中，尤其是用钻爆法施工时，很难掌握刚好达到平均线，常常比它还要大，这就造成了不必要的工程量，如何控制它，至今仍为一个难题。按设计要求，所有超挖部分，都要用片石回填密实。由于施工上的困难，不容易做到密实，但这是设计及施工中都应着重强调的问题。

二、隧道衬砌结构计算方法

（一）围岩压力

1. 围岩压力的概念

人们对围岩压力的认识，是从开挖洞穴后围岩的支护初期坍塌现象开始的。随着隧道和地下工程的发展，人们从支撑和衬砌的变形、开裂和破坏现象，进一步认识到围岩压力的存在。如在破碎的岩层中开挖坑道，原先互相联系着的一些岩块会由于扰动失去相互支持而松弛、错动位置或坍落；在松散的沙质中开挖坑道，由于连接不紧密的沙的移动，就会填塞隧道空间，甚至发生地表面的塌陷。在这种不稳定的地层中修建隧道时，出现塌方是常见的；又如在松软地层中修建隧道，常常会看到围岩内挤、支护排架下沉或断裂；在衬砌后混凝土拱顶被压酥掉皮等现象。

在稳定的地层中开挖坑道，由于围岩在爆破后发生松动以及暴露后受到风化，个别落石现象也不可避免。在完整而坚硬的岩层中开挖隧道，也会遇到小块岩石突然脱离岩体向隧道内弹出，人们称为“岩爆”，这些都是围岩压力的现象。为了保证隧道有足够的净空，就要修建支护结构，以阻止围岩的移动和崩塌，支护结构就是用来承受围岩压力的。

2. 围岩压力的产生

围岩压力的产生是隧道工程的一个重要的力学特征。隧道是在具有一定的应力历史和应力场的围岩中修建的，围岩的初始应力场的状态极大地影响着在其中发生的一切力学现象，因此，需要研究隧道开挖前后围岩的应力状态，这对指导隧道设计与施工有着重要意义。

（1）围岩的初始应力场

通常所指的初始应力场，泛指隧道开挖前岩体的初始静应力场，它的形成与岩体构造、性质、埋藏条件以及构造运动的历史等有密切关系。在隧道开挖前是客观存在的，在这种应力场中修建隧道就必须了解它的状态及其影响。

岩体的初应力状态与施工引起的附加应力状态不同，它对坑道开挖后围岩的应力分布、变形和破坏有着极其重要的影响。可以说，不了解岩体初应力状态就无法对隧道开挖后一系列力学过程和现象做出正确的评价。

岩体的初应力状态一般受到两类因素的影响：第一类因素有重力、温度、岩体的物理力学性质、岩体的构造、地形等经常性的因素；第二类因素有地壳运动、地下水活动、人类的长期活动等暂时性的或局部性的因素。因此，初应力场由两种力系构成，即

$$\sigma=\sigma_r+\sigma_\tau$$

式中：

σ_r——自重应力分量；

σ_τ——构造应力分量。

在上述因素中，目前主要研究和使用的是由岩体的体力或重力形成的应力场，称为自重应力场。而其他因素只认为是改变了由重力造成的初应力状态。一般来说，重力应力场可以采用连续介质力学的方法。它的可靠性决定于对岩石的物理力学性质及岩体的构造——力学性质的研究，其误差通常是较大的，而其他因素造成的初应力场，主要是用实验（现场实验）方法完成的。

（2）隧道开挖后的应力场

隧道的开挖，移走了隧道内原来受力的部分岩体，破坏了围岩初始应力场的平衡状态，围岩从相对静止的状态转变为变动的状态。围岩力图达到一个新的平衡，其应力和应变开始一个新的变化运动，运动的结果，使得围岩的应力重新分布并向开挖的隧道空间变形。理论和实验证明，隧道开挖后，解除了部分围岩的约束，在隧道周围初始应力将沿隧道一定范围重新分布，一般情况下，应力状态形成三个区域。

Ⅰ区域称为低应力区，在有裂隙和破碎的岩石中，或松软围岩中，由于岩体强度小，隧道开

挖后，岩体不能承受急剧增大的周边应力而产生塑性变形，使隧道周边的围岩应力松弛而形成一个应力降低的区域，使高应力向岩体深处转移，被扰动的这部分岩体就开始向隧道内变形。变形值超过一定数值，岩体则出现移动、坍塌或处于蠕动状态。

Ⅱ区域称为高应力区，这一部分岩体也受到了扰动，在应力重新分布的过程中使这个范围内岩体的应力升高，但强度尚未被破坏，实际相当于形成了一个承载环，起到承载的作用。

Ⅲ区域为原始应力区，距离隧道较远的岩体未受到开挖的影响，仍处于原始的应力状态。

在极坚硬而完整的围岩中，隧道周边应力急剧增高，由于岩体强度大，未形成如松软破碎岩体那种变形过大和开裂坍塌的情况，因而不存在应力降低区，而只有高应力向原始应力过渡的重分布特点，所以往往不需要设置支护结构来提供外加平衡力。换句话说，这种隧道是自稳的。

综上所述，隧道的开挖，破坏了围岩原有的平衡，产生了变形和应力重新分布。但是这种变化发展不是无限的，它总是为了达到新的平衡而处在一种新的应力状态中。

3. 围岩压力的确定方法

围岩压力的确定目前常用下列三种方法。

（1）直接量测法

是一种切合实际的方法，对隧道工程而言，也是研究发展的方向；但由于受量测设备和技术水平的制约，目前还不能普遍采用。

（2）经验法或工程类比法

是根据大量以前工程的实际资料的统计和总结，按不同围岩分级提出围岩压力的经验数值，作为后建隧道工程确定围岩压力的依据的方法，是目前使用较多的方法。

（3）理论估算法

是在实践的基础上从理论上研究围岩压力的方法。由于地质条件的不确定性，影响围岩压力的因素又非常多，这些因素本身及它们之间的组合也带有一定的偶然性，企图建立一种完善的并适合各种实际情况的通用围岩压力理论及计算方法是困难的，因此，现有的围岩压力理论都不十分切合实际情况。

在理论估算方法中，考虑几个主要因素，使其结果相对地接近实际围岩压力的情况，是目前隧道工程设计中采用较多的方法。一般来讲，都是以某种简化的假设为前提，或以实际工程的统计分析资料为基础。

（二）隧道衬砌计算模型

国际隧道协会认为，目前采用的地下结构设计方法可以归纳为以下四种设计模型。

①以参照过去隧道工程实践经验进行工程类比为主的经验设计法。②以现场量测和实验室试验为主的实用设计方法。例如，以洞周位移量测值为根据的收敛－约束法。③作用与反作用模型，即荷载—结构模型。例如，弹性地基圆环计算和弹性地基框架计算等计算法。④连续介质模型，包括解析法和数值法。数值计算法目前主要是有限单元法。

从各国的地下结构设计实践看，目前在设计隧道的结构体系时，主要采用两类计算模型：一类是以支护结构作为承载主体，围岩作为荷载同时考虑其对支护结构的变形约束作用的模型；另一类则相反，视围岩为承载主体，支护结构则为约束围岩变形的模型。

前者又称为传统的结构力学模型。它将支护结构和围岩分开来考虑，支护结构是承载主体，围岩作为荷载的来源和支护结构的弹性支撑，故又可称为荷载—结构模型。在这类模型中隧道支护结构与围岩的相互作用是通过弹性支撑对支护结构施加约束来体现的，而围岩的承载能力则在确定围岩压力和弹性支撑的约束能力时间接地考虑。围岩的承载能力越高，它给予支护结构的压力越小，弹性支撑约束支护结构变形的抗力越大，相对来说，支护结构所起的作用就变小了。

这一类计算模型主要适用于围岩因过分变形而发生松弛和崩塌，支护结构主动承担围岩“松动”压力的情况。因此，利用这类模型进行隧道支护结构设计的关键问题，是如何确定作用在支护结构上的主动荷载，其中最主要的是围岩所产生的松动压力，以及弹性支撑给支护结构的弹性抗力。一旦这两个问题解决了，剩下的就只是运用普通结构力学方法求出超静定体系的内力和位移了。弹性连续框架（含拱形）法、假定抗力法和弹性地基梁（含曲梁和圆环）法等都可归属于荷载结构法。当软弱地层对结构变形的约束能力较差时（或衬砌与地层间的空隙回填，灌浆不密实时），地下结构内力计算常用弹性连续框架法，反之，可用假定抗力法或弹性地基梁法。弹性连续框架法即为进行地面结构内力计算时的抗力法与变形法。假定抗力法和弹性地基梁法则已形成了一些经典计算方法。由于这个模型概念清晰，计算简便，易于被工程师们所接受，至今仍普遍使用，尤其是对模筑衬砌。

第二类模型又称为岩体力学模型。它是将支护结构与围岩视为一体，作为共同承载的隧道结构体系，故又称为围岩—结构模型或复合整体模型。在这个模型中，围岩是直接的承载单元，支护结构只是用来约束和限制围岩的变形，这一点正好和上述模型相反。复合整体模型是目前隧道结构体系设计中力求采用的并正在发展的模型，因为它符合当前的施工技术水平。在围岩—结构模型中可以考虑各种几何形状，围岩和支护材料的非线性特性，开挖面空间效应所形成的三维状态，以及地质中不连续面等。在这个模型中，有些问题可以用解析法求解，或用收敛—约束法图解，但绝大部分问题，因数学上的困难必须依赖数值方法，尤其是有限单元法。利用这个模型进行隧道结构体系设计的关键问题，是如何确定围岩的初始应力场，以及表示材料非线性特性的各种参数及其变化情况。一旦这些问题解决了，原则上任何场合都可用有限单元法分析围岩与支护结构应力和位移状态。

（三）隧道衬砌结构计算方法

1. 衬砌计算理论概述

隧道衬砌结构除必须满足建筑限界和保证足够的净空以外，还要有足够的强度，以保证在使用期内结构物有可靠的安全性。隧道衬砌结构计算所需要的物理力学指标等设计参数，应通过勘探和试验手段取得。对不同的衬砌结构形式应用不同的计算方法进行截面强度验算。

早期地下工程的设计主要参考地面结构计算，随着在设计中引入围岩对衬砌变形所产生的抗力，以及计算机技术的飞速发展和岩土介质本构关系研究的发展，以有限元为代表的数值分析以及无限单元、边界元、离散元及其耦合使用法等在地下结构静动力分析中得到了广泛的应用。现在主要采用两类计算模型：一类是以支护结构作为承载主体的荷载—结构模型；另一类是以围岩为承载主体的岩石力学模型。

通过长期的观测，发现围岩不仅对衬砌产生压力，同时还约束衬砌的变形。围岩对衬砌变形的约束，对改善衬砌结构的受力状态有利，因此必须考虑。衬砌在受力变形过程中，一部分结构脱离围岩形成"脱离区"的趋势，另一部分密贴围岩形成所谓的"抗力区"。在抗力区内，衬砌挤压围岩变形，围岩对衬砌产生反作用抵抗力，即"弹性抗力"。抗力区的范围和弹性抗力的大小视围岩性质、围岩压力大小和结构变形的不同而异，通常采用局部变形理论和共同变形理论分析。

2. 衬砌结构计算的理论

实际工程中，通常根据施工方法和工艺，对计算模型进行简化，得到计算简图，按照规范的规定解出作用在结构上的荷载，然后按照结构力学的方法（力法、位移法、角变位法、不平衡力矩和侧力传播法）进行求解。

3. 衬砌结构计算的有限单元法

随着电算技术应用领域的不断扩大，以有限单元法计算衬砌结构的内力也广泛被工程人员所采用。众所周知，在外荷载作用下衬砌结构产生的变形受围岩的约束。利用有限单元法计算在外荷载作用下衬砌结构产生的内力时，定量计算围岩对衬砌结构变形的约束作用有两类方法：第一类方法引用局部变形理论，利用弹性链杆考虑围岩对衬砌结构受力变形的影响；第二类方法将衬砌结构、回填层及围岩都离散为有限单元，共同形成在外荷载作用下相互制约的受力变形体系。

第四节 隧道施工方法

一、矿山法施工

（一）矿山法施工的基本原则

采用钻爆法开挖和用钢木构件支撑的施工方法称为传统的矿山法。传统的矿山法施工能适应山岭隧道的大多数地质条件，尤其在不便采用锚喷支护的地质条件下，用于处理塌方也很有效。传统矿山法施工的基本原则是：少扰动、早支撑、慎撤换、快衬砌——"十二字原则"。

（二）矿山法施工的工序

传统矿山法的施工顺序，可按衬砌的施作顺序分为先墙后拱法和先拱后墙法。

1. 先墙后拱法（又称为顺做法）

先墙后拱法通常是在隧道开挖成形后，再由下至上施作模筑混凝土衬砌。先墙后拱法施工速度较快，施工各工序及各工作面之间相互干扰较小，衬砌结构的整体性较好，受力状态也比较好。

2. 先拱后墙法（又称为逆做法）

先拱后墙法是先将隧道上部开挖成形并进行拱部衬砌后，在拱圈的掩护下面再开挖下部并施作边墙衬砌。先拱后墙法施工速度较慢，上部施工较困难。但是当上部拱圈完成之后，下部施工就较安全和快速。先拱后墙法施工衬砌结构的整体性较差，受力状态不好，并且拱部衬砌结构的沉降量较大，要求的预拱度较大，增加了开挖工作量。

3. 采用传统的矿山法施工的基本要求

第一，由于隧道开挖后，存在围岩的松弛变形、衬砌的承载变形、立模时放线和就位误差，为了保证衬砌厚度及其净空不侵入建筑限界，在隧道开挖及衬砌立模时均应预留沉落量。衬砌立模预留沉落量应根据围岩类别、衬砌施作顺序及施工技术水平来确定。

第二，采用先拱后墙法施工时，边墙马口（即指先拱后墙法施工时的边墙部位）的开挖应注意：左右边墙马口应交错开挖，不得对开。同一侧的马口宜跳段开挖，不宜顺开。先开马口，应开在边墙围岩较破碎的区段，且长度不能太长，一般不超过 2 ~ 4 m，并且及时施作边墙衬砌。后开的马口应待相邻边墙刹肩（即墙顶与拱脚封口）混凝土达到一定强度后方可开挖。马口开挖顺序还应与拱部衬砌施工缝、衬砌变形缝、辅助洞室位置统一考虑合理确定。马口开挖时，应严格控制爆破，以防止炸裂拱圈。采取以上措施的目的均是减少拱部衬砌下沉和防止掉拱。洞身开挖必须清除大块浮石。

第三，矿山法隧道施工必须注意安全生产。在保证工程质量的前提下提高经济效益。除完整稳定围岩外，施工时必须配合开挖及时支护，确保施工安全。明洞和洞口工程土石开挖不得采用大爆破；石质陡坡应先加固再进洞，尽量保持原有仰坡稳定；松软缓坡开挖边坡时，应事先放出开挖线，由上而下进行随挖随支护。

第四，传统矿山法施工中，开挖应采用对围岩扰动少的开挖方法。当用钻爆开挖时，应采用光面爆或预裂爆破技术。在软弱、含水围岩或浅埋等不易自稳的地段施工时，应有辅助施工措施，或进行预加固处理。此外，隧道施工防排水应与永久性防排水设施相结合。

第五，隧道开挖断面不宜欠挖。当石质坚硬完整时，拱部允许个别凸出处（每平方米不大于 0.1 m，）突出衬砌不大于 5 cm。拱脚和墙脚以上 1 m 内严禁欠挖。

二、新奥法施工

（一）新奥法施工的基本原则

根据我国公（铁）路隧道采用新奥法施工的经验，隧道施工采取的基本原则可以概括为“少扰动、早喷锚、勤量测、紧封闭”。具体说，是指在隧道开挖时，必须严格控制，减少对围岩的扰动强度、扰动持续时间和扰动范围，以使开挖出的隧道符合成型的要求。

1. 少扰动

隧道开挖时能采用机械开挖的就不用钻爆法开挖。采用钻爆法开挖时，严格控制爆破，尽量采用大断面开挖。选择合理的循环掘进进尺，自稳性差的围岩循环掘进进尺宜用短进尺，支护应紧跟开挖面，以缩短围岩应力松弛时间及开挖面的裸露风化时间。

2. 早喷锚

早喷锚指对开挖暴露面应及时作初期锚喷支护，经初期支护加固，使围岩变形得到有效控制而不致变形过度而坍塌失稳，以达到围岩变形适度而充分发挥围岩的自承能力。必要时可采取超前预支护辅助措施。

3. 勤量测

按照规范的量测方法和量测数据及信息反馈，通过对施工中量测数据，对开挖面的地质观察即对围岩周边位移进行现场监控量测，进行预测和评价围岩与支护的稳定状态，或判断其动态发展趋势，以便根据建立的量测管理基准，及时调整隧道的施工方法（包括开挖方法、支护形式，特殊的辅助施工方法），断面开挖的步骤及顺序，初期支护设计参数等进行合理的调整，以确保施工安全、坑道稳定，支护衬砌结构的质量和工程造价的合理性。

4. 紧封闭

紧封闭指易风化的自稳性较差的软弱围岩地段，应对开挖断面及早作封闭式支护（如喷射混凝土、锚喷混凝土等），以避免围岩因暴露时间过长而产生风化降低强度及稳定性，使支护与围岩进入良好的共同工作状态。

（二）新奥法施工的工序

新奥法施工是以喷混凝土、锚杆、光爆和量测监视为依托的施工方法。任何种类及级别的岩石隧道都可使用，只是在开挖方面采用的方法不同。

1. 全断面开挖法

全断面开挖法是按照设计断面一次开挖成型。

（1）施工特点

适合于Ⅰ～Ⅲ类硬岩隧道，深孔爆破。

全断面开挖法有较大的作业空间，有利于采用大型配套机械化作业，提高施工速度，且工序少，干扰少，便于施工组织和管理。缺点是由于开挖面较大，围岩相对稳定性降低，且每循环工作量相对较大，故此要求施工单位应具有较强的开挖、出渣与运输及支护能力。

全断面法施工开挖工作面大，钻爆施工效率较高，采用深眼爆破可加快掘进进度，且爆破对围岩的震动次数较少，有利于围岩稳定。缺点是每次深孔爆破震动较大，要求进行精心的钻爆设计和严格的控制爆破作业。

全断面开挖法的主要工序是：使用移动式钻孔台车，首先全断面一次钻孔，并进行装药连线，然后将钻孔台车后退到 50 m 以外的安全地点，再起爆，使一次爆破成型，出渣后钻孔台车再推移至开挖面就位，开始下一个钻爆作业循环，同时进行锚喷支护或先墙拱后衬砌。

（2）施工注意事项

①为确保施工安全和施工进度，应加强对开挖面前方的工程地质和水文地质的调查，对不良地质情况，要及时预测、预报、分析研究，随时准备好应急措施。②新奥法施工机械程度高，各种机械功效匹配。如：各工序机械设备要配套：钻眼、装渣、运输、模筑、衬砌支护使用主要机械和相应的辅助机具，在尺寸、性能和生产能力上都要相互配合。③注意对各种辅助作业及辅助施工方法的设计与施工检查。如软弱破碎围岩中使用全断面法开挖时，应对支护后围岩的动态量测与监控，对各种辅助作业的三管两线（即高压风管、高压水管、通风管、电线和运输路线）要求保持技术上的良好状态。④选择支护类型时，应优先考虑锚杆和锚喷混凝土、挂网，撑梁等支护形式为佳。这些支护施工相对简单，效果好，技术也比较成熟，普遍在应用。

2. 台阶法施工

台阶法一般是将设计断面分成上半断面和下半断面两次开挖成型。地质条件差些的也有采用台阶式上部弧形导坑超前开挖的。

（1）台阶法施工顺序

①上半断面开挖。②施作上半断面初期支护。③下半断面开挖。④施作边墙初期支护。⑤施作仰拱。⑥仰拱填充。⑦二次衬砌施作。⑧水沟电缆槽施工。

（2）台阶法施工类型。

1）长台阶法

上下台阶距离较远，一般上台阶超前 50 m 以上，施工中上下部可配属同类较大型机械进行平行作业，当机械不足时也可交替作业。当遇短隧道时，可将上部断面全部挖通后，再挖下半断面。该法施工干扰较少，可进行单工序作业。

2）短台阶法

上台阶长度 5 ~ 50 m，适用于Ⅴ、Ⅳ类围岩，可缩短仰拱封闭时间，改善初期支护受力条件，但施工干扰较大。软弱围岩施工用此法需慎重考虑，必要时应采用辅助开挖措施稳定开挖面，以保证施工安全。

3）超短台阶法

上台阶仅超前 2 ~ 5 m，断面闭合较快。此法多用于机械化程度不高的各类围岩地段，软弱围岩施工用此法需慎重考虑，必要时应采用辅助施工措施稳定开挖工作面，以保证施工安全。

（3）台阶法施工特点

①具有充分的作业空间，施工干扰小，施工速度快。台阶有利于开挖面的稳定性，尤其是上部开挖支护后，下部作业则较为安全。②选用开挖设备时，尽量采用轻型的快速凿岩机打眼，不适合用大型的凿岩台车。③特别选用短台阶和超短台阶施工时，上下部作业有互相干扰，应注意下部作业时对上部稳定性的影响，台阶开挖会增加对围岩的扰动次数等。

（4）台阶法开挖施工注意事项

①台阶法开挖施工台阶长度的确定条件：一是初期支护形成闭合断面的时间要求，围岩稳定性愈差，闭合时间要求愈短，台阶长度短些；二是上半部断面施工时开挖、支护、出渣等机械设备所需的作业空间大小的要求。台阶长度要适当，一般以一个台阶垂直开挖到底，保持平台长2.5 ~ 3 m为好，易于掌握炮眼深度和减少翻渣工作量，装渣机应紧跟开挖面，减少扒渣距离以提高装渣运输效率。台阶法施工的主要矛盾是钻眼作业和出渣的干扰，因此，一般分成1 ~ 2个台阶为宜。②短台阶上下部作业相互干扰较大，要注意作业施工组织，质量监控及安全管理；长台阶基本上上下部作业面已拉开，干扰较少。对于短隧道，可将上半断面贯通后，再进行下半断面施工。超短台阶为解决上下半断面施工干扰，常常使上下工作面合为一个工作面同步掘进，在地质条件差地段再分开施工，变为短台阶掘进施工。③新奥法施工采用光面爆破或预裂爆破技术，减少围岩的扰动，增加稳定性。炮眼的布置和装药量加以控制，避免爆破后渣块过大，不利于装渣。④施工安全。台阶法施工爆破面较大，采用先拱后墙法施工，下部开挖时应注意对上部的稳定，控制下部开挖厚度（即进尺）和用药量以防损伤已衬砌好的拱圈混凝土。根据围岩情况，应缩短下部掘进尺寸。必要时下部应先开挖中部，后开挖两侧，以保证施工安全。⑤采用台阶法施工个别破碎地段可配合喷锚支护和挂钢丝网施工。如遇到局部地段石质变坏，围岩稳定性较差时，应及时架设临时支护或考虑变换施工方法，留好拱脚平台，采用先拱后墙法施工，以防止落石和崩塌。

3. 分部开挖法

分部开挖法，是将隧道开挖断面进行分部开挖逐步成型，可分为三种情况：台阶分部开挖法、单侧壁导坑法、双侧壁导坑法。

（1）台阶分部开挖法

台阶分部开挖法，适用于一般土质或坍塌的软弱围岩地质地段开挖施工。此法上部留有核心土可以支挡开挖工作面，又称为环形开挖留核心土法。可利用核心土作为拱部初期支护增强开挖工作面的稳定性，核心土及下部开挖在拱部初期支护下进行，施工安全性较好。一般环形开挖进尺为0.5 ~ 1.0 m左右，不宜过长。

（2）单侧壁导坑法

单侧壁导坑法即单侧壁导坑超前，中部和另一侧断面采用正台阶法施工。此法适用于地质条件较差，围岩稳定性较差，隧道跨度较大，地表沉陷难以控制的情况。它具有正台阶法和双侧壁导坑法施工的优点。

（3）双侧壁导坑法

在开挖导坑时，尽量减少对围岩的扰动，导坑断面近似椭圆，周边轮廓圆顺，避免应力集中。初期支护采用格栅钢架、挂网、喷混凝土柔性支护体系，及时施工，使断面及早闭合，以充分利用围岩的自承能力，控制围岩变形。建立一整套围岩支护结构监控量测系统，进行信息化施工管理，随时掌握施工过程中的动态变化，合理安排，调整施工工艺和设计参数，确保施工安全。

（4）分部开挖注意事项

①分部开挖的工作面多，作业面狭小，施工相互干扰大，必须实行统一指挥、协调，以解决施工中的矛盾。②分部开挖的开挖部位多，因此，对围岩扰动次数多，不利于围岩的稳定，故应特别注意加强对爆破开挖的设计与控制，尽量采用松动爆破，周边眼采用光面爆破或预裂爆破。③在下部开挖时，要注意对上部支护或衬砌结构的稳定，减少对上部围岩和支护、衬砌结构的扰动和破坏，尤其是边墙部位开挖时，必须采用两侧交错挖马口施工，避免上部断面两侧拱脚同时悬空。④注意对拱脚加固，使上部初期支护与围岩形成整体。一般采用扩大拱脚及打拱脚加长锚杆，加强拱部的纵向连接等措施。⑤落底时尽量单侧落底或双侧交错落底，落底长度视围岩状况而定。一般采用 1 ~ 3 m，并不得大于 6 m。⑥下部边墙开挖后立即喷射混凝土，并按设计规定做好加固与支护。⑦量测工作应及时跟上，掌握观察拱顶、拱脚和边墙中部等的位移数据，当发现速率值增大时，应立即进行仰拱封闭，使开挖断面围岩保持稳定，确保施工安全。

新奥法施工，在隧道开挖施工中普遍在应用。此法科学、施工进度快又能保证施工的安全，受到人们的关注。

第六章 道路工程基本技术

道路工程施工技术

一、道路的分类及其工程组成

道路工程是供各类无轨车辆和行人等通行的基础设施。道路是一种带状构筑物，它的中心线是一条空间曲线，它具有高差大、曲线多且占地狭长的特点。道路工程施工图的表现方法与其他工程图有所不同。道路工程施工图由平面图、纵断面图、横断面图及构造详图组成。

（一）道路的分类

道路作为一个总称，它可分为城市道路、公路、农村道路、专用道路。

1. 城市道路

城市道路是在城市范围内，联系各组成部分，并供车辆及行人通行的、具备一定技术条件和设施的道路。按在道路系统中的地位、交通功能与对沿线建筑物的服务功能等来划分，城市道路可分为快速路、主干路、次干路与支路。

（1）快速路

是为较高车速的长距离交通而设置的重要道路。快速路对向车道之间应设中间带以分隔对向交通，当有自行车通行时，应加设两侧带。快速路与高速公路、快速路、主干路相交时，必须采用立体交叉；与交通量较小的次干路相交时，可采用平面交叉；与支路不能直接相交。在过路行人集中地点应设置过街人行天桥或地下通道。

（2）主干路

是城市道路网的骨架，为连接城市各主要分区的交通干路，以交通功能为主。自行车交通多时，宜采用机动车与非机动车分流形式，如三幅路或四幅路。

（3）次干路

是城市的交通干路，兼有服务功能。次干路配合主干路组成道路网，起广泛连接城市各部分与集散交通的作用。

（4）支路

是次干路与街巷路的连接线，解决局部地区交通，以服务功能为主。街巷内部道路，作为街巷建筑的公共设施组成部分，不列入等级道路以内。

2. 公路

公路是指在城市以外，连接相邻市县、乡村、港口、厂矿和林区等，主要供汽车行驶，且具备一定技术条件和交通设施的道路。根据其功能、使用任务和远景交通量等综合因素可分为 5 个等级：高速公路、一级公路、二级公路、三级公路和四级公路。

（1）高速公路

为专供汽车分向、分车道行驶，并应全部控制出入的多车道公路，一般能适应将各种汽车折合成小客车的远景设计年限年平均昼夜交通量 25000 辆以上（四车道：25000 ~ 55000 辆；六车道：45000 ~ 80000 辆；八车道：60000 ~ 100000 辆）。

（2）一级公路

为供汽车分向、分车道行驶，并可根据需要部分控制出入及部分立体交叉的多车道公路，一般能适应将各种汽车折合成小客车的远景设计年限年平均昼夜交通量 15000 ~ 55000 辆（四车道：15000 ~ 30000 辆；六车道：25000 ~ 55000 辆）。

（3）二级公路

为供汽车行驶的双车道公路，一般能适应将各种汽车折合成小客车的远景设计年限年平均昼夜交通量 7500 ~ 15000 辆。

（4）三级公路

为主要供汽车行驶的双车道公路，一般能适应将各种汽车折合成小客车的远景设计年限年平均昼夜交通量 2000 ~ 6000 辆，为沟通县及县以上城市的一般干线公路。

（5）四级公路

为主要供汽车行驶的双车道或单车道公路，一般能适应将各种汽车折合成小客车的远景设计年限年平均昼夜交通量 2000 辆（单车道 400 辆）以下，为沟通县、镇、乡的支线公路。

公路按其重要性和使用性质又可分为国家干线公路（国道）、省级干线公路（省道）、县级公路（县道）和乡级公路（乡道）。

3. 农村道路

农村道路一般是指在农村中联系乡、村、居民点的主要道路，其交通性质、特点、技术标准要求等均与公路不同。

4. 专用道路

专用道路包括厂矿道路和林区道路。厂矿道路是指修建在工厂、矿区内部以及厂矿到公路、城市道路、车站、港口衔接处的对外连接段，主要为工厂、矿山运输车辆通行的道路。林区道路是指修建在林区，主要供各种林业运输工具通行的道路。

（二）道路工程的组成

道路工程的基本组成部分包括：路床、路基、路面、桥梁、涵洞、隧道、防护与加固工程、排水设施、山区特殊构造物，城市道路还包括各种管线等，以及为保证汽车行驶的安全、畅通和舒适的各种附属工程，如公路交通安全设施、路用房屋、综合服务区（加油站、维修站、餐饮、宾馆等）及绿化栽植等。此外，还包括为防止路基填土或山坡土体坍塌而修筑的承受土体侧压力的挡土墙，以及为保持路基稳定和强度而修建的地表和地下路基排水设施，包括边沟、截水沟、排水沟、急流槽、渗沟、渗水井等。

二、道路工程施工的一般特点

新建、改造或扩建的道路工程，其施工都不同程度地呈现以下特点：

第一，道路工程是固定在土地上的构筑物，而施工生产是流动的，所以道路工程施工组织是复杂的，这是区别于工业生产的最根本的特点。由于道路工程的流动性，就需要把众多的劳力、施工机具、材料，在时间和空间上加以合理地组织，从而使它们在线性的施工现场按照科学的施工顺序流动，不致互相妨碍而影响施工，这是施工组织的重要内容。

第二，道路工程施工规模大、周期长，施工组织工作十分艰巨。由于道路工程往往工程量较大，需要消耗大量的人力和物力，施工组织工作不仅要做好统筹部署，还要考虑各种不同工种之间的开竣工的衔接，只有这样，才能保证公路工程施工生产连续且有序地进行。

第三，道路工程施工是在室外进行的，受气候和自然条件的影响与制约，决定了公路施工组织工作的特殊性和不能全年连续均衡地进行施工生产。因此，在施工组织中，要对雨季、冬季和高温季节采取特殊的技术措施和施工方法，在高空和地下作业则要采取必要的防护措施，并尽可能连续而均衡地进行施工，注意避免气候、自然条件对施工生产所产生的不利影响，以确保工程质量和施工安全以及工期要求。

综上所述，道路工程施工的特点集中表现在施工条件复杂多变，给施工生产活动带来很大的困难，故要求针对道路工程的不同对象、不同的施工条件，从实际出发，充分做好准备工作，包括施工管理和组织计划工作。施工中实行流水作业，严格施工管理，健全岗位责任制，加强质量保证体系工作，每道工序都要严格把关，前一道工序未经验收不得进行下道工序，稳妥而科学地做好施工组织工作。

三、道路工程施工的基本程序

道路工程施工基本程序是指施工单位从接受施工任务到工程竣工阶段必须遵守的工作程序。

（一）施工准备工作

施工准备工作是为拟建工程的施工建立必要的技术和物质条件，统筹安排施工力量和现场。施工准备工作也是施工企业搞好目标管理、推行技术经济承包的依据。

为了保证施工顺利进行，在施工准备阶段，建设主管部门应根据计划要求的建设进度指定一个企业或事业单位组织基建管理机构，办理登记及拆迁，做好施工沿线有关单位和部门的协调工作，抓紧配套工程项目的落实，组织施工范围内的技术资料、材料、设备的供应；勘测设计单位应按照技术资料供应协议，按时提供各种图纸资料，做好施工图纸的会审及发放工作；施工单位应组织机具、人员进场，进行施工测量，修筑便道及生产、生活等临时设施，组织材料、物资采购、加工、运输、供应、储备，做好施工图纸的接收工作，熟悉图纸的要求。

（二）组织施工

施工准备就绪后，施工单位向上一级单位提交开工申请，主管技术部门报监理工程师，由总监下达开工命令。施工单位要遵照施工程序和施工组织计划中所拟定的施工方法合理组织施工。施工过程中应严格按照设计要求和施工规范施工，确保工程质量，安全施工。推广应用新工艺、新技术，努力缩短工期，降低造价，同时应注意做好施工记录，建立技术档案。

组织施工应具备的文件有：①设计文件；②施工规范和技术操作规程；③各种定额；④施工图预算；⑤施工组织设计；⑥道路工程质量检验评定标准和施工验收规范。

（三）竣（交）工验收、交付使用

竣（交）工验收阶段主要工作是检查施工合同的执行情况，评价工程质量，对各参建单位工作进行初步评价。各合同段的设计、施工、监理等单位参加竣（交）工验收工作，由项目法人负责组织。公路工程竣（交）工验收工作一般按合同段进行，并应具备以下条件：合同约定的各项内容已全部完成；施工单位按《公路工程质量检验评定标准》及相关规定对工程质量自检合格；监理单位对工程质量评定合格；质量监督机构按“公路工程质量鉴定办法”对工程质量进行检测；竣工文件按要求完成，施工单位、监理单位完成本合同段的工作总结报告。

竣（交）工验收阶段主要工作是对工程质量、参建单位和建设项目进行综合评价，并对工程建设项目做出整体性综合评价。竣（交）工验收时成立竣工验收委员会，由交通运输主管部门、公路管理机构、质量监督机构、造价管理机构等单位代表组成。公路工程竣（交）工验收应具备以下条件：通车试运营 2 年以上；竣（交）工验收提出的工程质量缺陷等遗留问题已全部处理完毕，并经项目法人验收合格；工程决算编制完成，并经交通运输主管部门或其授权单位认定；档案、环保等单项验收合格；各参建单位完成工作总结报告；质量监督机构对工程质量检测鉴定合格，并形成工程质量鉴定报告。

四、道路工程施工准备工作

道路工程施工前施工单位的准备工作，是为了保证施工正常进行而必须做好的一项重要工作。它之所以重要，是因为道路施工是一项非常复杂的生产活动，需要处理一系列复杂的技术问题，耗用大量的物资，使用众多人力和动用机械设备资源，所遇到的条件也是多种多样的，因而，施工前准备工作考虑的影响因素越多，准备工作做得越充分，则施工越顺利。

施工企业在投标时应成立工程项目部，施工单位在获得工程任务并与建设单位签订工程施工承包合同后，应按照合同的要求着手进行施工准备工作。施工准备工作分为组织准备、技术准备、物资准备和施工现场准备等几个方面。

（一）组织准备工作

组织准备工作主要是建立和健全施工组织管理机构，制定施工管理制度，明确施工任务，确立施工应达到的目标。施工组织管理机构是为完成道路工程施工而设置的负责现场指挥、管理工作的组织机构，一般由项目经理部及下设各职能部门组成。建立严格的责任制，按计划将责任预先落实到有关部门甚至个人，同时明确各级技术负责人在施工准备工作中所负的责任，从而充分调动各部门和技术人员的积极性，使他们责任、权利相统一。建立完善的施工管理制度是公路施工管理的核心。施工管理制度包括施工计划管理制度、工程技术管理制度、工程成本管理制度、施工质量安全管理制度等。

（二）技术准备工作

技术准备工作，即通常所说的“内业”工作，它是工程顺利实施的基础和保证。技术准备工作的好坏，直接影响到工程的进度、质量和经济效益，因此必须高度重视。技术准备工作的内容主要包括熟悉设计文件、现场调查核对、设计交桩和技术交底及建立工地试验室。

1. 熟悉和审核图纸，深化施工组织设计

项目负责人组织有关人员对施工图纸和资料进行学习和自审，如有疑问，应做好统计，在业主召开的设计交底和图纸会审中提出，请上级部门给予解答。

施工组织设计是全面安排施工生产的技术经济文件，是指导施工的主要依据。施工组织设计是以一个建设施工项目为编制对象，用以规划整个拟建工程施工活动的技术经济文件。它是整个项目施工任务总的战略性部署安排，主要内容包括工程概况、施工布置与施工方案、施工总进度计划、施工准备工作及各项资源需要量计划、施工总平面图、主要技术组织措施及主要技术指标。

2. 设计交桩和技术交底

建设单位负责人召集设计、施工、监理、科研人员参加图纸会审会议。设计人员向施工方作图纸交底，讲清设计意图和对施工的主要要求，并对设计桩点进行复测交接。施工人员应对图纸和有关问题提出质询。最终由设计单位对图纸会审中提出的合理化建议，按程序进行变更设计或作补充设计。

3. 建立工地试验室

工地试验室是为施工现场提供直接服务的试验室，主要任务是配合路基、路面、桥涵等工程施工，对工地使用的各种原材料、加工材料及结构性材料的物理力学性能，以及施工结构体的几何尺寸等进行检测。工地试验室的作用是通过各种材料试验，选用合适的材料及其性能参数，以保证工程结构物的强度和耐久性，并有利于掌握各种材料的施工质量指标，保证结构物的施工质量。工地试验室的试验检测人员必须是具有试验检测资质的检测机构的正式持证注册人员。

施工前的准备工作带有全局性，它是组织施工的第一步，没有这项工作，工程就不能顺利开工，更不能连续施工。没有准备的施工或准备不充分的施工，均会使以后施工难以顺利进行。

（三）物资准备工作

物资准备工作是指施工中必需的劳动手段和施工对象的准备。它是根据各种物资需要量计划，分别落实货源、组织运输和安排储备，以保证连续施工的需要。物资准备是各种材料与机具设备购置、采集、调配、运输和储存，临时便道及工程房屋的修建，供水、供电、必需生活设施等的安装及建设等工作。

在道路施工前，各种生产、生活需用的临时设施，如各种仓库、搅拌站、预制构件厂（站、场）、各种生产作业棚、办公用房、宿舍、食堂、文化设施等均应按施工组织需要的数量、标准、面积、位置等在施工前修建完毕。修建完毕各种生产、生活需用的临时设施后，应及时根据施工组织设计确定的材料、半成品、预制构件的数量、品种、规格以及施工机具设备，编制好物资供应计划，按计划订货和组织进货，按照施工平面图要求在指定地点堆存或入库；对沙子、碎石、钢材等材料应提前做各种试验，确定其是否满足设计要求；对各种标号混凝土提前做好其配比；对施工将用的施工机械和机具需用量进行计划，按计划进场安装、检修和试运转。

施工队应提早调整，健全和充实施工组织机构，进行特殊工种、稀缺工种的技术培训和持证上岗，提前预招临时工和合同工，落实具有相应资质的专业施工队伍和外包施工队伍。同时，根据地理位置、气候条件，夏、冬、雨期施工也应做好适当准备。

（四）施工现场准备工作

1. 恢复定线测量

恢复定线测量的主要程序为：①检查工程原测设的所有永久性标桩；②复测；③将施工中所有的标桩进行加固保护，并对水准点、三角网点等设立易于识别的标志；④向监理工程师提供全部的测量标记资料；⑤完成全部恢复定线、施工测量设计和施工放样；⑥各合同段衔接处的测量应在监理工程师的统一协调下由相邻两合同段的承包人共同进行，将测量结果协调统一在允许的误差范围内。

2. 建造临时设施

①工地临时房屋设施包括行政办公用房、宿舍、文化福利用房及作业棚等。其需要量根据职工与家属的总人数和房屋指标来确定。②仓库用来存放施工所需要的各种物资器材，按物资的性质和存放量要求其形式可以是露天、敞棚、房屋或库房。仓库物资储存量应根据施工条件通过计算确定。

3. 临时交通便道

在工地布设临时交通便道时应遵循下列原则：①临时交通道路以最短距离通往主体工程施工场所，并连接主干道路，使内外交通便利；②充分利用原有道路，对不满足使用要求的原有道路，应在充分利用的基础上对其进行改建，节约投资和施工准备时间；③在本工程的施工与现有的道路、桥涵发生冲突和干扰之处，承包人都要在本工程施工之前完成改道施工或修建临时道路；

④利用现有的乡村道路作为临时道路，应将该乡村道路进行修整、加宽、加固及设置必要的交通标志，并经监理工程师验收合格后方可通行；⑤工程施工期间，应配备人员对临时道路进行养护，以保证临时道路的正常通行；⑥尽量避开洼地和河流，不建或少建临时桥梁。

4. 工地临时用电

施工现场用电，包括生产用电和生活用电。其中，生活用电主要是照明用电；生产用电包括各种生产设施用电、主体工程施工用电、其他临时设施用电。临时供电总用量按式（1–1）计算：

$$P=\eta\cdot\left(\frac{K_1\sum P_1}{\cos\varphi}+K_2\sum P_2+K_3\sum P_3+K_4\sum P_4\right) \tag{1-1}$$

式中：

P——供电设备总需要容量，kW；

η——用电不均衡系数，一般取 1.05 ~ 1.20；

K_1——全部动力同时用电系数，视电动机台数而定；

P_1——动力设备用电额定功率，kW；

$\cos\varphi$——动力用电设备功率因数；

K_2——电焊机同时用电系数，视台数而定；

P_2——电焊机用电额定功率，kW；

K_3，K_4——分别为室内与室外同时照明时室内与室外的用电系数；

P_3，P_4——分别为室内与室外照明用电量，kW。

5. 工地临时用水

根据施工现场平面布置图中的临时用水、临时用电设计方案，做好施工现场的正常施工、生活和消防的临时用水管线铺设工作。

五、道路工程施工常用机械

（一）土石方机械

1. 推土机

推土机是一种多用途的自行式土方工程建设机械，它能铲挖并移运土壤。例如，在道路建设施工中，推土机可完成：路基基底的处理；路侧取土横向填筑高度不大于 2 m 的路堤；沿道路中心线铲挖移运土壤的路基挖填工程；傍山取土修筑半堤半堑的路基。推土机还可用于平整场地、局部碾压、给铲运机助铲和预松土、堆集松散材料、清除作业地段内障碍物，以及牵引各种拖式土方机械等作业。

推土机按行走装置不同分为履带式和轮胎式，按工作装置不同分为固定式铲刀（直铲）和回转式铲刀（斜铲），按操纵方式不同分为钢丝绳机械操纵和液压操纵等类型。对工程量较为集中的土石方工程一般采用液压操纵的履带式推土机。推土机适用的经济运距为 50 ~ 100 m，不宜超过 100 m。

2. 铲运机

铲运机是一种利用铲头在随机械一起行进中依次完成铲削、装载、运输和铺筑的铲土运输机械。它广泛用于公路、铁路、水利、港口及大规模的建筑等施工中的土方作业。铲运机按行走方式不同分为有牵引式（拖式）和自行式，按操纵方式不同分为机械传动、液压传动、电力传动和静压传动等类型。在施工作业时，铲运机作业的卸土有强制式、半强制式、自行式卸土三种。铲运机的特点是能独立完成铲土、运土、卸土、填筑、压实等工作。铲运机对行驶道路要求较低，常用于坡角在 20° 以内的大面积场地平整，开挖大型基坑、沟槽，以及填筑路基等土方工程。

一般来说，铲运机可在 Ⅰ ~ Ⅳ类土中直接挖土、运土，适宜运距为 600 ~ 1500 m，当运距为 200 ~ 350 m 时效率最高。铲运机的经济运距和行驶道路坡度是铲运机选型的重要依据。如果运距短、坡度大、路面松软，以选择拖式铲运机为宜；如果运距较长、坡度大，宜采用双发动机驱动的自行式铲运机比较经济；如果路面较平坦，则选用单发动机驱动的自行式铲运机较为经济。铲运机适用于中等运距（100 ~ 200 m）和道路坡度不大条件下的大量土方转移工程。如果运距太短（100 m 以内），采用铲运机是不经济的。这时采用推土机或轮胎式自装自运较为适宜，运距特长（200 m 及 200 m 以上）则采用自卸汽车较为经济。

3. 单斗挖掘机

单斗挖掘机是一个刚性或挠性连续铲斗，以间歇重复式循环进行工作，是一种周期作业自行式土方机械。当场地起伏高差较大、土方运输距离超过 1000 m，且工程量大而集中时，可采用单斗挖掘机挖土，配合自卸汽车运土，并在卸土区配备推土机平整土堆。

单斗挖掘机有内燃驱动、电力驱动、复合驱动的装置，挖斗有正铲挖掘机、反铲挖掘机、拉铲挖掘机、抓铲挖掘机等形式。正铲挖掘机的特点是“前进向上，强制切土”，能开挖停机面以上的 Ⅰ ~ Ⅳ级土，适用在地质较好、无地下水的地区工作。反铲挖掘机的特点是“后退向下，强制切土”，能开挖停机面以下的 Ⅰ ~ Ⅲ级土，适宜开挖深度 4 m 以内的基坑，对地下水位较高处也适用。拉铲挖掘机的特点是“后退向下，自重切土”，能开挖停机面以下的 Ⅰ ~ Ⅱ级土，适宜大型基坑及水下挖土。抓铲挖掘机的特点是“直上直下，自重切土”，特别适于水下挖土。

4. 装载机

装载机具有轮胎式及履带式的全回转式、半回转式和正回转式三种形式。它的优点是兼有推土机和挖掘机两者的工作能力，适应性强、作业效率高、操纵简便。

装载机常用于公路建设中的土石方铲运，以及推土、起重等多种作业，在运距不大或运距和道路坡度经常变化的情况下，如采用装载机与自卸车配合使用装运作业，会使工效下降，费用增高。在这种情况下，可单独采用装载机作为自铲运设备使用。

5. 平地机

平地机是用装在机械中央的铲土刮刀进行土壤的切削、刮送和整平连续作业，并配有其他多种辅助作业装置的轮式土方施工机械。当配置推土铲、土耙、松土器、除雪犁、压路相等附属装置、作业机具时，平地机可进一步扩大使用范围，提高工作能力或完成特殊要求的作业。

平地机主要用于修筑路基路面横断面、路基边坡整理工程的刷坡作业，开挖边沟及路槽，平整场地等；还可用来在路基上拌和路面材料、摊铺材料，修整和养护土路基路面，推土，疏松土壤，清除杂物、石块和积雪等。

（二）压实机械

压路机一般分为光轮压路机、轮胎压路机和振动压路机三种。光轮压路机的自重可以在一定范围内调整以改变单位线压力，一般用于整理性压实工作，对于容重要求较低的黏性土、沙砾料、风化料、冲击砾质土较为适合。轮胎压路机具有弹性，在碾压时与土体同时变形，其碾压作用力主要取决于轮胎的内压力。接触面积与压实深度有着密切的关系，为了得到较大的接触面积，又增加压实深度，在轮胎允许范围内尽可能增加轮胎碾的负荷。一般地，刚性碾轮由于受到土壤极限强度的限制，机重不能太大，而轮胎碾则没有这个缺点，所以轮胎碾适合于压实黏性土及非黏性土，如壤土、沙壤土、沙土、沙砾料等土质，同时对于路面施工也常常采用。振动压路机俗称振动碾，其主要优点有：一是单位面积压力大，可适当增加压实厚度，碾压遍数也可适当减少；二是结构重力小，外形尺寸小。其最大缺点就是振动及噪声大，易使机械手过度疲劳。

六、道路工程现场施工安排

道路施工是一项非常复杂的生产活动，它不仅需要有诸如进度计划、质量和成本等实际管理和劳动力、建设物资、工程机械、工程技术及财务资金等诸要素管理，而且要为完成施工目标和实现组织施工要素的生产事务服务，否则就难以充分地利用施工条件，发挥施工要素的作用，甚至无法进行正常的施工活动，实现施工目标。

（一）现场施工管理基本任务

现场施工管理的基本任务是根据生产管理的普遍规律和施工的特殊规律，以每一个具体工程和相应的施工现场为对象，正确地处理好施工过程中的劳动力、劳动对象和劳动手段的相互关系及其在空间布置上和时间安排上的各种矛盾，做到人尽其才、物尽其用，安全地完成施工任务。

（二）现场施工管理基本内容

现场施工管理包括以下基本内容：

①编制施工作业计划并组织实施，全面完成计划指标；②做好施工现场的平面布置，合理利用空间，创造良好的施工条件；③做好施工中的调度工作，及时协调施工工种和专业工种之间，以及总包与分包之间的关系，组织交叉施工；④做好施工过程中的作业准备，为连续施工创造条件；⑤保护施工环境，节约社会资源，建设优良工程；⑥科学合理地设置管理机构，保证现场管

理全面协调运作；⑦认真填写施工日志、施工记录及施工影像资料，为交工验收和技术档案积累资料。

（三）道路施工组织管理内容

道路工程施工要多快好省地完成施工生产任务，必须有科学的施工组织，并合理地解决好一系列问题，其具体任务如下：①确定开工前必须完成的各项准备工作；②计算工程数量，合理部署施工力量，确定劳动力、机械台班、各种材料、构件等的需要量和供应方案；③确定施工方案，选择施工器具；④安排施工顺序，编制施工进度计划；⑤确定工地上的设备停放场、料场、仓库、办公室、预制场地等的平面布置。

此外，道路工程的施工总方案可以是多种多样的，应该依据道路工程具体特点、工期需求、劳动力数量及技术水平、机械设备能力、材料供应以及构件生产、运输能力、地质、气候等自然条件及技术经济条件进行综合分析，进行方案比选，选择最理想的施工方案。

把上述各项问题加以综合考虑，并做出合理的决定，形成指导施工生产的技术经济文件——施工组织设计。施工组织设计本身是施工技术准备工作，是指导施工的准备工作，是全面布置施工生产活动、控制施工进度、进行劳动力和机械调配的基本依据，对是否能多、快、好、省地完成道路工程的施工生产任务起着决定性作用。

七、道路工程安全文明施工和环境保护

（一）安全施工措施

在建筑安装施工生产中，有近 80% 的生产安全事故都是由于职工自身的不安全行为造成的。从构成事故的三因素，即人、机械、环境的关系分析，“机械设备”“环境”相对比较稳定，唯有“人”是最活跃的因素，而“人”又是操作机械设备、改变环境的主体，因而，紧紧抓住“人”这个活跃因素，通过科学的管理，有效的培训和教育，正确的引导和宣传，以及合理、及时的班组安全活动，不断提高员工的安全素质，是做好安全生产管理工作的关键。

具体的安全保证措施有以下几点：

第一，建立健全项目安全生产保证体系，实施安全生产责任制，确保各专业项目负责人及技术负责人对劳动保护和安全生产的工作负责。工程项目经理部必须建立安全生产领导小组，各班组设安全员，各作业点应有安全监督岗，并将安全生产责任制层层落实。

第二，组织工程项目施工的安全教育和技术培训考核，对管理人员和施工操作人员，按其各自的安全职责范围进行教育，并建立安全生产奖惩制度，认真落实。

第三，确保必需的安全投入。购置必备的劳动保护用品、安全设备及设施，确保完全满足安全生产的需要。另外，积极做好安全生产检查，发现事故隐患要及时整改。

第四，所有工程在开工前必须编制有安全技术的施工组织设计（包括施工用电组织设计）及技术复杂的专项方案，必须严格审核批准手续、程序。必须逐级进行安全技术交底，技术交底应

有书面资料或有作业指导书（或操作细则）。技术交底针对性要强，并履行签字手续，保存资料。项目经理部安全员负责监督检查，严格按照安全技术交底的规定要求进行作业。

第五，施工现场应实施机械安全管理及安装验收制度。使用的施工机械、机具和电气设备，在安装前，应当按照规定的安全技术标准进行检测，经检测合格后方可安装，机械安装要按平面布置进行。在投入使用前，应按规定进行验收，并办好验收登记手续。经验收，确认机械状况良好，能安全运行的，才准投入使用。所有机械操作人员都必须经过培训合格后，持证上岗。机械操作人员要进行登记存档，按期复验。使用期间，应当指定专人负责维护、保养，保证机械设备的完好率和使用率以及安全运作。

第六，安全检查由项目经理或主管施工生产负责人主持，项目经理部有关人员参加。对查出的隐患，要建立登记、整改、验证、销项制度，要定人、定措施、定经费、定完成日期，在隐患没有消除前，必须采取可靠的防护措施，如有危及人身安全的紧急险情，应立即停止作业。

第七，施工现场临时用电要有施工组织设计或方案，应按《施工现场临时用电安全技术规范》（JGJ 46—2005）的要求进行设计、验收和检查。临时用电还要有安全技术交底及验收表，要有变更记录，健全安全用电管理制度和安全技术档案。临时用电应落实四项技术措施：①防止误触带电体的措施；②防止漏电措施；③实行安全电压措施；④采用三相五线制。所有接地和重复接地电阻值，经检验应符合规范要求。

此外，在做好工地内安全工作的同时应对沿线居民做好安全宣传工作，提高广大行人的安全意识，确保在整个施工过程中无安全事故发生。

（二）文明施工措施

文明施工能够展示施工单位的形象，体现施工队伍的素质。施工的文明性主要包括场容场貌、料具管理以及综合治理。

1. 场容场貌

施工现场进出口大门外应悬挂“六牌二图”，即工程概况牌、管理人员名单及监督电话牌、现场出入制度牌、安全生产牌、消防保卫牌、文明施工牌和现场平面布置图、建筑物效果图。工地设有施工总平面图及安全生产、消防保卫、环境保护、文明施工等制度牌，施工危险区域或夜间施工均有醒目的安全警示标志，各类标牌整齐、规范。施工现场应将工程项目名称，建设、监理及施工单位名称，工程开、竣工时间等内容标注在醒目位置。

2. 料具管理

施工现场外临时存放的施工材料，须经有关部门批准，并应按规定办理临时占地手续。材料要码放整齐，符合要求，不得妨碍交通和影响市容，堆放散料时应进行围挡。料具和构配件应按施工平面布置图指定位置分类码放整齐。预制圆管、预制板等大型构件和大模板存放时，场地应平整夯实，有排水措施，码放应符合规定。施工现场的材料保管，应依据材料性能采取必要的防雨、防潮、防晒、防冻、防火、防爆、防损坏等措施。贵重物品、易燃、易爆和有毒物品应及时入库，专库专管，加设明显标志，并建立严格的领退料手续。

3. 综合治理

首先，要加强职工的教育，应经常对参与施工过程的职工（包括新入场的工人）进行文明施工的教育。除对全体职工进行文明施工教育外，还应分工种进行文明施工教育以及根据施工进度部位对职工进行有针对性的文明施工教育。此外，要加强对职工宿舍卫生的管理，生活污水要及时处理，做到卫生区内无污水、无污物，不得出现废水乱流等现象。

（三）环境保护措施

依照国家、地方环境及相关法规，确定施工过程中要做的环境保护工作及具体的工作安排，使施工期的环境保护工作有序、有效进行，减少施工过程对周围环境造成的不利影响。环境保护的目标是：在工程施工期间，对废水、废气和固体废弃物进行全面控制，尽量减少这些污染排放所造成的影响，文明施工，保护农田和农作物。

施工中的环境污染问题，主要包括水污染、大气污染、噪声污染及固体废弃物污染等。针对这几种问题，有以下几种处理方法：

第一，在开工前完成工地排水和废水处理设施的建设，保证工地排水和废水处理设施在整个施工过程的有效性，做到现场无积水、排水不外溢、不堵塞、水质达标。

第二，对易产生粉尘、扬尘的作业面和装卸、运输过程，制定操作规程和洒水降尘制度，在旱季和大风天气适当洒水，保持湿度。合理组织施工，优化工地布局，使产生扬尘的作业、运输尽量避开敏感点和敏感时段（人群活动的时段），运输车辆应设有有效的封闭措施。易飞扬细颗粒散体物料尽量安排库内存放，堆土场、散装物料露天堆放场要压实、覆盖。此外，尽量使用清洁能源。

第三，施工中各种临时设施和场地，如堆料场、加工厂、轧石厂、沥青厂等距居民区不宜小于 300 m，而且应设于居民区主要风向的下风处。使用机械设备的工艺操作，要尽量减少噪声、废气等污染，施工场地的噪声应遵守当地有关部门对施工场地的具体规定。

第四，回填土方时，减少回填土方的堆放时间和堆放量，堆土场周围加护墙或护板，保证回填土的质量，不将有毒有害物质和其他工地废料、垃圾用于回填。制订泥浆和废渣的处理方案，选择有资质的运输队伍，及时清运施工弃土和渣土，建立登记制度，防止中途倾倒事件的发生并做到运输途中不撒落。剩余料具、包装即时回收、清退。对可利用的废弃物尽量回收利用，各类垃圾及时清扫、清运，不随意倾倒，一般要求每班清扫，每日清运。施工现场无废弃砂浆和混凝土，运输道路和操作面落地料及时清用，砂浆、混凝土倒运采取防撒落措施。

第七章 道路工程基本理论

第一节 道路工程的发展

我国交通运输发展规划指出：要根据“统筹规划、条块结合、分级负责、联合建设”的公路建设原则，按照现行管理体制，并从事权管理的角度，全面完善公路网规划，推进国家公路网规划建设，形成层次清晰、功能完善、权责分明的干线公路网络系统，重点建设国家高速公路，实施国省道改造，继续推进农村公路建设，加快国家公路运输枢纽等专项建设。贯彻落实新一轮区域发展规划，重点扶持西部地区、“老少边穷”地区，特别是西藏、新疆等重点区域公路交通建设。

路基路面直接承受行驶车辆荷载的作用，是公路工程的重要组成部分，通常根据车辆行驶的需要，选用优质材料建成。如我国古代以条石、块石或石板等材料来铺筑公路路面，以供人力、畜力车辆的通行。进入20世纪以来，随着汽车工业和交通运输的发展，现代化公路的路基路面工程逐步形成了新的学科分支，主要研究公路、城市道路和机场道路的路基路面合理结构、设计原理、设计方法、材料性能及施工、养护、维修和管理技术等。

半个世纪以来，我国广大道路工作者从我国实际和建设需要出发，引进国外先进技术，刻苦钻研、反复实践，在路基路面工程建设和科学研究中，取得了许多突破性的成果。主要包括：公路自然区划、土的工程分类、路基强度与稳定性、高路堤修筑技术及支挡结构、不良地基处理技术、岩石路基爆破技术、沥青路面结构、水泥混凝土路面结构、柔性路面设计理论与方法、刚性路面设计理论与方法、半刚性路面结构、路面使用性能与表面特性、路面养护管理、公路环保技术、废旧材料的综合利用技术、公路施工养护机械的研制与应用等。另外计算机技术、电子信息技术、自动控制技术、新材料技术、地理信息系统（GIS）、卫星定位、航测遥感技术等也普遍应用到公路交通行业。

综上所述，路基路面工程作为一门工程学科分支，随着我国交通运输的发展，正在以较快的速度接近国外同类学科的前沿。未来，无论在中国，还是在其他发达国家，路基路面工程学科仍然是一个重要的科技领域。根据当前路基路面工程科学技术的发展趋势，该学科又与如下学科有着密切的关系。

一、材料学

每一项路基路面工程新技术的出现，首先都是在材料方面的突破。如沥青材料的改性、土壤的改良与稳定技术，都与材料学有关。现代对于材料的微观、细观研究和复合材料的研究的许多成果正日益被引入路基路面工程中。

二、岩土工程学

路基路面作为地基结构物，依托天然地表的岩石与土壤修筑而成，因此在许多方面都借鉴于岩土工程学的相关成果，土力学、岩石力学、土质学、地质学等都是路基路面工程学科的重要基础理论。

三、结构分析理论

路基路面工程的设计已由纯经验为主的设计方法演变为以结构分析理论为基础的设计方法。由于结构的复杂性、车辆荷载与环境因素变化的复杂性，目前设计方法所依据的静力线弹性力学分析理论不能完全满足要求，基于动力荷载与结构动力响应、非线性、黏弹塑性等的数学、力学模型的建立及其数值分析和数值解方法等是目前许多学者努力解决的科研课题。

四、自动控制与测量技术

为确保沥青路面良好的工程质量和使用性能，必须在施工过程中严格控制各项指标，如材料用量、加热温度、碾压吨位等，在路基路面工程竣工及使用过程中也需进行长期跟踪观测。所有这些控制与量测都需要精确度高、稳定性好的技术。

五、现代管理科学

路基路面工程属于一个系统工程，其过程包括规划、设计、施工、养护、维修、管理等，且时间延续达数十年之久，这就需要利用现代管理科学的理念和方法，对全过程的各个阶段进行跟踪、数据采集、数据处理和科学决策，使路基路面始终具有良好的使用性能。现代管理科学对于节约建设养护投资、提高运输效率具有非常重要的作用。

第二节 路基路面工程的特点、要求及影响因素

一、路基路面工程特点及要求

公路是一种修筑在地面上供车辆行驶的线形工程构造物，主要承受车辆荷载的重复作用和经受各种自然环境因素的长期影响，这就要求公路不仅要有缓和的纵坡、平顺的线形，而且要有牢固的人工构造物（桥梁、涵洞、通道、隧道、支挡等）、稳定坚实的路基、平整耐用的路面，以及其他必要防护工程和附属设施。

路基是按照公路路线的位置和一定技术要求开挖或填筑而成的带状结构物。路面是在路基顶面的行车部分用各种混合料铺筑而成的层状结构物。路基是路面的基础，路基的强度与稳定性是保证路面强度与稳定性的基本条件。路基可为路面结构长期承受汽车荷载提供重要的保证，路面的存在又可以保护路基避免其直接经受车辆和大气、环境的破坏。因此，路基路面是公路的基本组成部分，是公路的主体，它们共同承受行车荷载与自然因素的作用。有了路基路面，车辆才能沿着预定的路线，通畅、快速、安全、舒适、经济地运行。二者是相辅相成、不可分离的整体。

路基路面工程是公路工程的主要组成部分，其工程数量十分可观，如微丘区的三级公路，每千米的土石方数量为 8000 ~ 16000 m^3，山岭重丘区三级公路每千米土石方数量为 20000 ~ 60000 m^3，对于高速公路，其数量更为可观。而路面结构在公路整体造价中所占比例较大，一般可达到 30% 左右。因此精心设计、精心施工，保证路基路面良好的工程质量和良好的长期使用性能，对于节约投资、提高运输效益具有十分重要的意义。

公路工程是一项线形工程，一般都绵延数百千米、甚至上千千米。沿线地形起伏，地质、地貌、气象特征复杂多变，同时各段路面结构层的材料来源和施工状况也很难相同，再加上公路所经区域经济发达程度和交通繁忙程度不一、车辆荷载的作用也具有随机性，因此决定了路基路面工程复杂多变的特点。工程技术人员必须具备广博的专业知识，善于处理不同的复杂环境条件，以建造出坚固耐久的路基路面工程结构。

现代化的公路交通运输，不仅要求公路能够全天候通行车辆，还要求能够保证车辆以一定的速度，安全、舒适而经济地在公路上行驶，这就要求路面具有良好的使用性能，提供良好的行驶条件和服务水平。

为保证公路具有良好的使用性能、有利于提高车速、增强安全性和舒适性，同时降低运输成本和延长公路的使用寿命，这就要求路基路面工程具有下述一系列基本功能。

（一）承载能力

路基路面直接承受车辆荷载的作用，在路面结构内部及路基会产生应力、应变及位移，如果路基路面结构不能承受荷载的作用或者不能抵抗这种变形，那么结构就会出现路面断裂、路面车辙、路基沉陷等，严重影响公路的服务水平。因此，要求路基路面结构具有良好的承载能力。

结构承载能力包括两方面：路面结构应该具有足够的强度以抵抗车轮荷载引起的各部位的各种应力，如压应力、拉应力、剪应力等，保证不发生压碎、拉断、剪切等破坏；路基路面整体结构应具有足够的刚度，在车轮荷载作用下不发生过量变形，面层不发生车辙、沉陷、波浪等病害。

（二）稳定性

在天然地表修建的公路结构，改变了地表原有的自然平衡状态，在达到新的平衡前需要一定的时间。而新建的公路结构直接在各种自然因素的作用下，如大气、温度、降水等，是处于不稳定状态的。路基路面结构能否经受住这种不稳定状态从而保持工程设计所要求的几何形态及物理力学性质，称为路基路面结构的稳定性。

在天然地表开挖或填筑路基，必然会改变原地面地层结构的受力状态。原来处于稳定状态的地层结构，有可能由于开挖或填筑而引起不平衡，导致路基失稳。如在软土层上修筑高路堤或在岩质或土质边坡上开挖深路堑时，有可能由于软土层承载能力不足，或者由于坡体失去支撑而出现路堤沉落或坡体坍塌。因此在选线、勘测、设计、施工中应密切注意，并采取必要的工程措施，以确保路基具有足够的稳定性。

大气降水会使路基路面结构内部的湿度发生变化，在低洼地带路基排水不良，长期积水，也会使路堤软化，失去承载能力。山坡路基有时因为排水不良，会引发滑坡或边坡坍塌。水泥混凝土路面，如果不能及时将水分排出结构层，会发生唧泥现象，冲刷基层。沥青混凝土路面中水分的侵蚀会引起沥青层剥落、结构松散。因此防水、排水是确保路基路面稳定性的重要方面。

大气温度周期性的变化对路面结构的稳定性有重要的影响。高温季节沥青路面软化，在车辆荷载作用下将产生永久变形；水泥路面在高温下会因结构变形而产生过大内应力，导致路面翘曲破坏。低温季节，水泥路面、沥青路面、半刚性基层由于低温收缩产生大量裂缝，最终失去承载能力。在严寒冰冻地区，低温引起的路基不稳定的原因是多方面的，在地下水丰富的地段，低温会引起冻胀，春天融冻季节，在交通繁忙路段，有时会引发翻浆，导致路基路面发生严重破坏。

（三）耐久性

路基路面工程的投资较大，从规划、设计到施工建成通车需要较长的时间，这样的大型工程都应有较长的使用年限。一般公路工程使用年限至少数十年，在车辆荷载和自然因素作用下，应保持较好的耐久性能。

路基路面结构在车辆荷载及环境因素的反复作用下，强度与刚度将逐年衰变，路面材料的各项性能也会因为老化而衰变。因此，要提高路基路面的耐久性，保持其强度、刚度、几何形态经久不衰，除精心设计、精心施工、精选材料以外，还要把长期的养护、维修和恢复路面使用性能的工作放在重要位置。

（四）表面平整度

路面表面的平整度是影响行车安全、行车舒适性和运输效益的重要方面。特别是高速公路，对路面平整度的要求更高。不平整的路面会增大行车阻力，使车辆产生附加的振动响应。这种振动会造成行车颠簸，影响行车的速度和安全、驾驶的平稳和乘客的舒适。同时，振动响应还会产生对路面的冲击力，从而加剧路面的破坏和对汽车机械的损坏，增大油料的消耗。不平整的路面还会积水，既对行车不利，也会加速路面的损坏。

优良的平整度，要依靠精良的施工设备、精细的施工工艺、严格的施工质量控制和及时的养护来保证。同时路面的平整度也和整个路面结构和路基顶面的强度和抗变形能力有关，强度和抗变形能力差的结构和材料，不能承受车辆荷载的反复作用，极易出现沉陷、车辙和推移破坏，从而形成不平整的路面。

（五）表面抗滑性能

路面要求平整度好，但不宜光滑，应保证汽车轮胎和路面之间有足够的附着力和摩擦力。特别在雨天，汽车在光滑的路面上行驶、制动和转弯时，车轮易发生空转或打滑，甚至引起严重的交通事故。通常用摩擦系数表征路面的抗滑性能。

路面表面的抗滑能力可以通过采用坚硬、耐磨和表面粗糙的材料修筑路面来实现，有时也可以采用一些工艺措施实现，如在水泥混凝土路面上刷毛或刻槽等。此外，路面的积雪、积水和污泥等，也会降低其抗滑性能，必须及时予以清除。

二、影响路基路面稳定的因素

路基路面结构直接裸露在大气之中，其稳定性在很大程度上受自然条件的影响，因此，必须了解和掌握公路沿线的自然条件，并掌握其规律，以及是如何影响路基路面结构稳定性的，从而因地制宜采取有效的工程措施，以确保路基路面具有足够的强度和稳定性。

路基路面的稳定性通常与以下因素有关。

（一）地理条件

公路沿线的地形、地貌和海拔高度不仅影响路线的选定，也影响路基路面结构的设计。平原、丘陵、山岭各区地势不同，结构的水温状况也不同。如平原区容易修筑路基，但地表易积水，排水困难，因而路基需保持一定的最小填土高度。在丘陵和山岭区，地形起伏很大，其排水也很重要，否则会引起稳定性下降，出现破坏现象。

（二）地质条件

公路沿线的岩石种类、成因、节理、风化程度和裂隙情况，岩石走向（倾向、倾角、层理）和岩层厚度，有无夹层及其状况，有无断层或不良地质现象（溶洞、冰川、泥石流、地震等），都对路基路面稳定性有一定的影响。

（三）气候条件

气候条件主要包括气温、降水、湿度、冰冻深度、日照、蒸发量、风向、风力等，都会影响到地下和地面水的变化并且影响路基路面的水温情况。

（四）水文和水文地质条件

水文条件，如沿线地表水的排泄、河流洪水位、常水位、地表积水、河岸的淤积情况；水文地质条件，如地下水位、地下水移动规律、有无层间水、裂隙水、泉水等。这些地面水和地下水都会影响路基路面的稳定性。

（五）土的类别

土是修筑路基路面的基本材料，不同的土具有不同的工程性质，直接影响路基路面的强度和稳定性。例如，巨粒土的强度和稳定性很高，是筑路的良好材料；级配良好的砾石混合料密实度、强度、稳定性好，除可填路基外，可用于中级路面或路面基层或底基层；沙土无塑性，透水性强，内摩擦系数较大，强度与水稳性好，但黏结性小，易松散，压实困难；而沙性土既有一定数量粗颗粒，又有一定数量的细颗粒，级配适宜，强度、稳定性均好，是理想的路基填料；粉性土含有较多的粉土颗粒，干时易破碎，浸水时易成流动状态，毛细作用强烈，毛细水上升可达 1.5 m，易造成冻胀翻浆，属于不良公路用土；黏性土的内摩擦系数小而黏聚力大，透水性小而吸水性强，毛细现象显著，有较大的可塑性，干燥时较坚硬、不易破碎，浸润后能长期保持水分、不易挥发，因而承载能力小。

总之，地质条件是引起路基路面破坏的基本前提，水则是造成病害的主要原因。

第三节 公路自然区划

我国幅员辽阔，地理、地形、气候条件复杂，又是一个多山的国家，不同地区自然条件差异很大。从南到北气候上分为热带、温带和寒带，自东向西，东部沿海和青藏高原高程相差 4000m 以上。所以应体现不同地理区域自然条件对公路工程影响的差异性，以便于在路基路面结构类型选择，以及设计、施工和养护中采取合适的设计参数和技术措施，保证路基路面的强度和稳定性。

一、公路自然区划原则

公路自然区划根据以下三个原则划分。

（一）道路工程特性相似性原则

道路工程特性相似性原则，即同一区划内，在同样自然因素下筑路具有相似性。例如北方不利季节主要是春融时期，有公路翻浆的病害；南方的不利季节在雨季，有冲刷、水毁等病害。

（二）地表气候区划差异性原则

地表气候区划差异性原则，即地表气候是地带性差异与非地带性差别的结果。通常，地表气候随当地纬度而变化，如北方寒冷、南方湿热，这称为地带性差异。除此之外，还与高程的变化有关，即沿垂直方向的变化，如青藏高原由于海拔高，与同纬度的其他地区相比，气候更加寒冷，这称为非地带性差异。

（三）自然气候因素既有综合又有主导作用的原则

自然气候既有综合又有主导作用的原则，即自然气候变化是多种因素作用结果，但其中又有某些因素起着主导作用。例如公路冻害是水和温度联合作用的结果，但在南方，只有水而没有寒冷气候的影响，说明温度起主要作用。西北干旱区和东北潮湿区，同样都有负温度，但前者冻害轻于后者，说明水起主导作用。

二、公路自然区划分级

公路自然区划分三级进行划分，即首先划分为多年冻土、季节冻土、全年不冻土三大地带。然后根据水热平衡和地理位置，以全年均温 -2℃等值线，一月份均温 0℃等值线及 1000 m 和 3000 m 两条等高线作标准，又考虑到黄土地区筑路的特殊性，划分为 7 个一级自然大区，即：Ⅰ——北部多年冻土区；Ⅱ——东部湿润季冻区；Ⅲ——黄土高原干湿过渡区；Ⅳ——东南湿热区；Ⅴ——西南潮湿区；Ⅵ——西北干旱区；Ⅶ——青藏高寒区。

另外，再考虑气候特征、地貌类型、自然病害等因素，将全国划分为 33 个二级区划和 19 个副区，共 52 个二级区划。

三级区划是在二级区划基础上，由各地区根据当地具体情况再自行划定。一般有两种方法：一种是以水热、地理和地貌为依据；另一种是以地表的地貌、水文和土质为依据进行划分。

三、一级自然区划的路面结构设计

我国 7 个一级自然区划的路面结构设计侧重点各不相同，根据各地区经验，大致可归纳如下：

（一）Ⅰ区——北部多年冻土区

该区北部为连续分布多年冻土，南部为岛状分布多年冻土。对于多年冻土层，最重要的公路设计原则是保温，不可轻易挖去覆盖层，原保持冻结状态的土层若受大气热量影响融化，将后患无穷。对于非多年冻土层，则需将泥炭层全部或局部挖除，排干水分，然后再填筑路基。

（二）Ⅱ区——东部湿润季冻区

该区路面结构突出的主要问题是防冻胀与翻浆。翻浆的严重程度取决于路基的潮湿状态，可根据不同的潮湿状态采取对应措施。

（三）Ⅲ区——黄土高原干湿过渡区

该区的主要特点是黄土对水分的敏感性，筑路的主要问题是防止黄土的冲蚀与遇水湿陷。

（四）Ⅳ区——东南湿热区

该区雨量充沛集中，季节性强，台风暴雨多，公路的主要病害是水毁、冲刷和滑坡。路面结构应结合排水系统进行设计。另外，该区气温高、热季长，要注意路面的高温稳定性能。

（五）Ⅴ区——西南潮暖区

该区山多、地形险要，筑路材料丰富。对于水文不良路段，应注意路基整体稳定性。

（六）Ⅵ区——西北干旱区

该区大部分地下水位很低，气候干燥，可采用沥青混凝土层解决沙石路面搓泥、松散的问题。另外，注意沙漠地区公路的风蚀和沙埋病害。

（七）Ⅶ区——青藏高寒区

该区局部路段有多年冻土，应注意保温设计。另外，该区日照时间长、紫外线强烈，且昼夜温差大，需注意沥青路面的老化病害。

第四节 路基水温状况及干湿类型

一、路基湿度的来源

路基的强度、稳定性很大程度上与路基湿度以及大气温度引起的路基水温状况有着密切的关系。路基在运营过程中，受到外界因素的影响，使其湿度发生变化。

路基湿度的水源主要有：①大气降水——降雨时雨水通过路面、路肩边坡和边沟渗入路基；②地面水——边沟流水、地表径流等渗入路基；③地下水——路基下一定范围内的地下水浸入路基；④毛细水——路基下的地下水通过毛细作用上升到路基；⑤水蒸气凝结水——土体空隙中流动的水蒸气，遇冷凝结成水；⑥薄膜移动水——土体中水以薄膜的形式从含水率较高处向较低处流动，或者由温度较高处向冻结中心周围流动。

上述导致路基湿度变化的各种水源，其影响程度和当地自然气候条件、所采取的工程措施密切相关。

二、大气温度及其对路基水温状况的影响

路基湿度除水的来源以外，另一个重要因素就是受到大气温度的影响。由于湿度和温度变化对路基产生的共同影响称为路基的水温状况。沿路基深度方向出现较大的温度梯度时，水分在温差的影响下以液态或气态由热处向冷处移动，并积聚在该处。这种现象尤其在季节性冰冻地区尤为严重。

我国的华北、东北和西北地区为季节性冰冻地区，这些地区的路基在冬季冻结过程中会在负温度坡降的情况下，出现湿度积聚现象。气温下降到零度以下时，路基内部温度也随之降低。在负温度区，自由水、毛细水和弱结合水相继冻结，造成土体颗粒水膜减薄，剩余较多的自由表面能，土的吸湿能力加强，促使水分由高温处移动，以补充低温处失去的水分。由试验得知，负温区水分移动一般发生在 −3℃ ~ 0℃。而在正温度区，因零度等温线附近土中自由水和毛细水的冻结，形成了与深层次土层之间的温度坡差，促使下部水分向零度等温线附近移动。这部分上移的水分又成为负温区水分移动的补给来源，造成路基上层湿度的增加。

积聚的水分冻结后体积增大，可导致路基隆起而造成路面开裂，即冻胀现象。春暖化冻时，路基自上而下逐渐解冻，水分难以迅速排除，造成路基上层湿度增加，使路面结构承载能力大大降低。若是在交通繁重地区，车辆反复作用后，路基土体以泥浆的形式从路面裂缝中冒出，形成翻浆。冻胀和翻浆是路基的典型病害。

三、路基干湿类型

路基按照其干湿状态的不同，分为干燥、中湿、潮湿、过湿四种类型。为保证路基的稳定，一般要求路基处于干燥或中湿状态。过湿或潮湿的路基必须进行处理后方可铺筑路面。路基的干湿类型以分界稠度来划分。

稠度定义为土的含水率与其液限之差与塑限和液限之差的比值，即：

$$W_c = \frac{W_L - W}{I_P}$$

式中：

I_P——塑性指数，$I_P = W_L - W_P$，

W_L——液限，

W_P——塑限。

土体的稠度反映了土的各种形态与湿度的关系，可全面直观地反映土的软硬程度，物理概念明确。

① $W_c = 1.0$，即 $W = W_P$ 时，为半固体与硬塑状的分界值；

② $W_c = 1.0$，即 $W = W_P$ 时，为流塑与流动状的分界值；

③ $0 < W_c < 1$，即 $W_P < W < W_L$ 时，土处于可塑状态。

需要注意的是，在不同自然区划，不同土组的分界稠度是不一样的。

在公路勘测设计中，确定路基的干湿类型需要在现场进行勘查。对于已建公路，按照不利季节路槽底面以下 80 cm 深度内土的平均稠度确定。每 10 cm 取土样测定其天然含水率、液限、塑限，按下式计算：

$$\overline{W_c} = \frac{\sum_{i=1}^{8} W_{ci}}{8},\quad W_{ci} = \frac{W_{Li} - W_i}{W_L - W_{Pi}}$$

式中：

W_i——路基顶面以下 80 cm 内，每 10 cm 为一层，第 i 层土的天然含水率；

W_{Li}——同一层土的液限含水率；

W_{Pi}——同一层土的塑限含水率；

W_{ci}——第 i 层土的稠度；

$\overline{W_c}$——路基顶面以下 80 cm 内土的平均稠度。

新建公路时，若能确定路基临界高度值，则可以此作为判别标准，与路基设计高度做比较，由此确定路基干湿类型。

第五节 路面结构与分类

一、路面结构及层位功能

由于行车荷载和自然因素对路面的影响随深度的增加而逐渐减弱。因此，对路面材料的强度、抗变形能力和稳定性的要求也随深度的增加而逐渐降低。所以路面结构常分层铺筑，按照使用要求、受力状况和土基支承条件和自然因素影响程度的不同分为若干层次。按照层位功能的不同，一般划分为面层、基层、垫层等。

（一）面层

面层是直接承受行车及自然因素作用的结构层，承受着较大的行车荷载，同时还受到降雨侵蚀和气温变化的影响，因此要求具有较高的结构强度、抗变形能力、较好的水温稳定性，且耐磨和抗滑。

修筑面层常用的材料包括水泥混凝土、沥青混凝土、沥青碎石混合料、沙砾或碎石掺土及块料等。

面层有时分两层或三层。如高速公路沥青面层总厚度为 10 ~ 20 cm，分上、中、下三层，并根据各分层的要求采用不同的级配类型。水泥混凝土路面也可分上下两层铺筑，分别采用不同的水泥混凝土材料，有时也采用水泥板上加铺 4 ~ 10 cm 沥青混凝土复合式结构。沙石路面上所铺 2 ~ 3 cm 的磨耗层或 1 cm 厚的保护层以及薄层沥青表处，不作为一个独立的层次，而看作面层的一部分。

（二）基层

基层主要承受由面层传来的车辆荷载，并将荷载扩散至下面的垫层和土基中，因此要求其具有足够的强度和刚度、良好的扩散应力的能力和水稳定性，且要求平整度好，以保证面层良好的工作性能。

修筑基层的材料包括各种结合料（石灰、水泥、沥青等）稳定土或碎砾石、贫混凝土、天然砂砾、各种工业废渣和土、沙石所组成的混合料等。

基层厚度大时，可分二或三层施工以保证质量，底基层可采用当地材料修筑。

（三）垫层

为保证面层和基层的强度、刚度和稳定性不受土基水温状况变化造成的不良影响，必要时应设置垫层。

垫层介于土基与基层之间，其功能是改善土基的水、温状况，将基层传下的应力扩散，阻止路基土挤入基层。

修筑垫层的材料水稳定性和隔温性要好，强度不一定高，一类为松散透水粒料，如沙、碎石、炉渣；另一类为水泥或石灰稳定类材料。

（四）路拱

为及时排出雨水，减少雨水对路面的浸润和渗透而减弱路面结构强度，路面表面需做成直线形或抛物线形的路拱。对于高等级路面，平整度水稳性好，常采用直线型或较小坡度。对于低等级路面，一般采用抛物线形且横坡度较大。

选择路拱横坡度，应充分考虑有利于平稳行车和有利于横向排水两方面的要求。在干旱和有积雪、浮冰地区，应采用低值，多雨地区应采用高值。当公路纵坡较大或路面较宽，或行车速度较高时，或交通量和车辆载重较大时，或常有拖挂汽车行驶时，应采用低值，反之采用高值。

高速公路、一级公路通常设置有中央分隔带，一般采用两种方式布置路拱横断面。若中央分隔带未设置排水设施，做成中间高、两侧路面低，由单向横坡向路肩排水；若中央分隔带设置了排水设施，则两侧路面分别单独做成中间高、两边低的路拱，向中间排水设施和路肩两个方向排水。

路肩横坡度一般比路面大 1%，对于高速公路、一级公路的硬路肩采用与路面行车道相同结构时，应采用同一路面横坡度。

二、路面分类

路面类型可以从不同角度划分，如按照面层所用材料，可以分为水泥混凝土路面和沥青路面、沙石路面等。但在工程设计中，一般按路面结构的力学特性的相似性进行分类，分为柔性路面（沥青路面）、复合式路面和刚性路面（水泥混凝土路面）三类。根据基层材料类型及其组合的不同，又可以将沥青路面分为柔性基层沥青路面、半刚性基层沥青路面、组合式基层沥青路面等。

（一）柔性基层沥青路面

柔性基层沥青路面总体结构刚度较小，路面结构本身在车辆荷载作用下产生的弯沉变形较半刚性基层沥青路面大。但其可以通过合理的结构组合设计和厚度设计来保证路面结构层的承载能力。同时通过各结构层将车辆荷载传递给路基，使路基承受的压力控制在一定范围内。柔性基层沥青路面主要包括由各种未经处治的粒料基层和各类沥青层、碎砾石面层或块石面层组成的路面结构。

（二）半刚性基层沥青路面

指用水泥、石灰等无机结合料处治土或碎砾石，用含有水硬性结合料、工业废渣修筑的基层。由于前期具有柔性路面的力学性质，后期的强度、刚度均有较大幅度的增长，但最终的强度和刚度仍远小于水泥混凝土。由于这类材料的刚度处于柔性与刚性之间，因此把这类基层和铺筑在其上的沥青层统称为半刚性基层沥青路面。

（三）组合式基层沥青路面

此类路面是基层包括无机结合料稳定材料、水泥混凝土等刚度较大的材料，但是在沥青层与刚度较大的材料之间设置有柔性材料结构层，如级配碎石、沥青碎石等。主要为了防止半刚性基层产生的反射裂缝对沥青路面结构层产生的影响。

（四）复合式路面

此类路面是指在半刚性或柔性基层上设有刚性材料下面层（包括普通混凝土、纤维混凝土、钢筋混凝土、连续配筋混凝土等）和沥青混凝土组成的路面结构。复合式沥青路面中刚性材料结构层整体性好、承载能力强、使用寿命长、耐久性好，且对沥青混凝土上面层养护维修方便。对于这种路面结构有两个方面需要注意：一是沥青面层与刚性下面层应保证有效的黏结，需要采取必要措施消减层间的应力集中问题；二是应采取合理手段，延缓由于刚性下面层引起的反射裂缝问题。

（五）水泥混凝土路面

水泥混凝土路面是指用水泥混凝土（包括普通水泥混凝土、钢筋混凝土、连续配筋混凝土、钢纤维混凝土、预应力混凝土、装配式混凝土、碾压混凝土等）作面层的路面结构。其抗弯拉强度高，弹性模量大，且刚度大。主要依靠水泥混凝土板承受车辆荷载，通过板体的扩散分布作用，传递给路基的压力较柔性路面要小得多。

第八章 道路路基施工技术

第一节 道路路基防护与加固

一、道路路基防护与加固概述

合理的路基设计，应在路基位置、横断面尺寸、岩土组成等方面综合考虑，为确保路基的强度与稳定性，路基的防护与加固，也是不可缺少的工程技术措施。随着公路等级的提高，为维护正常的汽车运输，减少公路灾害，确保行车安全，保持公路与自然环境相协调，路基的防护和加固更具有重要的意义。防护工程是指防止冲刷和风化，主要起隔离作用的措施；加固工程是指防止路基或山体因重力作用而坍塌，主要起支撑作用的结构物。实践经验证明，在高等级公路建设中，防护工程对保证公路使用品质，提高投资效益均具有重要的意义。

路基防护与加固措施，主要有边坡坡面防护、沿河路堤河岸冲刷防护与加固，以及湿软地基的加固自治。

坡面防护，主要是保护路基边坡表面免受雨水冲刷，减缓温差及温度变化的影响，防止和延缓软弱岩土表面的风化、碎裂、剥蚀演变进程，从而保护路基边坡的整体稳定性，在一定程度上还可兼顾路基美化和协调自然环境。坡面防护设施，不承受外力作用，必须要求坡面岩土整体稳定牢固。常用的坡面防护措施有植物防护（种草、铺草皮、植树等）和工程防护（抹面、喷浆、勾缝和石砌护面等）。前者可视为有“生命”（成活）防护；后者属无机物防护。有“生命”防护以土质边坡为主，无机物防护以石质路堑边坡为主。在一定程度上，有“生命”防护在边坡稳定和改善路容方面，优于无机物防护。

堤岸防护与加固主要包括沿河滨海路堤、河滩路堤及水泽区路基，亦包括桥头引道，以及路基旁边的防护堤等。此类堤岸常年或季节性浸水，受流水冲刷、拍击和淘洗，造成路基浸湿，边坡淘空，或水位骤降时路基内细粒填料流失，致使路基失稳，边坡崩塌。堤岸防护与加固，主要针对水流的破坏作用而设，起防水治害和加固堤岸双重功效。

堤岸防护与加固设施，有直接和间接两类。直接防护与加固设施中包括植物防护和石砌防护与加固两种，常用的有植树、铺石、抛石或石笼等。间接防护主要是指导治结构物，如丁坝、顺坝、防洪堤、拦水坝等；必要时进行疏浚河床，改变河道，目的是改变流水方向，避免或缓和水流对路基的直接破坏作用。改变水流流速、流向和原来的状态，可能导致堤岸对面及路基附近上下游遭害，必须慎重对待，掌握流水运动规律，因势利导，防治结合，综合治理。

湿软地基的承载能力较差，如沼泽与软土，低洼的湖（海）相沉土层，人为垃圾填土等。填筑路基前必须予以加固，以防路基沉陷，滑移或产生其他病害。湿软地基加固，规模大，造价高，应注意方案比较，研究技术和经济方面的可行性，力求从简，尽量就地取材。地基加固是路基主体工程的一部分，要结合路基设计（确定路基标高，选择横断面，决定设施等）综合处置。

湿软地区修筑路基时，地基加固关键在于治水和固结。各种加固方法可归纳成碾压夯实、排水固结、振动挤密、土工格栅加筋和化学加固五类。加筋土中加入某种能承受一定拉力的筋条或化学纤维，凭借筋条与填土之间的摩擦作用，提高土的抗减强度，改善路基土层，亦能收到良好的效果。其他还有石灰桩、沙桩和沙井等。

路基坡面防护工程应在稳定的边坡上设置，防护类型的选择应综合考虑工程地质、水文地质、边坡高度、环境条件、施工条件和工期等因素的影响，对于路基稳定性不足和存在不良地质因素的路段，应注意路基边坡防护与支挡加固的综合设计。路基支挡结构设计应满足在各种设计荷载组合下支挡结构的稳定、坚固和耐久；结构类型选择及设置位置的确定应安全可靠、经济合理、便于施工养护；结构材料应符合耐久、耐腐蚀的要求。

二、道路路基坡面防护

（一）道路路基的植物防护措施

植物防护，可美化路容，协调环境，协调边坡上的湿温，起到固结和稳定边坡的作用。它对于坡高不大，边坡比较平缓的土质坡面是一种简易有效的防护措施，其方法有种草、铺草皮和植树。土质边坡防护也可以采用拉伸网草皮，固定草种布或网格固定撒种，用土工合成材料进行土质边坡防护的边坡坡度宜为 1 ∶ 1.0 ~ 1 ∶ 2.0。

拉伸网草皮是在土工网或土工合成材料上铺设 3 ~ 5 cm 的种植土层，经过撒种，养护后形成人工草。固定草种布（也可称植生带）是在土工织物纺织时将草种固定于土工织物中，然后到现场铺筑以促使草皮生长的一种土工合成材料草皮制品。网格固定撒种是先将土工网固定于需防护的边坡上，然后撒播草种形成草皮的一种边坡的防护方法。

种草，适合于边坡坡度不大于 1 ∶ 1，土质适合种草不浸水或短期浸水但地面径流速度不超过 0.6 m/s 的边坡。草种选用应根据防护目的、气候、土质、施工季节等确定，宜采用易成活、生长快、根系发达、叶茎矮或有匍匐茎的多年生草种，种子的配合、播种量等的设计应根据选用植物的生长特点、防护地点及施工方法确定。不宜种草的坡面，可以铺 5 ~ 10 cm 厚的种植土层，土层与原坡面结合稳定。

铺草皮，当坡面冲刷比较严重，边坡较陡，径流速度大于 0.6 m/s，容许最大速度为 1.8 m/s 时，应根据具体条件（坡度与流速），分别采用平铺（平行于坡面）水平叠置，垂直坡面与坡面成一半坡角的倾斜叠置草皮，还可采用片石铺砌成方格或拱式边框，方格或框内再植草皮。

铺草皮适用于需要快速绿化，且坡率缓于 1 ∶ 1 的土质边坡和严重风化的软质岩石边坡。草皮应选择根系发达、茎矮叶茂、耐旱草种，不宜采用喜水草种，严禁采用生长在泥沼地的草皮。铺草皮应预先备料，草皮可就近培育，切成整齐块状，然后移铺在坡面上。铺时应自下而上，并用竹木小桩将草皮钉在坡面上，使之稳固。草皮根部土应随草切割，坡面要预先整平，必要时还应加铺种植土，草皮应随挖随铺，注意相互贴紧。

植树，主要是用在堤岸边的河滩上，用来降低流速，促使泥沙淤积，防止水直接冲刷路堤。植树适用于坡率缓于 1 ∶ 1.5 的边坡，或在边坡以外的河岸及漫滩外。树种应选用能迅速生长且根深枝密的低矮灌木类。公路弯道内侧边坡严禁栽植高大树木。多排林堤岸与流水方向斜交，还可以起挑水改变水流方向的作用。沙漠与雪害地区，防护林带还起阻沙防雪的作用。树木的品种与种植位置及宽度，应根据防护要求、流水速度等因素，参见有关设计手册，结合当地经验而定，城市或风景区的植物防护，应与有关部门协调配合。

三维植被网适用于沙性土、土夹石及风化岩石，且坡率缓于 1 ∶ 0.75 的边坡防护；三维植被网中的回填土采用客土或土、肥料及腐殖质土的混合物。

湿法喷播适用于土质边坡、土夹石边坡、严重风化岩石且坡率缓于 1 ∶ 0.5 的路堑和路堤边坡及中央分隔带、立交区、服务区与弃土堆绿化防护。

客土喷播适用于风化岩石、土壤较少的软质岩石、养分较少的土壤、硬质土壤、植物立地条件差的高大陡坡面和受侵蚀显著的坡面。当坡率陡于 1 ∶ 1 时，宜设置挂网或混凝土框架。

骨架植物防护，浆砌片石或水泥能够土骨架植草护坡，适用于缓于 1 ∶ 0.75 的土质和全风化岩石边坡。当坡面受雨水冲刷严重或潮湿时，坡度应缓于 1 ∶ 1。应视边坡坡率、土质和当地情况确定骨架形式，并与周围景观相协调。框架内应采用植物或其他辅助措施。当降雨量较大且集中的地区，骨架宜做成截水沟型。截水沟断面尺寸由降雨强度计算确定。

多边形水泥混凝土空心块植物护坡，适用于坡度缓于 1 ∶ 0.75 的土质边坡和全风化、强风化的岩石路堑边坡，并视需要设置浆砌片石或混凝土骨架。多边形空心预制块的混凝土强度不应低于 C20，厚度不应小于 150 mm。空心预制块内应填充植土，喷播植草。

锚杆混凝土框架植物防护，适用于土质边坡和坡体中无不良结构面、风化破碎的岩石路堑边坡。锚杆采用非预应力的全厂黏结型锚杆，锚杆间距、长度应根据边坡地质情况确定。锚杆保护层厚度不应小于 20 mm。框架应采用钢筋混凝土，混凝土强度不应低于 C25，框架集合尺寸应根据边坡高度和地层情况等确定，框架内宜植草。

（二）道路路基的矿料防护措施

当不宜使用植物防护或考虑就地取材时，采用沙石、水泥、石灰等矿质材料进行坡面防护是常用的防护形式，主要有砂浆抹面、勾缝或喷涂以及石砌护坡或坡面墙等。这些形式各自使用于一定条件。

抹面防护，适用于石质挖方坡面，岩石表面易风化，但比较完整，尚未剥落，如页岩、泥沙岩、千枚岩的新坡面。对此应及时予以封面，以预防风化成害。常用的抹面材料有石灰浆等，其中石灰为胶结料，要求精选。混合料如加纸筋或竹筋，可提高强度，防止开裂；如掺加适量制盐副产品卤水，因含有氯化钙与氯化镁，可使抹面加速硬化和预防开裂。抹面用料的配合比与用量参见有关手册。抹面厚度视材料和坡面状况而定，一般为 2 ~ 10 cm。操作前，应清理坡面风化层，浮土与松动碎块，填坑补洞，洒水润湿。抹面后，应拍浆、抹平和养生。

喷浆施工简便，效果较好，适用于易风化而坡面不平整的岩石挖方边坡，厚度一般为 5 ~ 10 cm。喷浆的水泥用量较大，重点工程可选用。比较经济的砂浆是用水泥、石灰、河沙及水，按质量比 1 ：1 ：6 ：3 配合。喷浆前后的处置，与抹面相同。对坡面较陡或易风化的坡面，还可以在喷浆前先铺设加筋材料，加筋材料可以用铁丝网或土工格栅，喷浆坡面应设置排水孔。

喷护适用于坡率缓于 1 ： 0.5 易风化但未遭强风化的岩石边坡。喷浆防护厚度不宜小于 50 mm，采用的砂浆强度不应低于 M10。喷射混凝土防护厚度不宜小于 80 mm，混凝土强度不应低于 C15。喷护坡面应设置泄水孔和伸缩缝。

锚杆挂网喷浆（混凝土），适用于坡面为碎裂结构的硬质岩石或层状结构的不连续地层以及坡面岩石与基岩分开并有可能下滑的挖方边坡。锚杆应嵌入稳固基岩内，锚固深度应根据岩体性质确定。钢筋网喷射混凝土支护厚度不应小于 100 mm，亦不应大于 250 mm。钢筋保护层厚度不应小于 20 mm。

比较坚硬的岩石坡面，为防水渗入缝隙成害，视缝隙深浅与大小，分别予以灌浆、勾缝或嵌补等。

上述防护方法，可以局部处置，综合使用，并与放缓边坡等方法加以比较，力求实用和经济。如果在坡面防护时着色或修饰，还有助于改善路容。

护坡，干砌片石护坡适用于坡度缓于 1 ： 1.25 的土（石）质路堑边坡。干砌片石护坡厚度不宜小于 250 mm。浆砌片（卵）石护坡适用于坡度缓于 1 ： 1 的易风化岩石和土质路堑边坡。浆砌片（卵）石护坡的厚度不宜小于 250 mm，砂浆强度不应低于 M15，护坡应设置伸缩缝和泄水孔。水泥混凝土预制块护坡适用于石料缺乏地区的路基边坡防护。预制块的混凝土强度不应低于 C15，在严寒地区不应低于 C20。铺砌层下应设置碎石或砂粒垫层，厚度不宜小于 100 mm。

护面墙，适用于防护易风化或风化严重的软质岩石或较碎岩石的挖方边坡以及坡面易受侵蚀的土质边坡，边坡不宜陡于 1 ： 0.5。护面墙类型应根据边坡地质条件确定，窗孔式护面墙防护的边坡不应陡于 1 ： 0.75；拱式护面墙适用于边坡下部岩层较完整而上部须防护的路段，边坡应缓于 1 ： 0.5。单级护面墙的高度不宜超过 10 m，并应设置伸缩缝和泄水孔。护面墙基础应设置在稳定的地基上，埋置深度应根据地质条件确定；冰冻地区，应埋置在冰冻深度以下不小于 250 mm。护面墙前趾应低于边沟铺砌的底面。

护面墙视浆砌片石的坡面厚度可不一，护面石料应符合规格。护面墙除自重外，不承受其他荷重，亦不承受墙背土压力。

护面墙高一般不超过10 m，可以分级中间设平台，墙背可设耳墙，纵向每10 m设一条伸缩缝，墙身应预留泄水孔，基础要求稳固，顶部应封闭。墙基软硬不均，可设拱跨过软弱地基。墙面常有各种不同地质现象，开挖后形成凹陷，应以石砌圬工填塞平整，称为支补墙。以上构造的具体尺寸，均可参考有关设计手册。

封面适用于坡面较干燥，未经严重风化的各种液风化岩石边坡，但不适用于由煤系岩层及成岩作用很差的红色黏土岩组成的边坡。抹面防护使用年限为 8 ～ 10 年，高速公路路基边坡不宜采用抹面防护。封面厚度不宜小于 30 mm，表层可涂软化点稍高于当地气温的沥青保护层。

捶面适用于边坡坡率缓于 1 ： 0.5、易受冲刷的土质边坡或易风化剥落的岩石边坡，使用年限为 10 ～ 15 年。高速公路路基边坡不宜采用捶面防护。捶面宜采用等厚截面，其厚度不宜小于 100 mm。

土钉支护适用于硬塑或坚硬的黏性土、胶结或弱胶结的粉土、沙土、砾石、软岩和风化岩层等挖方边坡的临时支护和永久支护。土钉支护的设计应特别重视水的作用与影响，必须在地表和支护内部设置完善的排水系统以疏导地表径流和地下水。对于永久性土钉支护的设计，应考虑长期使用过程中土体含水率的变化对土体抗剪强度的影响。边坡地下水较发达的挖方边坡不宜设置永久土钉支护。

土钉支护设计前，应对土钉支护边坡进行综合地质勘查实验，查明边坡地层、构造、岩土物理力学性质、水文地质条件及其潜在腐蚀性。土钉支护工程应进行土钉的基本抗拔性实验，试验数为工作土钉总数的 1%，且不少于 3 根。

土钉支护宜用于高度不大于 18 m 的边坡防护，当土钉支护与预应力锚杆联合使用时，边坡高度可增加。边坡较高时宜设多级土钉支护。多级边坡的上下级之间应设置平台，平台高度不宜小于 2.0 m，每级坡高不宜大于 10 m。当土钉被用于腐蚀性土质、雨水较多地区的边坡支护，或土钉不可避免地要深入地下水水位以下时，应对土钉进行防腐处理，可根据情况选用聚乙烯、聚丙烯塑料波纹套管或环氧涂层钢筋。

抗滑桩设计之前，应对边坡进行详细的工程地质勘查，确定主滑方向、滑面位置、边界条件、岩土性质及水文地质条件。抗滑桩的设置必须保证滑坡体不越过桩顶或从桩间滑动，不产生新的滑坡。抗滑桩宜设置滑坡厚度较薄、推力较小、锚固段地基强度较高的地段，确定桩的平面布置、桩间距、桩长和截面尺寸时，应综合考虑，以达到经济合理，并与周围景观相协调。可采用预应力锚索抗滑桩，或抗滑桩与明洞、排桩等组合使用。

三、道路路基冲刷防护

沿河地段路基当受水流冲刷时，应根据河流特性、水流性质、河道地貌、地质等因素，结合路基位置，选用适宜的防护工程、导流或改河工程。

冲刷防护工程顶面工程，应为设计水位加上波浪侵袭、壅水高度及安全高度。基底埋设在冲刷深度以下不小于 1 m 或嵌入基岩内。当冲刷深度较深、水下施工困难时，可采用桩基、沉井基础或适宜的平面防护。

设置导流建筑物时，应根据河道地貌、地质、水流特性、河道演变规律和防护要求等设计导治线，并应避免农田、村庄、公路和下游路基的冲刷加剧。在山区河谷地段，不宜设置挑式导流建筑物。

（一）道路路基直接冲刷防护

为了防止流水直接危害原河、滨海路堤以及有关海、河堤坝的堤岸边坡和坡脚，必须采取一定的防止冲刷的措施。

堤岸防护直接措施，包括植物防护、石砌防护或抛石与石笼防护，以及必要时设置的支挡（驳岸等）。其中植物防护与石砌防护，同坡面防护所述基本类同，但堤岸的防护冲刷主要原因是洪水急流，水位变迁不定，水流速度较大，相应要求更高。盛产石料的地区，当水流速度达到 3.0 m/s 或更高时，植树与石砌防护无效时，可采用抛石防护。当水流速度达到或超过 5.0 m/s 时，则改用石笼防护，也可就地取材，用竹笼或梢料防护，必要时可以采用土工织物软体沉排护坡。

植物防护适用于允许流速小于 1.8 m/s 的季节性水流冲刷，用于冲刷防护的植物防护应符合有关规定。经常浸水的路基边坡，不宜采用种草防护。在沿河路基外的河滩上植造防护林带，树种应具有喜水性。

砌石或混凝土护坡适用于允许流速为 2 ~ 8 m/s 的路堤边坡。用于冲刷防护的干（浆）砌片石（混凝土块）护坡应符合有关规定。浆砌片（卵）石护坡厚度应按流速和波浪的大小等因素确定，并应不小于 350 mm。护坡底面应设厚度不小于 100 mm 的反滤层。

抛石防护，类似在坡脚处设置护脚，亦称抛石垛，抛石适用于经常浸水且水深较大的路基边坡或坡脚以及挡土墙、护坡的基础防护。抛石一般多用于抢修工程。抛石不受气候条件限制，路基沉实以前均可施工，季节性浸水或长期浸水亦均可用。

石笼防护适用于受水流冲刷和风浪侵袭，且防护工程不易处理或沿河挡土墙、护坡基础局部冲刷深度过大的沿河路堤坡脚或河岸。石笼是用铁丝编织成框架，内有石料，石笼内所填石料，应采用重度大、浸水不崩解、坚硬且未风化石块设在坡脚处以防急流和大风浪破坏堤岸，也可用来加固河床，防止淘刷。

浸水挡土墙适用于允许流速为 5 ~ 8 m/s 的峡谷急流和水流冲刷严重的河段。浸水挡土墙设计应符合有关规定，并应和岸坡衔接。

土工织物软体沉排是在土工织物土以块石预制混凝土块体为压重的护坡结构。土工织物软体沉排一般适用于水下工程及预计可能发生冲刷的河床和岸坡。

土工织物软体沉排、土工模袋适用于允许流速为 2 ~ 3 m/s 的沿河路基冲刷防护。土工模袋可用于替代干砌块石、砂浆块石等修建堤坡、堤脚，构筑丁坝、堤坝主体，还可用于堤坝崩塌、江河崩岸险情的抢护。土工模袋是一种双层织物袋，袋中充填流动性混凝土或水泥砂浆或稀石混凝土，凝固后形成高强度和高刚度的硬结板块。

（二）道路路基间接冲刷防护

设置导治结构物可改变水流方向，消除和减缓水流对堤岸直接破坏，同时可减轻堤岸近旁淤积，彻底解除水流对局部堤岸的损害作用，起安全保护作用。导治结构物是桥涵和路基的重要附属工程，由于涉及水流改向，影响范围较大，工程费用亦较高，务必慎重。用于防护堤岸的改河工程，一般限于小型工程，如裁弯取直、挖滩改道、清除孤石，可在小河的局部段落上进行。

导治结构物主要是设坝，按其与河道的相对位置，一般可分为丁坝、顺坝和格坝。导治结构物的布置，应综合考虑河道宽窄、水流方向、地质条件、防护要求、材料来源、施工条件和工程经济等，要综合考虑，全面治理，要避免河床更多压缩，后因水位提高和水流改向，而危害河对岸或附近地段的农田水利、地面建筑及堤岸等。

顺坝大致与堤岸平行，主要作用为导流、束水、调整流水曲度、改善流态。格坝在平面上成网格状，设于顺坝与堤岸之间，防止高水位时水流溢出冲刷内岸坡和坡脚，并促进格间的淤积。丁坝大致与堤岸垂直或斜交，将水流挑离堤岸，束河归槽，改善流态。顺坝亦称导流坝，丁坝亦称挑水坝。

丁坝应适用于宽浅变迁性河段，用以挑流或减低流速，减轻水流对河岸或路基的冲刷：丁坝长度应根据防护的长度、与水流方向的交角、河段地形、水文条件及河床地质情况等确定，垂直于水流方向上的投影长度不宜超过稳定河床宽度的 1/4。用于路基防护的丁坝宜采用漫水坝或潜坝，丁坝与水流方向的交角以小于或等于 90° 为宜。当设置群坝时，坝间距离不应大于前坝的反滤长度。丁坝间的河岸或路基的边坡所能承受的允许流速小于水流靠岸回流流速时，应缩短坝距，或对河岸及路基边坡采取防护措施。丁坝的横断面形式和尺寸应根据材料种类、河流的水文特性等确定，坝顶宽度根据稳定计算确定。

顺坝适用于河床端面较窄、基础地质条件较差的河岸或沿河路基防护，用于调整流水曲度和改善流态。顺坝与上、下游河岸的衔接，应水流顺畅，起点应选择在水流匀、顺的过渡段，坝根位置宜设在主流转向点的上方。坝顶宽度应根据稳定计算确定，坝根应嵌入稳定河岸内不小于 3 m。漫溢式顺坝，应在坝后设置格坝。

沿河路基受水流冲刷严重，后防护工程艰巨，以及路线在短距离内多次跨越弯曲河道时可改移河道。主河槽改动频繁的变迁性河流或支流较多的河段不宜改河。改河起点和终点的位置应于原河床顺接。为防止水流重归故道，宜在改河入口处加陡纵坡并设置拦河坝或顺坝。新河槽端面应按设计洪水频率的流量设计。改河河段的防护设计应参照有关规定进行，公路工程中的改河，主要目的是：将直接冲刷路基的水流引向旁处；路基占用河道后，需要拓宽河道；挖滩改河，清除孤石，改移河道，以保护路基；裁弯取直，有利于布置路线或桥涵这些措施，如经过论证可行，确有必要且效益高时，方可通过设计计算，最后实施。

导治结构物的布置是工程成败的关键。布置恰当能收到预期效果；布置不当反而恶化水流，造成水毁。关键在于合理设计导治线，符合预定的河轴线和河岸线要求，取决于选择导治水位，不致出现不利的冲刷情况。导治线与导治水位，应符合对于水流和河岸、河床地形、地质情况、水流对上下游对岸的影响等因素，综合分析和设计计算而定。

导治结构物的构造与要求，以及结构物与改河工程的具体设计计算方法，在路基设计手册等文献中已有详细规定与建议，可供查用。

四、软土地基加固

土木工程中，地基加固极为重要，公路工程范围的建筑物亦不例外。路基敷设于天然地基上，自身荷载较大，要求地基应具有足够的承载力，以保持地基稳定，另外，应使某些自然因素（如地下水、坑穴、湿陷、胀缩等）不致产生路基的有害变形。

（一）软土地基的特性

软土在我国滨海平原、河口三角洲、湖盆地周围及山谷地均有广泛分布。在软土地基上修筑路基，若不加处理，往往会发生路基失稳或过量沉陷，导致公路破坏或不能正常使用。

所谓软土，从广义上讲就是强度低、压缩性高的软弱土层。根据孔隙比及有机质含量，结合含水率、压缩系数、渗透系数、快剪强度及天然重度等，可将软土划分为软黏性土、淤泥质土、淤泥、泥炭质土及泥炭五种类型。前三种天然重度为 16 ～ 19 kN/m^3；后两种天然重度为 10 ～ 16 kN/m^3。习惯上把淤泥、淤泥质土和软黏性土总称为软土，而把有机质含量很高的泥炭、泥炭质土称为泥沼。泥沼比软土具有更大的压缩性，但它的渗透性强，受荷后能够迅速固结，工程处理比较容易。这里主要讨论天然强度低、压缩性高且透水性小的软土上的路基施工问题。

在未经处治的天然软土地基单位面积荷重达到天然地基极限承载力时，能够填筑的路堤高度称为极限高度。路堤超过极限高度后，必然发生大量的沉陷、坍滑，必须采取加固措施，才能保证路堤的稳定与正常施工。

在软土上修筑路堤或建造人工构造物时，会产生较大的沉降及侧向变形，这种沉降及变形必须控制在容许范围之内。

（二）软土地基的加固措施

软土地基上路基的整体稳定性必须等于或大于容许稳定安全系数，而沉降量则要求在路面设计使用年限内的工后沉降必须小于容许工后沉降，否则应进行地基处理。软土地基处治时应遵循以下原则：投资少、效益高、少占农田和安全实用的技术经济政策；密切结合当地工程地质条件、材料供应、施工力量和工期要求，因地制宜，达到技术上先进、经济上合理。软土地基的处理方法多种多样，主要的处理方法有下述几种：

1. 换填土层法

换填土层法，即将基底下一定深度范围内的湿软土层挖去，换成强度较大的沙、碎（砾）石、灰土或素土，以及其他性能稳定、无侵蚀性的土类，并予以压实。换填材料的不同，其应力分布虽有所差异，但其极限承载力比较接近，而且沉降特点亦基本相似，因此大致按沙垫层的计算方法，结果相差不大。

沙垫层的作用，可提高承载力，减少沉降量，加速软弱土层的排水固结，防止冻胀，消除膨胀上的胀缩作用，亦可处理暗穴。沙垫层的作用，因工程性质而有所不同，对路基而言，主要是排水固结；素土（或灰土）垫层，可以消除湿陷性黄土 3.0 m 深度范围内的湿陷性。

沙垫层厚度一般为 0.6 ~ 1.0 m，太厚施工太难，太薄效果差。沙料以中粗沙为宜，要求级配良好，颗粒的不匀系数不大于 5，含泥量不超过 5%。

软土地基上修筑的路堤底部均宜设置透水性水平垫层，厚度以 0.50 m 为宜。对于缺少沙砾的地区，可以将土工合成材料和沙砾垫层配合使用，以减小沙砾垫层的厚度。

轻质路堤可采用粉煤灰、泡沫聚苯乙烯（EPS）块等轻质材料填筑。采用粉煤灰填筑路堤时，有关技术要求按有关规定执行。采用 EPS 路堤时，应计算路堤的压缩变形和抗浮稳定性。

路堤加筋应采用强度高、变形小、耐老化的土工合成材料作为路堤的加筋材料。

2. 重锤夯实法

饱和软黏土地基中夹有多层粉沙或采用在夯坑中回填块石、碎砾石、卵石等粒料进行强夯置换时，可以采用强夯法处理。强夯施工前，必须在施工现场选择有代表性的路段进行试夯，以指导大面积施工。夯点的夯击数（最佳夯击能）应根据现场试夯确定，应满足下列条件：以夯坑的压缩量最大，夯坑周围地面隆起最小为原则，且最后两击或三击的平均夯沉量不大于 100 mm。夯点可采用正方形或等边三角形布置，间距以 5 ~ 7 m 为宜。夯击遍数通过试夯确定。

控制最佳含水率，对土基分层压实，提高强度和降低压缩性，符合路基施工的基本要求。如果使用压实功能较大的压实方法，还能处理杂填土和地表土的松散土。

对于非黏性土及松散杂填土而言，振动压实效果好，因土质和振动时间而不同，一般是振动时间长，效果越好，但时间过长会无效。对于主要由矿渣、碎砖、瓦块为主的建筑垃圾，时间约为 1 min；含细矿渣等细颗粒填土，振动时间为 3 ~ 5 min，有效深度为 1.2 ~ 1.5 m。

重锤夯实法加固地基，可提高地基上表层土的强度。对湿陷性黄土，可降低地表的湿陷性；对杂填土，可减少表层上的强度不均一性。重锤夯实法适用于地下水水位 0.8 m 以下稍湿的一般黏土、沙土、湿陷性黏土、杂填土等。重锤夯实法，一般以钢筋混凝土制成截头圆锥体（底部垫钢板），质量宜 1.5 t 或稍重，锤底的夯击遍数一般以最后两次的平均夯沉量不超过规定值来控制，即一般黏性土和湿陷性黄土为 1 ~ 2 cm，沙土为 0.5 ~ 1.0 cm。实践结果表明，一般是 8 ~ 12 遍，作用深度约为锤底直径的一倍。

时间证明强夯过程中，土体中因含可压缩的微气泡而产生几十厘米的沉降，土体产生液化，使土的结构破坏，强度下降至最小值，随后在夯实点周围出现径向裂隙，成为加速孔隙水压力消散的主要通道，继而因黏土的触变性，使土基的强度得到恢复和增强，这一过程无法用传统的固结理论解答，有饱和土可压缩的重要机理。现有研究成果表明，由于土中有机物的分布，第四纪土中多数含有以微气泡形式出现的气泡体，含气泡 1% ~ 4%，强夯过程中气和体积被压缩，加上孔隙水被挤出，两者体积有降低，重复夯击作用，气体被压缩接近于零时，土体变成不可压缩性，相应的孔隙水压力上升到与覆盖压力相等的能量级时，土即产生液化，吸附水变成了自由水，土的强度达到最小值，继续施加外界能量对强度提高无效，需要停止夯击等待强度恢复。与此同时，夯点四周形成有规则垂直裂缝，出现涌水现象。当孔隙水压力消散到小于土粒间的侧向压力时，裂隙即自行闭合，土中水的运动又恢复常态，随着孔隙水压力的消散，土的抗剪强度和变形模量有了大幅度增长，这是由于土粒间紧密接触，以及新吸附水层逐渐固定所致，这是土的触变性所致。基于上述基本原理，按弹簧活塞模型，对动力固结（强夯）的机理作用做新的解释，以便与传统的静力固结理论相比较。

强夯法至今还没有一套成熟和完整的理论和设计方法，但实践证明，它具有施工简单、加固效果好、使用经济、运用面较广等优点。国外资料说明，经强夯法处理的地基，其承载力可提高 2 ~ 5 倍，压缩性降低 2 ~ 10 倍，广泛用于在填土及泥炭和沼泽土，不但陆地上使用，也可水下夯实。缺点是需要相应的机具设备，操作时噪声和振动较大，不宜在人口密集或附近防震要求高的地点使用。我国津、沪等地，不仅成功运用强夯法，而且在加固饱和软黏土地基方面，取得了新的成果与经验。

3. 排水固结法

采用排水固结法时应根据软土厚度与性质、路堤高度、路基稳定与工后沉降控制标准、施工工期等，综合分析确定软土地基采用沙垫层预压或袋装沙井（塑料排水板预压）或真空联合堆载预压的处理方案。

根据软土性质、筑路材料及施工工艺选定袋装沙井或塑料排水板或其他材料作为竖向排水体。竖向排水体宜按等边三角形布置，其长度由路基对地基的稳定性和变形要求确定，对于较薄的软土层，宜贯穿软土层。预压期不宜小于 6 个月。

根据预压期和营运期作用在地基荷载的大小，预压分为欠载预压、等载预压和超载预压。预压高度应根据软土的性质、路堤设计高度、填料情况及施工工期等确定，并应考虑路面结构层材料重度与填料重度不同的因素。超载预压高度应能满足施工期路基稳定性的要求。

预压期应根据要求的工后沉降量或要求的地基固结度确定。在预压期内地基应完成的沉降量不能小于路面设计使用年限末的沉降量与容许工后沉降之差，必要时，预压期末地基的固结度还应满足路堤稳定性的要求。

真空联合堆载预压适用于高填方路段和桥头路段的软土地基处理，采用真空联合堆载预压法应在地基中设置沙井或塑料排水板等竖向排水体，真空预压的密封膜下的真空度不宜小于 70 kPa。当表层存在良好的透气层以及在处理范围内存在水源补给充足的透水层等情况下，应采取切断透气层和透水层的措施。

饱和软土在荷载作用下，排水固结后，抗剪强度可得到提高，以达到加固的目的。此法在建筑工程中，常用于加固软弱地基，包括天然沉积层和人工充填的土层，如沼泽土、淤泥及淤泥质土、水力冲击土等。

排水固结法的实际效果，取决于土层固结特性、厚度、预压荷载和预压时间。厚度小于 5 m 的浅软土层，或固结系数较大的土层，较短时间预压即可。

排水固结时运用堆载预压，挤出土中的过多含水，达到挤紧土粒和提高强度的目的。为了缩短预压时间，加设沙井竖向排水通道或铺设沙垫层，效果很好。美国加州公路局曾采用沙井处理沼泽地段的路基，获得满意结果。利用路基填土自重压密地基，不用另备预压材料，所以沙井堆预制法，在路基工程中是一种经济有效的方法。

沙井堆预压，需进行地基固结计算，以确定加载以及沙井布置的有关数据。一般情况下，加载量大致和设计荷载接近，预压至 80% 固结度，沙井直径多为 8 ~ 10 cm，间距是井径的 6 ~ 8 倍。沙井长度应穿越地基可能的滑动面，井长如能穿透主要受压层，对沉降有利，如果软土层较浅，有透水性下卧层，则井长深入透水层，对排水固结更有利。为加速排水，缩短固结时间，在设置竖井的同时，可加设井顶沙垫层或横连通沙井的排水沙沟，沙垫层厚度为 0.5 ~ 1.0 m。

沙井成孔，有沉管法和水冲法两类沉管法是用锤击或振动方式将带靴的钢管沉入地基，管内灌沙，在振动作用下拔出钢管，最后在土中形成沙井。水冲法是利用高压水冲孔，孔内灌砂，此法施工速度快，但难以保证孔径均匀，质量较差。沙井的用沙，以中粗粒径为宜，含泥量不宜大于 3%，灌沙量（按质量计），大于井管外径所形成体积的 95%。

排水固结法中除沙井堆载预压外，还有降水预压和真空预压等。

4. 挤密法

土基中成孔后，在孔中灌以沙、石、土、灰土或石灰等材料，捣实而成直径较大的桩体，利用横向挤紧作用，使地基土粒彼此靠紧，孔隙减少，而且孔被填满和压紧，形成桩体，桩体具有较强的承载能力，群桩的面积约占松散土加固面积的 20%，以致桩和原土组成地基，达到加固的目的。

孔中灌砂形成沙桩，与上述沙井相比，形式相仿，但作用不同。井沙的作用是排水固结，井径较小而间距较大；沙桩的作用是将地基土挤紧，井径较大，而间距较小。沙井适合过湿软土层，而沙桩适用于处理松沙、杂填土和黏粒含量不大的普通黏性土，亦可有效防止砂土基地的振动液化。饱和软黏土的渗透性较小，灵敏度较大，夯击过程中土内产生的超孔隙压力不易迅速扩散，沙桩的挤密效果较差，甚至能破坏地基土的天然结构。

孔中填石灰而成灰桩，用于挤密软土地层，是近年来在国内外广泛应用的一种新方法。石灰桩主要作用是挤密，而生石灰的吸水、膨胀、发热及离子交换作用，使桩体硬化，改善了原地基土的性质，此外，还可减少因周围土的蠕变所引起的侧向位移。利用石灰桩加固软土地基，关键在于石灰桩在地下水中能否结硬，试验证明：水中含有酸根是石灰桩结硬的基本条件。由于石灰桩在水下结硬的速度比在空气中慢得多，所以将石灰和水就地拌合，增加石灰与外界的接触，结构条件比纯石灰桩好得多，可提高桩的早期强度。石灰桩吸水膨胀和对土体的挤压作用，是石灰桩加固地基的特殊功能。石灰桩施工的基本要求：生石灰必须密封储存，最好选用新鲜块灰；灰块必须粉碎至一定要求。

沙桩和石灰桩的布置尺寸，需通过设计计算而定，一般桩径为 20 ~ 30 cm，桩的间距约为桩径的 3.5 倍，可在平面上按梅花形布置，桩的长度与加固土层厚度及加固要求有关。桩孔的施工方法有冲击和振动力等。在湿陷性黄土中还可以使用爆扩成孔法，孔径约为 10 cm，孔内每隔 50 cm 置炸药筒，引爆扩孔挤压，再灌以黄土或灰土，分隔捣实，可以消除黄土的湿陷性。

振冲粒料桩适用于十字板抗剪强度大于 15 kPa 的地基土；沉管粒料桩适用于十字板抗剪强度大于 10 kPa 的地基土。粒料桩的直径及设置深度、间距应经稳定、沉降验算后确定，相邻桩净距不应大于 4 倍桩径。

加固土桩，采用深层拌合法加固软土地基的十字板抗剪强度不宜小于 10 kPa。采用粉喷桩法加固软土地基时，深度不应超过 15 m。加固土桩的直径及设置深度、间距应经稳定验算确定并应满足工后沉降的要求。相邻桩的净距不应大于 4 倍桩径。

振冲法是以起重机吊起振冲器、电动振冲器产生高频振动，水泵喷射高压水流，在振动和高压水的联合作用下，振冲器沉入土中预定深度，经过清孔用循环水带出孔中稠泥浆，向孔中逐段添加填料、予以振动挤密，在地基土中形成振冲桩。振冲器的起重能力为 10 ~ 15 t，水压力宜大于 500 kPa，供水量大于 20 m^3/h，加料量的供应能力不小于 0.8 m^3/min。

5. 化学加固法

利用化学溶液或胶结剂，采用压力灌注或搅拌混合等措施，使土颗粒胶结起来，达到对地基加固的目的，称为化学加固法，又称胶结法。此法加固效果取决于土的性质和所用化学剂，亦与施工工艺有关。

目前化学溶液主要有：①以水玻璃溶液为主的浆液，其配方较多，常用的水玻璃浆液和氯化钙浆液配合使用，价格很高，使用受到限制；②以丙烯酸氨为主的浆液，我国研制的丙强是其中一种，加固效果较好，因价高亦难以广泛采用；③水泥浆液，是由高强度的硅酸盐水泥，配以速凝剂而组成的浆液；④以纸浆溶液为主的浆液，如重铬酸盐木质素和木铵，加固效果好，但有毒性，且易污染地下水。以上四类，目前以水泥浆使用较多。今后发展的关键应是研制高效、无毒、易渗的化学浆液。

化学加固有注浆法、旋喷法和深层搅拌法。注浆法是利用机械压力将浆液通过注入管，均匀注入地层，浆液以填充和渗透方式，排挤土颗粒间或石隙中水分和空气，占据其位置，一定时间后，浆液凝固，可使原土层或缝隙固结成整体。其用途很广，路基中除用于防护坡面和堤岸处，亦可用于加固土基和整治滑坡等病害，用于加固流沙或流石地基，可以提高强度和不透水性，改善地下工程的开挖条件等。

注浆法所用的浆液，分为无机和有机两种。以水泥为主的浆液为无机类。其料源多、价格较低，但不宜灌入孔隙细微的土内，一般常用于砂卵石及岩石较大裂隙的地质条件中。水泥浆的水灰比为0.8 ~ 1.0。为了改善浆液性能，可掺加外加剂。如速凝时，加水玻璃或氯化钙等；缓凝时，加岩粉或木质亚酸等。化学浆液的种类很多，以水玻璃和纸浆为主。水泥及化学浆液均属无机化学材料，其共同特点是速凝（几分钟）、强度高（水泥浆液28 d实验样品的抗压强度达7.0 MPa以上）、固结率高、可灌入性好，但抗折强度低（0.14 MPa左右），适宜用于潮湿条件或水中（暴露空气中会龟裂剥落）、不耐冻、难注入细缝隙内。其他化学浆液中有木铵、丙烯胺及碱液，各自适用于一定条件。

旋喷法是在注浆法基础上发展起来的一项新技术。旋喷法是用钻机钻孔至设计深度，用高脉冲泵，通过安装在钻井下端的特殊喷射装置，向土中喷射化学浆液，在喷浆同时，钻杆以一定速度旋转并逐渐往上提升，高压射速流使一定范围的土体结构破坏，强制破坏的土体与化学浆液混合，胶结硬化后在土层中形成直径较均匀的圆柱体。旋喷的浆液以水泥浆液为主，如果土的渗水性较大或地下水流速较快，为防止浆液流失，浆液中应加速凝剂（如乙醇胺和氯化钙等）。

以上仅简略介绍已有的几种地基加固方法，有的已在国内公路路基工程中运用，有的（如土工布、土工格栅、强夯、水冲及旋喷法等）技术国内还在研讨，关键是机械设备和料源。可以预测，随着公路建设的高速发展，公路技术等级的提高，包括地基加固在内的路基防护与加固，在理论和实践上必将有新的发展与突破。

沉降与稳定观测设计：软土地基上的高填方路堤和桥头路堤应进行沉降与稳定观测设计，其设计内容包括沉降观测与侧向位移（稳定）测点位置、观测仪选型与布设、观测方法、观测频率。必要时，应进行软土地基深部位移观测。

路堤填土速率应满足下列要求：①填筑时间不小于地基抗剪强度增长需要的固结时间。②路堤中心沉降量每昼夜不得大于15 mm，边桩位移量每昼夜不得大于5 mm。软土地基上路堤宜结合工程实际，选择代表性地段提前填筑试验路堤。

路面铺筑时间的确定，路面铺筑应在沉降稳定后进行，采用双标准控制：即要求推算的工后沉降量小于设计容许值，同时要求连续2个月观测的沉降量每月不超过5 mm，方可卸载开挖路槽并开始路面铺筑。

第二节 道路土方路基施工技术

一、道路土方路基施工概述

（一）路基施工的重要性

路基土方工程量大、分布不均匀，不仅与路基工程相关的设施，如路基排水、防护与加固等相互制约，而且同公路工程的其他工程项目，如桥涵、隧道、路面及附属设施相互交错。因此，路基施工在质量标准、技术操作、施工管理等方面具有特殊性，必须予以研究和不断改进，就整个公路工程的施工而言，路基施工往往是施工组织管理的关键。

路基工程的项目很多，如土方、石方及圬工砌体等，在施工方法与技术操作方面各具特点，本章以土质路基施工为主，阐明路基施工的全过程，包括施工准备及施工组织管理等。

土方路基包括路堤与路堑，基本操作是挖、运、填，工序比较简单，但条件比较复杂因而施工方法多样化，使得简单的工序中常常有极为复杂的技术和管理方面的难题。

为要确保工程质量，实现快速、高效、安全施工，必须重视施工技术与管理，就目前情况而言，首先要有一个稳定的专业施工队伍，配有相应的技术骨干和机具设备，建立和健全施工技术操作规程与质量检查验收制度，采用现代化的施工管理方法是实现“精心施工”的必由之路。

（二）路基施工的基本方法

路基施工的基本方法，按其技术特点大致可分为人工施工及简易机械化、综合机械化、水力机械化和爆破方法等。

人力施工是传统方法，使用手工工具，劳动强度大、工效低、进度慢、工程质量难以保证，但限于具体条件，短期内还必然存在并适用于地方道路和某些辅助性工作。为了加快施工进度，提高劳动生产率，实现高标准高质量施工，对于劳动强度大和技术要求高的工序，应配以数量充足、配套齐全的施工机械。

机械化施工和综合机械化施工是保证高等级公路施工质量和施工进度的重要条件，对于路基石方工程来说、更具有迫切性。实现综合机械化施工，科学地严密组织施工，是路基施工现代化的重要途径。

水力机械化施工，也是机械化施工的方法之一，它是运用水泵、水枪等水力机械，喷射强力水流，冲散土层并流运至指定地点沉积，例如采集砂料或地基加固等。水利机械适用于电源和水源充足，挖掘比较松散的土质及地下钻孔等。对于沙砾填筑路堤或基坑回填，还可起到密实作用（称为水夯法）。

爆破法是石方路基开挖的基本方法，如果采用钻岩机钻孔与机械清理，也是岩石路基机械化施工的必备条件。除石质路堑开挖外，爆破法还可用于冻土、泥沼等特殊路基施工，以及清除路面、开石取料与石料加工等。

上述施工方法的选择，应根据工程性质、施工期限、现有条件等因素而定，而且应因地制宜和综合使用各种方法。

高速公路、一级公路以及在特殊地区或采用新技术、新工艺、新材料进行路基施工时，应采用不同的施工方案做试验路段，从中选出路基施工的最佳方案指导全线施工。试验路段应选择在地质条件、断面形式均具有代表性的地段，路段长度不宜小于 100 m。

（三）施工前的准备工作

路基施工的主要内容，大致可归纳为施工前的准备工作和基本工作两大部分。土质路基的基本工作是路堑挖掘成型、土的移运、路堤填筑压实，以及与路基直接相关的各项附属工程。其工程量大、施工期长，且所需人力、物力资源较大，因而必须集中精力，认真对待。要保证正常施工，施工前的准备工作，极为重要，它是组织施工的第一步，无准备的施工或准备不充分的施工，均会使路基施工的基本工作难以顺利进行。

施工的准备工作，内容较多，大致可归纳为组织准备、技术准备和物质准备三个方面。

1. 组织准备工作

组织准备工作主要是建立和健全施工队伍和管理机构，明确施工任务，制定必要的规章制度，确立施工所应达到的目标等，组织准备亦是做好一切准备工作的前提。

2. 技术准备工作

路基开工前，施工单位应在全面熟悉设计文件和设计交底的基础上进行施工现场勘察，核对与必要时修改设计文件，发现问题应及时根据有关程序提出修改意见并报请变更设计，编制施工组织计划，恢复路线，施工放样与清除施工场地，搞好临时工程的各项改造等。

现场勘察与核对设计文件的目的是熟悉和掌握施工对象特点、要求和内容，是整个施工的重要步骤，舍此则其他一切工作就失去目标，难以着手。

施工组织计划是具有全局性的大事，其中包括选择施工方案、确定施工方法、布置施工现场（施工总平面布置）、编制施工进度计划、拟定关键工程的技术措施等，它是整个工程施工的指导性文件，亦是其他各项工作的依据。在当前强调加强施工管理，实现现代化科学管理的时期，抓住施工组织计划这一环节，更具有现实意义。

临时工程包括施工现场的供电、给水，修建便道、便桥，架设临时通信设施，设置施工用房（生活和生产所必需）等这些均为展开基本工作的必备条件。

路基恢复定线、清除路基用地范围内的一切障碍物等是施工前的技术准备工作（亦是基本工作）的一个组成部分，宜协调进行。

路基开工前应做好施工测量工作，其内容包括导线、中线、水准点复测、横断面检查与补测、增设水准点等。施工人员还应对路基工程范围内的地质、水文情况详细调查，通过取样、试验确定其性质和范围，并了解附近现有建筑物对特殊土的处理方法。

3. 物质准备工作

物质准备工作包括各种材料与机具设备的购置、采集、加工、调运与储存，以及生活后勤供应等。为使供应工作能适应基本工作的需要，物质准备工作必须制订具体计划，其中有的计划内容，如劳动力调配、机具配置及主要材料供应，必须服从于保证上述施工组织计划顺利实施，而且亦常被列为施工组织计划的一个组成部分。

土质路基施工，仅是整个道路工程中的一个工程项目，以上所述的准备工作，主要是对整个工程的施工而言，对于某一单项工程，如土质路基、石质路基、路基排水或防护加固，或路基工程以外的桥涵与路面等，准备工作的具体内容与要求，虽有差别，但基本项目不可缺少。

二、土方路基填挖技术

（一）土方路基填挖的基本要求

土方路基的填挖，首先必须搞好施工排水，包括开挖地面临时排水沟槽及设法降低地下水水位，以便始终保持施工场地的干燥。这不仅因为土在干燥状态下易于操作，而且控制土的湿度是确保路堤填筑质量的关键。从有效控制土的含水率出发，土方路基的施工作业面不宜太大，以有利于组织快速施工，随挖随运，及时填筑压实成型，减少施工过程中的日晒、雨淋，尽量保持土的天然湿度，避免过干或过湿。一般条件下土的天然含水率，接近最佳值，必要时应考虑人工洒水或晾干措施。雨期施工，尤应按照施工技术细则的有关规定，加强临时排水，确保路基质量。如果填土的湿度较大，碾压后出现反弹现象，必须挖除重填，必要时可采取其他相应的加固措施。

路基填挖范围内的地表障碍物，事先应予以拆除，其中包括原有房屋的拆迁，树木和丛林茎根的清除，以及表层种植土等的清除。在此前提下，必要时按设计要求对路床进行加固。

路基取土与填筑，必须有条不紊，有计划、有步骤地进行操作，这不仅是文明施工的需要，也是选土和合理利用填土的保证。不同性质的路基用土，除按规定予以废弃和适当处治外，一般不允许混填。

路堑开挖应在全横断面进行，自上而下一次成型，注意按设计要求准确放样，不断检查校正，边坡表面削齐拍平。路堑底面，如土质坚实，应尽量不扰动，予以整平压实；如果土质较差、水文条件不良，应根据路面强度设置要求，采取加深边沟、设置地下盲沟以及挖松表层一定深度原土层，重新分层填筑与压实或必要时予以换土和加固，以确保路堑底层土基的强度与稳定性，达到规定标准，这对于修筑沥青类路面尤为重要。

土方路堤应视路基高度及设计要求，先着手清理或加固地基。潮湿地基尽量疏干预压，如果地下水水位较高，因工期紧或其他原因无法疏干，第一层填土适当加厚或填以砂性土后再填土压实完毕，防止间隔期中雨淋或暴晒。分层厚度视压实工具而定，一般压实厚度为 20 ~ 25 cm。路堤加宽或新旧土层搭接处，原土层挖成台阶，逐层填新土，不允许将薄层新填土层贴在原路基的表面。

（二）土方路基的填挖基本方案

1. 路堤填筑

稳定斜坡土地基表层的处理，应符合下列要求：地面横坡缓于 1 ： 5 时，在清除地表草皮、腐殖土后，可直接在天然地面上填筑路堤。地面横坡为 1 ： 5 ~ 1 ： 2.5 时，原地面应挖台阶，台阶宽度不应小于 2 m。当基岩面上的覆盖层较薄时，宜先清除覆盖层再挖台阶；当覆盖层较厚且稳定时，可予保留。地面横坡陡于 1 ： 2.5 地段的陡坡路堤，必须验算路堤整体沿基底及基底下软弱层滑动的稳定性，抗滑稳定系数不得小于规定值，否则应采取改善基底条件或设置支挡结构物等防滑措施。

当地下水影响路堤稳定时，应采取拦截引排地下水或在路堤底部填筑渗水性良好的材料等措施。应将地基表层碾压密实，在一般土质地段，高速公路、一级公路和二级公路基底的压实度（重型）不应小于 90%；三、四级的公路不应小于 85%。

路基填土高度小于路面和路床总厚度时，应将地基表层土进行超挖并分层回填压实，其处理深度不应小于重型汽车荷载作用的工作区深度。在稻田、湖塘等地段，应视具体情况采取排水、清淤、晾晒、换填、加筋、外掺无机结合料等处理措施。当为软土地基时，其处理措施应符合规定土质路堤（包括石质土），按填土顺序可分为分层平铺和竖向填筑两种方案。分层平铺是基本的方案，如符合分层填平和压实的要求，则效果较好，且质量有保证，有条件时应尽量采用。竖向填筑是特定条件下，局部路堤采用的方案。

分层平铺有利于压实，可以保证不同用土按规定层次填筑。为了不同用土的组合方案，其中正确方案要点是：不同用土水平分层，以保证强度均匀；透水性差的用土（如黏性土等），一般宜填于下层，表面成双向横坡，有利于排除积水，防止水害。

桥涵、挡土墙等结构物的回填土，以砂性土为宜，要防止不均匀沉降，并按有关操作进行堆积回填和夯实。

竖向填筑，指沿路中心线方向逐步向前深挖。路线跨越深谷或池塘时，地面高差大，填土面积小，难以水平分层卸土，以及陡坡地段上半填半挖路基，局部路段横坡较陡或难以分层填筑等，可采用竖向填筑方案。竖向填筑的质量在于密实程度，为此宜采用必要的技术措施。如选用振动式或锤式夯击机，选用沉陷量较小及粒径较均匀的沙石填料；路堤全宽一次成型；暂不修建较高级的路面，容许短期内自然沉落。此外，填筑，上层水平分层，必要时可考虑参照地基加固的注入、扩孔或强夯等措施，以保证填土具有足够的密实度。

2. 路堑开挖

路堑开挖，按掘进方向可分为纵向全宽掘进和横向通道掘进两种。同时又可在高度上分单层或双层和纵横掘进混合等（以上掘进方向，依路线纵横方向命名）。

纵向全宽掘进是在路线一端或两端，沿路线纵向向前开挖。单层掘进的高度，即等于路堑设计深度。掘进时逐段成型向前推进，土由相反方向送出。单层纵向掘进的高度，受到人工操作安全及机械操作有效因素的限制，如果施工紧迫，对于较深路堑，可采用双层掘进法，上层在前，下层随后，下层施工面上留有上层操作的出土和排水通道。

横向通道掘进，是先在路堑纵向挖出通道，然后分段同时向横向掘进。此法为扩大施工面，加速施工进度，在开挖长而深的路堑时用。施工时可以分层和分段，层高和段长视施工方法而定。该法工作面多，但运土通道有限制，施工的干扰性增大，必须周密安排，以防在混乱中出现质量或安全事故。个别情况下，为了扩大施工面，加快施工进度，对土路堑的开挖，还可以考虑采用双层式纵横通道的混合掘进方案，同时沿纵横的正反方向，多施工面同时掘进。混合掘进方案的干扰性更大，一般仅限于人工施工，对于深路堑，如果挖方工程数量大及工期受到限制时可考虑采用。

（三）土方路基施工机械化

常用的路基土方机械有松土机、平地机、推土机、铲运机和挖掘机（配以汽车运土），此外还有压实机具及水力机械。各种土方机械可进行单机作业，如平地机、推土机及铲运机等；以挖掘机为代表的主机，需要配以松土、运土、平土及压实等相应机具，相互配套，综合完成路基施工任务。

各种土方机械，按其性能，可以完成路基土方的部分或全部工作。选择机械种类和操作方案，是组织施工的第一步，为能发挥机械的使用效率，必须根据工程性质、施工条件、机械性能及需要与可能，择优选用。

工程实践证明，再多再好的机械设备，如果使用不当，组织管理不善，配合不协调，机械化施工就显示不出其优越性，甚至适得其反，造成浪费。

各种机具设备，均有其独特性能和操作技巧，应配有专职人员使用与保养，严格执行操作规程。从整个施工组织管理，以及指挥调度方面而言，组织机械化施工，应注意以下几点：①建立健全施工管理体制与相应组织机构。一般宜成立专业化的机械施工队伍，以便经营管理，独立经济核算。②对每项路基土方工程，应有严密的施工组织计划，并合理选择施工方案，在服从总的调度安排下，各作业班组或主机，均编制具体计划。在综合机械化施工中，尤其要加强作业计划工作。③在机具设备有限制的条件下，要善于抓重点，兼顾一般。④加强技术培训，坚持技术考核，开展劳动竞赛，鼓励技术革新，实行安全生产，文明施工，把提高劳动生产率，节省能源，减少开支等指标具体化、制度化。

第三节 道路石方路基施工技术

一、炸药、起爆器材及起爆方法

（一）爆炸的类型

爆炸是某一物质系统在发生迅速的物理变化和化学变化时，系统本身的能量借助于气体的急剧膨胀而转化为对周围介质做机械功，同时伴随有强烈放热、发光和声响等效应。

爆炸是一种常见的现象。例如，锅炉爆炸、汽车或自行车的轮胎“放炮”，原子弹、氢弹的爆炸和燃放鞭炮等。分析各种爆炸现象，大致可以将其归纳为三大类。

1. 物理爆炸

经验表明，自行车轮胎由于打气过多，内部压力过大，超过了内胎的强度，使内胎突然破裂，以致发出大的响声。这种仅仅是物质形态发生变化，而化学成分和性质没有改变的爆炸现象叫作物理爆炸。

2. 核爆炸

由于核裂变（如 U235 的裂变）或核聚变（如氘、氚的聚变）反应放出巨大的能量，使核裂变或核聚变释放出巨大能量所引起的爆炸现象叫作核爆炸。

3. 化学爆炸

燃放鞭炮所引起的强烈响声或矿山爆破所引起的岩石破裂、位移和气浪等，都是由于炸药获得一定的起爆能量后，迅速发生化学反应，放出足够的热能，形成高温高压气体，并对外界膨胀做功的缘故。这种爆炸现象叫作化学爆炸。化学爆炸不仅是物质的形态发生了变化，而且成分和性质也发生了变化。在工程爆破中应用最广泛的是化学爆炸。

（二）炸药的种类

炸药的种类繁多，爆破工程中常用的可分为以下两类。

1. 起爆炸药

起爆炸药是一种爆炸速度极高的烈性炸药，爆速为 80 ~ 2000 m/s，用于制造雷管。起爆炸药又可分为正起炸药和副起炸药，正起炸药对热能和机械冲击能均具有强烈的敏感性，如雷汞、叠氮铅、黑索金等；副起炸药须由正起炸药起爆，其爆速很高，可加强雷管的起爆能量，如三硝基甲硝胺、四硝化戊四醇等。

2. 主要工程炸药

用以对岩石或其他介质进行爆炸的炸药称为主要工程炸药，它的敏感性较低，要在起爆炸药强力的冲击下才能爆炸，可分为缓性炸药（爆速为 1000 ~ 3500 m/s，如硝铵炸药、铵油炸药等）、粉碎性炸药（爆速为 3500 ~ 7000 m/s，如梯恩梯、胶质炸药等）等。

（三）起爆器材

1. 雷管

雷管是常用的起爆材料，按照引爆方式分为火雷管和电雷管两种。电雷管又分为即发、延期及毫秒雷管。雷管外壳有纸、钢、铁等几种。工业上按雷管内起爆药量多少，分成 10 种号码，通常使用 6 号和 8 号两种。6 号雷管相当于 1 g 雷汞的装药量，8 号相当于 2 g 雷汞的装药量。

2. 导火索

导火索是点燃火雷管的配置材料，外形为圆形索线，索芯内有黑火药，中间有纱导线，芯外紧缠着一层纱包线或防潮剂，导火索的要求是燃烧完全，燃速恒定。根据使用的要求，导火索的正常燃速为 100 ~ 120 s/m，缓燃导火索燃速为 180 ~ 210 s/m。

导火索在使用之前必须进行外观检查，不得有表层破损、折断、曲折、沾有油脂及涂料不均匀等情况，并应做燃速试验。

3. 传爆线

传爆线又称导火线，其索芯用高级烈性炸药制成，内有双层棉织物，一层为防潮层，另一层为缠绕着的纱线。为与导火索区别，表面涂成红色或红黄相间等色。我国制造的传爆线用黑索金等作为索芯，爆速为 6800 ~ 7200 m/s。

4. 塑料导爆管

塑料导爆管由高压聚乙烯制成，内外径分别约为 1.4 mm 和 3 mm 的软管，内涂有以奥克托金或黑索金为主的混合炸药，药量为 14 ~ 16 mg/m。

（四）起爆方法

1. 电力起爆方法

通过电爆网络实现起爆的方法称为电力起爆法。电爆网络中，电爆管的连接方式有串联、并联和混合联三种，如雷管常用此方法。

2. 火花起爆法

火花起爆法是利用导火索燃烧引爆雷管，从而使药包爆炸的一种起爆方法。

3. 传爆线起爆方法

传爆线着火较困难，使用时须在药室外的一段传爆线上捆扎一个 8 号雷管来起爆，传爆网络与药包为了爆破某一岩体，在其中或表面放置一定数量的炸药，称为药包。连接方式有并联、串联、并簇联等。

由于传爆线的爆速快，故在大量爆破的药室中，使用传爆线起爆可以提高爆破效果。但必须严格遵守安全规定。

4. 塑料导爆管非电起爆方法

塑料导爆管非电起爆方法是用雷管、导爆索、火帽、引火头等能产生冲击波的器材激发。这种方法很安全，可用于非危险品运输。一个 8 号雷管可激发 30 ~ 50 根导爆管。起爆网络与药包的连接方式有并联、串联、簇联和复式连接法等。该起爆方法具有抗杂电、操作简单、使用安全可靠、成本较低等优点，有逐渐替代导火索和传爆线起爆的趋势。

二、爆破作用原理

（一）药包在无限介质内的爆破作用

药包在无限介质内爆炸时，炸药在瞬时间内通过化学反应转化为气体状态的爆炸产物。由于膨胀作用，体积增加数百倍乃至数千倍，而产生静压力，同时产生温度很高、速度高达每秒上千米的冲击波，以动压力的形式作用于药包周围。这种巨大的爆炸能，在爆炸的同时自药包中心向球面等量扩展，传递给周围介质，使介质产生各种不同程度的破坏和振动现象。这种现象随着距药包中心距离的增大而逐渐消失。按破坏程度的不同大致分为几个区间。

1. 压缩圈

表示压缩圈半径，在这个作用圈范围内，介质直接承受药包爆炸，产生巨大的作用力。如果介质是可塑性的土，便会遭到挤压形成空腔；如果是坚硬的脆性岩石，便会被粉碎。所以把以压为半径的这个球形区叫作压缩圈或破碎圈。

2. 抛掷圈

在压缩圈范围以外至及的区间，所受的爆破作用力虽较压缩圈内小，但介质原有的结构受到破坏，分裂成为不同尺寸和形状的碎块，而且爆破作用力尚有足以使这些碎块获得运动速度的余力。如果在有限介质内，这个区间的某一部分，处在临空的自由条件下，破坏了的介质碎块便会产生抛掷现象，因而叫作抛掷圈。在无限介质内不会产生任何的抛掷现象。

3. 松动圈

在抛掷圈以外至及的区间，爆破的作用力更弱，但能使介质结构受到不同程度的破坏，因而叫作松动圈（破坏）。

4. 振动圈

松动圈范围以外，微弱的爆破作用力不能使介质产生破坏。这时介质只能在应力波的传播下，发生振动现象，至所包括的区间，就叫作振动圈。振动圈以外爆破作用的能量完全消失。

以上现象称为药包的球形爆破作用。

（二）药包的分类

药包按其形状或集结程度的不同，可以分为集中药包、延长药包和分集药包三种。凡药包形状接近球形或立方体，以及高度不超过直径 4 倍的圆柱体和最长边不超过最短边 4 倍的直角六面体，均属于集中药包；相反，药包的长度或高度超过上述要求者，属于延长药包；分集药包是提高炸药有效能量利用率的新型装药方式，它是将一个集中药包分为两个保持一定距离集中的子药包。

（三）药包药量的计算原理

1. 多边界条件下爆破作用的特性

多边界条件即地形变化条件。在爆破工程中，一般分为平坦地形（地面坡度角=0° ~ 15°）、倾斜地形（> 15°）、凸形多面临空地形（山包地形）和凹形地形（垭口地形）4 类。其中倾斜地形又分为缓坡地形（=15° ~ 30°）、斜坡地形（=30° ~ 50°）和陡坡地形（> 50°）。

爆破漏斗的形成过程，根据大量生产性使用的研究和高速摄影的宏观观察得知，药包在多边界条件下的爆破作用特点，可以从倾斜边界条件爆破滑斗的形成过程中得到反映。这一过程可分为五个阶段：

第一阶段：从炸药爆炸瞬间起至压缩波到达临空面时止，介质的运动完全与药包在无限介质中爆炸的运动相似，临空面对药包周围介质运动没有影响，爆炸作用保持球面等量分布，形成空腔。大量爆能消耗在使药包周围介质产生粉碎或塑性变形，形成压缩圈。

第二阶段：爆炸能量主要消耗于使介质在垂直于临空面方向获得加速度：最后爆能的球形分布被破坏，临空面介质沿最小抵抗线方向逐渐隆起形成“鼓包”。鼓包壳的厚度，随鼓包上升而拉薄，以致从顶部破坏成碎块：爆炸产物剩余能量将逸散于大气中不做功。

第三阶段：抛掷漏斗内介质，在重力场作用下做弹道飞行。介质的抛掷距离，由破碎介质中所储藏的动、位能，发射角和空气阻力等因素所决定。

第四阶段：抛掷漏斗以上岩体，具有较大位能，在药包的爆震破坏下，因自重而崩塌下来，堕入抛掷漏斗，减小可见漏斗，形成崩塌漏斗，扩大了爆破量。崩塌量由地面坡度、岩性和结构软弱面产状所决定。

第五阶段：介质由整体经药包的破碎作用变为松散体，在其自身所含位能的作用下，为达到新的平衡而坍滑出路基，最后在漏斗内和坡脚堆积成稳定的岩堆，其坡角为岩石碎块的安息角。坍滑量由介质所含位能、岩性和地形所决定。

以上五个阶段，并非在任何条件下均可同时出现，也不能截然分开。在倾斜地形条件下，当 $< 45°$ 时、坍滑阶段将消失；在水平边界条件下，崩塌与坍滑两阶段都将消失，鼓包和抛掷方向均垂直向上，位能的作用趋于零；多面临空地形，变化比较复杂，但最终还是由上述五个阶段组合而成。

2. 多边界条件下药量计算公式

根据介质本身潜在位能的作用相当于炸药有效爆能的提高和能量守恒原理，即在倾斜边界条件下，抛坍一定量同类介质所需的机械能是常数。可以推导得到多边界条件下药量 Q 的计算公式：

$$Q = e \cdot d \cdot K \cdot W^3 F(E, \alpha)$$

式中：

e——炸药换算系数；

d——堵塞系数，与施工条件有关，一般 =1；

K——形成标准抛掷漏斗时，单位耗药量（kg/m^3）；

W——最小抵抗线（m）；

$F(E, \alpha)$——药包性质指数。

三、爆破作业技术

（一）常用爆破方法

爆破应根据石方的集中程度，地质、地形条件，公路路基断面的形状，结合各种爆破方法的最佳使用特性，因地制宜，选择合适的爆破方法。其方法一般包括小炮和洞室炮两大类。小炮主要包括钢钎炮、深孔爆破等钻孔爆破、药壶炮和猫洞炮；洞室炮则随药包性质、断面形状和微地形的变化而不同。用药量 1 t 以上为大炮，1 t 以下为中小炮。现将各种爆破方法在综合爆破中的作用与特性分述如下。

1. 钢钎炮（眼炮）

在路基工程中，钢钎炮通常指炮眼直径和深度分别小于 7 cm 和 5 m 的爆破方法。一般情况下，单独使用钢钎炮爆破石方是不太经济的，其原因是：

第一，炮眼浅，用药少，每次爆破的方数不多，并全靠人工清除，所以功效较低。

第二，不利于爆破能量的利用。由于炮眼浅，爆破时爆炸气体很容易冲出，变成不做功的声波，以致响声大而炸下的石方不多，个别石块飞得很远。

在公路工程中，应尽可能少用这种炮型。但是，由于它比较灵活且又是一种不可缺少的炮型，在地形艰险及爆破量较小地段（如打水沟、开挖便道、基坑等）仍属必需，是一种改造地形，为其他炮型服务的辅助炮型。

2. 深孔爆破

深孔爆破是孔径大于 75 mm、深度 5 m 以上、采用延长药包的一种爆破方法。炮孔需用大型的潜孔凿岩机或穿孔机钻孔，如用挖运机械清方可以实现石方施工全面机械化。其优点是劳动生产率高，一次爆破的方量多，施工进度快，爆破时对路基边坡的影响比大炮小。若配合预裂或光面爆破，则边坡平整稳定，爆破效果容易控制，爆破时比较安全。但由于需要用大型机械，故转移工地、开辟场地、修筑便道等准备工作都较复杂，且爆破后仍有 10% ~ 25% 的大石块需经第二次爆破改小。

进行深孔爆破，要求先将地面修成台阶，称为梯段。梯段的倾角最好为 60° ~ 70°，高度应为 5 ~ 15 m。炮孔分垂直孔和斜孔两种。炮孔直径一般为 80 ~ 300 mm，公路工程中以用 100 ~ 150 mm 的为宜。

深孔爆破除需正确选用设计参数和布孔外，对装药、堵塞等操作技术要求也比较严格。随着石方施工机械化程度的提高，深孔爆破已开始在石方集中，地形较平缓的垭口或深路堑中使用，获得较好的效果。单位耗药量为 0.45 ~ 0.75 kg/m^3，平均每米钻孔爆落岩石 11 ~ 20 m^3。因此，在有条件时应尽可能采用这种爆破方法。

3. 微差爆破

两相邻药包或前后排药包以毫秒的时间间隔（15 ~ 75 ms）依次起爆，称为微差爆破，也称毫秒爆破，多发一次爆破最好采用毫秒雷管。当装药量相等时其优点是：可减震 1/3 ~ 2/3；前发药包为后发药包开创了临空面，从而加强了岩石的破碎效果；降低多排孔一次爆破的堆积高度，有利于挖掘机作业；由于逐发或逐排依次爆破，减少了岩石夹制力，可节省炸药 20%，并可增大孔距，提高每米钻孔的炸落方量。

4. 光面爆破和预裂爆破

光面爆破是在开挖限界的周边，适当排列一定间隔的炮孔，在有侧向临空面的情况下，用控制抵抗线和药量的方法进行爆破，使之形成一个光滑平整的边坡。

预裂爆破是在开挖限界处按适当间隔排列炮孔，在没有侧向临空面和最小抵抗线的情况下，用控制药量的方法，预先炸出一条裂缝，使拟爆体与山体分开，作为隔震减震带，起保护开挖限界以外山体或和减弱建筑物的地震破坏作用。光面爆破与预裂爆破后，在边坡壁上通常均留下半个炮孔的痕迹。

（二）选用爆破方法的基本原则

为了充分发挥各种爆破方法的特点，利用微地形和地质的客观条件，在路基石方工程中选用各种爆破方法，组织炮群，有计划、有步骤地爆破拟开挖的石方十分重要。为此，石方工程的施工方案应按以下原则与步骤进行。

1. 全面规划，重点设计

对拟爆破的路基工程，应根据石方集中的程度、微地形的变化，路基设计断面的形状，以及地质条件所能允许的爆破规模，结合各种爆破方法的特点，进行全面规划，确定哪些地段采用洞室炮、深孔炮，哪些地段采用小炮群（一般，中心挖深大于 6 m 时，可采用洞室炮，小于 6 m 可采用小炮群），以及各段的开挖顺序。然后对石方集中的点进行重点设计。

2. 由路基面开挖，形成高阶梯

为了充分利用岩石的崩塌作用，开挖应从路基面开始，渐渐形成高阶梯，为深孔炮、药壶炮或猫洞炮创造有利条件。

3. 综合利用小炮群，分段分批爆破

一般有以下几种方法：①在半挖半填的斜坡地形，采用一字排炮，对自然坡度较缓的地形，应先用钢钎炮切脚，改造地形后，再采用一字排炮。②路线横切小山包时，采用钢钎炮三面切角，改造地形后，再在中间用药壶炮爆破。③遇路基加宽，阶梯较高的地形，采用上下互相配合的小炮群。④对拉沟地堑，采用两头开挖时，可以用竖眼揭盖，平眼搜底的梅花炮。⑤机械化清方时，如遇坚石，可采用眼深为 2 m 以上的钢钎炮，组合成 30 ~ 40 个的多层炮群，或采用深孔炮。在坚硬岩石中，为使岩石破碎的程度满足清方的要求，除调整炮群设计参数外，还可以采用微差爆破和间隔药包。遇软石或节理发育的次坚石，可用松动爆破开挖。

由上面的介绍可知，根据不同的客观条件，采用不同的爆破方法，可以使工效提高 2 ~ 10 倍，劳动强度也可大大降低。但由于单位耗药量比小炮定额高 2 ~ 4 倍以上，因此工程造价的降低并不显著。为了降低工程造价，有条件时可在爆破中采用铵油炸药。

虽然爆破具有不少优点，但是在快速施工方面仍显不够。目前，特别严重的是导洞掘进和清方这两道工序很慢，一般人工开挖导洞需要 15 ~ 30 天，爆破后虽有 65% 左右的岩体被抛掷（抛坍）出路基，但剩下岩体若用人工清方，仍需较长时间。这种两头慢中间快的不协调现象，只有采用机械化打眼和机械化、半机械化清方的办法才能改变。

（三）爆破作业程序

1. 爆破设计文件的内容

大爆破设计文件包括说明书和设计图表。

设计说明书的内容如下：①概述。包括设计任务、工程情况、对爆破结果提出的要求，以及设计中特殊情况的考虑和估计（如有关地面、地下人工建筑物、道路、农田和果树等）。②地形、地质及水文地质资料的分析。③爆破方案的选择，爆破规模和炮群大小的确定与依据。④药包布置及选择设计参数的依据。⑤药包量的计算和导洞、药室布置的设计。⑥电爆网络选择的依据和计算。⑦安全范围的规定和计算公式。⑧预计爆破效果的分析。

2. 爆破网络

第一，爆破网络的形式一般有以下几种：一条电爆网络；两条独立电爆网络并联，每条网络具有同样的电阻；一条电爆网络，一条传爆线网络同时使用等。

第二，电爆网络的连接方式，可分为串联、并联和混合联三种。

串联的设计和敷设比较简单，所需总电流少，电线消耗量少。但在网络中有一个电雷管失效，就会使整个网络中断，产生拒爆。为克服这一缺点，在生产中往往采用成对串联的串联线路。

并联线路，每个电雷管有两根端线，并分别集中连在两根主导线上，此时各个雷管的作用互不相关，即使有个别雷管失效，也不影响其他雷管的正常起爆。但所需总电流大，丢掉一个电雷管不易发现。

混合联是串联和并联的混合使用，它可以是成组电雷管之间的并联，而组与组之间采用串联，或者与此相反。混合联可以采用较小的电源，有一定的可靠性。在生产中常采用成对的并、串联线路。该线路接线简单，计算和检查容易，导线消耗较少，电源较少时也适用，因此一般被认为是比较合理的形式。但也应注意并联的两个电雷管中若有一个失效，则通过另一个雷管的电流要比正常电流大一倍，该雷管点燃时间就会减少而提前起爆，这就容易使其他药包发生拒爆。为确保炮群各药包准爆，最好采用两条独立的成对串联的线路并联，或采用电爆网络传爆线网络混合使用。

3. 导洞药室的测量定位

按照设计图纸的要求，准确地将导洞进口位置具体确定在工地的桩位上影响很大，如果偏差大，将达不到预期目的。

在公路爆破中，导洞药室一般成 L 形或 T 形，由导洞、横拐洞和药室三部分组成。导洞有竖直导洞（竖井）和水平导洞（平洞）两种，药室设在横拐洞的端部。

在进行导洞药室定位时，应以路基设计中心线为基准线，以地面现有中心桩为基准桩。

首先确定导洞进口桩位，并打中心桩。对于水平导洞，除确定进洞桩位外，还必须依设计要求找出导洞方向和基准线的夹角，并在适当的地方打下方向桩。为避免方向桩、中心桩等丢失，应相应地打上护桩。进行定位测量后，应在洞口钉立指示牌，用示意图标明导洞断面、长度、横拐洞长度、药室尺寸及水平标准等。在开挖过程中应及时检查校正，以保证导洞药室的开挖符合设计要求。

4. 导洞药室开挖

（1）炮眼的布置

导洞药室的开挖，一般是用炮眼法掘进。

导洞的断面尺寸，视地质情况和导洞深度而变化，一般为 1.0×1.2—$1.5\times1.8\ m^2$。对于风化严重、岩石较破碎的洞口地段，尺寸还要大些。

导洞开挖时，炮眼的布置数量视石质情况而有增减，坚石一般布置 7 ~ 9 个，次坚石一般布置 5 ~ 6 个，松石一般布置 3 ~ 4 个。炮眼深度为 0.6 ~ 0.8 m，断面大的可以深到 1 或者更深，炮眼依其作用和位置分为掏槽眼、边眼。

掏槽眼布置在导洞断面的中央部分，眼口距离一般为 40 cm，炮眼与开挖面倾斜角为 75° ~ 80°，使炮眼向断面中心汇聚。一般炮眼相距 10 cm 左右，掏槽眼的作用是为边坡爆破创造临空面。

边眼布置在导洞断面四周，深度一致，爆破顺序是掏槽眼在先，边眼在后。

（2）炮眼装药与堵塞

炮眼内的装药量，应视炮眼深度和石质情况及炮眼的作用而定。施工中一般是根据炮眼深度确定装药量，当深度为 0.8 ~ 1.0 m 时，装药长度为眼深的 2/5 ~ 1/2；当眼深为 0.6 ~ 0.7 m 时，装药长度为眼深的 1/2 ~ 2/3。由于掏槽眼的作用是创造临空面，故药量应多一些，但装药长度不得过长，而应当留出不少于眼深 1/2 的堵塞长度，否则容易发生冲天炮。

装药前应清除炮眼内的石粉和泥浆等物，对于积水，亦应掏干。为防止炸药受潮，还应包上油纸，药卷放入后应用炮棍轻轻挤压，起爆药卷应最后放入，并要特别小心，不能撞击，也不能挤压。

装药的基本要求是：药室四周全是基本炸药，内层为起爆炸药，核心为起爆体，而不能将起爆炸药和基本炸药混起来堆放。炸药的密度应各处相同。装药形状应尽可能集中，避免平铺分散。当药室不规则时，可用石块码放规则后再装药。起爆体多时，应将药按圆形布置在药室中心。

雷管脚线引出后，和外面电路接线要准确，并用竹片或其他材料予以包裹，以免损坏。

堵塞时，应先在离炸药堆外沿 10 ~ 20 cm 叠一堵石墙，封闭药堆构成药室；然后用土堵塞横拐洞（此时不能用力夯实，直至离洞室 2m 才正式进行夯实）；以后可一层石块一层土分层回填。在回填土和夯实过程中应注意保护电爆线路。应设专人检查电路及量测电阻值，做到随堵塞、随量测、随保护。当堵塞完成后，应量测洞室的总电阻，然后把该洞室各导线接成回路（短路），等待接洞室联线或主导线，以确保安全。

炮眼的堵塞材料，一般为干细沙土、砂、黏土等，最好是以一份黏土、三份砂（粗砂）在最佳用水量下混合而成的堵塞料。堵塞时对紧贴起爆药卷的堵塞物不要捣压，以防振动雷管引起爆炸，其余的堵塞物要轻轻捣实，但要注意防止捣坏导火线或雷管脚线。

在导洞掘进过程中，每次爆破后，首先应检查有无瞎眼炮，并做相应处理。在导洞较深的情况下，应进行人工通风，以迅速排除烟尘和有毒气体，然后处理洞壁危石，出渣后就可继续掘进，直至达到设计要求。

5. 起爆体的制作和爆破

（1）起爆体的制作

为了保证洞室炮中全部炸药能迅速准确地完成爆炸反应，应当用烈性炸药制作起爆体（起爆药包）。起爆体的药量，视洞室中总药量而定，一般为 3 ~ 20 kg。根据经验，若以铵油炸药为基本炸药，则每 500 kg 须配置 1 ~ 2 个 3 kg 的 2 号硝铵炸药的起爆体。在生产中，每个洞室中配制的起爆体，一般不得超过 4 个。

对于药量不大的药室，起爆体可用纸包装制作，而药量较大的洞室炮，则应当用木盒制作起爆体。其制作过程是，在盒内装入松散的起爆药，并在其中央放入经测试符合要求的雷管束。为了防止可能拉动雷管脚线而带动雷管，或损坏雷管脚线，应把脚线绕在一根固定在起爆体外壳上的小木棍上。

（2）爆破

起爆方式，如导洞不深于 3 m，可用火花起爆；再深时，宜用电力起爆。

所有线路和主导线的连接，必须在最后进行。一切非有关人员必须撤离现场，才能接主导线。主导线连接完成后，应测定全线路的总电阻。总电阻应符合设计要求，否则应检查原因并做相应处理。

起爆前，还应检查起爆电源的电压，如果符合要求，即可发出起爆信号，通知警戒人员开始起爆。起爆后 15 min，进行全面技术检查，无问题时再发出解除警报信号。如有瞎炮，必须小心谨慎，由专人负责指挥处理。洞室炮一般只能沿着导洞小心掏取堵塞物，找出电线重新起爆，否则应取出起爆体。对于硝铵炸药的中、小炮可用灌水使炸药失效等较安全的方法处理。

第九章　道路路面施工技术

第一节　沥青路面施工技术

一、沥青路面施工概述

（一）沥青路面的特点

沥青路面是用沥青材料做结合料黏结矿料修筑面层与各类基层和垫层所组成的路面结构。

由于沥青路面使用沥青结合料，因而增强了矿料之间的黏结力，提高了混合料的强度和稳定性，使路面的使用质量和耐久性都得到提高。与水泥混凝土路面相比，沥青路面具有表面平整、无接缝、行车舒适、耐磨、振动小、噪声小、施工期短、养护维修简便、适宜于分期修建等优点，因而获得越来越广泛的应用。

（二）沥青路面的类型

1. 按强度构成原理分

按强度构成原理可将沥青路面分为密实类和嵌挤类两大类。

密实类沥青路面要求矿料的级配按最大密实原则设计，其强度和稳定性主要取决于混合料的黏聚力和内摩阻力。密实级配类沥青路面又分为连续级配型沥青混凝土和连续级配型特粗式、粗粒式沥青稳定碎石及间断级配型沥青玛蹄脂碎石等。

嵌挤类沥青路面要求采用颗粒尺寸较为均一的矿料，路面的强度和稳定性主要依靠集料颗粒之间相互嵌挤所产生的内摩阻力，而黏聚力则起着次要的作用。按嵌挤原则修筑的沥青路面，其热稳定性较好，但因空隙率较大、易渗水，因而耐久性较差。嵌挤类沥青路面分为开级配、半开级配沥青路面等类型；开级配沥青路面又分为间断级配排水式沥青磨耗层和排水式沥青碎石基层；另有半开级配沥青碎石路面。

2. 按施工工艺分

按施工工艺的不同，沥青路面可以分为层铺法、路拌法（冷拌法）和厂拌法（热拌法）三类。

层铺法是用分层洒布沥青，分层铺撒矿料和碾压的方法修筑，其主要优点是工艺和设备简便、工效较高、施工进度快、造价较低；其缺点是路面成型期较长，需要经过炎热季节行车碾压之后路面方能成型。用这种方法修筑的沥青路面有沥青表面处治、封层和沥青贯入式等。

路拌法（冷拌法）是在路上用机械将矿料和沥青材料就地拌合、摊铺和碾压密实而成的沥青面层。此类面层有路拌（冷拌）沥青碎（砾）石、乳化沥青碎（砾）石和路拌沥青稳定土。路拌沥青面层通过就地拌合，沥青材料在矿料中分布比层铺法均匀，可以缩短路面的成型期。但因所用的矿料为冷料，需使用黏稠度较低的沥青材料，故混合料的强度较低。

厂拌法（热拌法）是将规定级配的矿料和沥青材料在工厂用专用设备加热拌合，然后送到工地摊铺碾压而成的沥青路面。矿料中细颗粒含量少，不含或含少量矿粉，混合料为开级配；若矿料中含有矿粉，混合料按密实级配配制的。厂拌法按混合料铺筑时温度的不同，又可分为热拌热铺和热拌冷铺两种。热拌热铺是混合料在专用设备加热拌合后立即趁热运到路上摊铺压实。如果混合料加热拌合后储存一段时间再在常温下运到路上摊铺压实，即为热拌冷铺。厂拌法使用较黏稠的沥青材料，且矿料经过精选，因而混合料质量高，使用寿命长，但修建费用也较高。

3. 根据沥青路面的技术特性分

根据沥青路面的技术特性，沥青面层可分为沥青混凝土、沥青玛蹄脂碎石、热拌沥青碎石、乳化沥青碎石混合料、沥青贯入式、沥青表面处治等类型。

沥青表面处治路面是指用沥青和集料按层铺法或拌合法铺筑而成的厚度不超过 3 cm 的沥青路面。沥青表面处治的厚度一般为 1.5 ~ 3.0 cm。层铺法可分为单层、双层、三层。单层表处厚度为 1.0 ~ 1.5 cm；双层表处厚度为 1.5 ~ 2.5 cm；三层表处厚度为 2.5 ~ 3.0 cm。沥青表面处治适用于三级、四级公路的面层、旧沥青面层上加铺罩面或抗滑层、磨耗层等。

沥青贯入式路面是指用沥青贯入碎（砾）石做面层的路面。沥青贯入式路面的厚度一般为 4 ~ 8cm。当沥青贯入式的上部加铺拌合的沥青混合料时，也称为上拌下贯，此时拌合层的厚度宜为 3 ~ 4cm，其总厚度为 7 ~ 10 cm。沥青贯入式碎石路面适用于做三级及三级以下公路的沥青面层。

乳化沥青碎石混合料适用于做三级、四级公路的沥青面层、二级公路养护罩面以及各级公路的调平层。国外也用作柔性基层。

沥青碎石路面是指用沥青碎石做面层的路面，沥青碎石的配合比设计应根据实践经验和马歇尔实验的结果，并通过施工前的试拌和试铺确定。沥青碎石有时也用作连接层。

沥青混凝土路面是指用沥青混凝土做面层的路面，其面层可由单层或双层或三层沥青混合料组成，各层混合料的组成设计应根据其层厚和层位、气温和降雨量等气候条件、交通量和交通组成等因素确定，以满足对沥青面层使用功能的要求。沥青混凝土常用作高等级公路的面层。

沥青玛蹄脂碎石路面是指用沥青玛蹄脂碎石混合料做面层或抗滑层的路面。沥青玛蹄脂碎石混合料（简称 SMA）是以间断级配为骨架，用改性沥青、矿粉及木质纤维素组成的沥青玛蹄脂为结合料，经拌合、摊铺、压实而形成的一种构造深度较大的抗滑面层。其具有抗滑耐磨、孔隙率小、抗疲劳、高温抗车辙、低温抗开裂的优点，是一种全面提高密级配沥青混凝土使用质量的新材料，适用于高速公路、一级公路和其他重要公路的表面层。

采用不同的施工工艺和材料可以修筑成不同类型的沥青路面，因此，必须根据路面的使用要求和施工的具体条件，按照技术经济原则来综合考虑，选定最适当的路面类型。

选择沥青路面的类型，一方面要根据任务要求（道路的等级、交通量、使用年限、修建费用等）和工程特点（施工季节、施工期限、基层状况等）选定；另一方面还应考虑材料供应情况、施工机具、劳力和施工技术条件等因素。

（三）沥青路面对基层的要求

第一，基层、底基层应具有足够的强度和稳定性，在冰冻地区还应具有一定的抗冻性。有铺装路面下的半刚性基层应具有较小的收缩（温缩及干缩）变形和较强的抗冲刷能力。半刚性材料基层、底基层的配合比设计，应根据重型击实标准制件，混合料 7 d 龄期的无侧限抗压强度试验确定。

第二，基层、底基层结构设计应贯彻就地取材的原则，认真做好当地材料的调查，根据不同公路等级、交通量对基层、底基层的技术要求，选择技术可靠、经济合理的基层、底基层结构。

第三，一般公路的基层宽度每侧宜比面层宽出 25 cm，底基层每侧宜比基层宽 15 cm。在多雨地区，透水性好的粒料底基层，宜铺至路基全宽，以利于排水。高速公路、一级公路的基层宽度应按路面边缘构造的规定执行。

第四，新建沥青路面的基层按结构组合设计要求。选用沥青稳定碎石、沥青贯入式、级配碎石、级配沙砾等柔性基层；水泥稳定土或粒料、石灰与粉煤灰稳定土或粒料的半刚性基层；碾压式水泥混凝土、贫混凝土等刚性基层；以及上部使用柔性基层，下部使用半刚性基层的混合式基层。半刚性基层作为沥青路面的基层与沥青层宜在同一年内施工，以减少路面开裂。

第五，旧沥青路面做基层时，应根据旧路面质量，确定对原有路面修补、铁刨、加铺罩面层。旧沥青路面的整平应按高程控制铺筑，分层整平的一层最大厚度不宜超过 100 mm；以旧的水泥混凝土路面做基层加铺沥青面层时，应根据旧路面质量，确定处治工艺，确认能满足基层要求后，方能加铺沥青层。

二、道路沥青路面施工方法

（一）沥青路面对原材料的要求

沥青路面使用的各种材料运至现场后必须取样进行质量检验，经评定合格后方可使用，不得以供应商提供的检测报告或商检报告代替现场检测。沥青路面集料的选择必须经过认真的料源调查，确定料源应尽可能就地取材。质量符合使用要求，石料开采必须注意环境保护，防止破坏生态平衡。集料粒径规格以方孔筛为准。不同料源、品种、规格的集料不得混杂堆放。

1. 对沥青材料的要求

沥青路面所用的沥青材料有石油沥青、煤沥青、液体石油沥青、沥青乳液和改性沥青等。各类沥青路面所用沥青材料的标号，应根据路面的类型、施工条件、地区气候条件、施工季节和矿料性质与尺寸等因素而定。

（1）道路石油沥青

沥青路面采用的沥青标号，宜按照公路等级、气候条件、交通条件、路面类型及在结构层中的层位及受力特点、施工方法等，结合当地的使用经验，经技术论证后确定。

对夏季温度高、高温持续时间长、重载交通、山区及丘陵区上坡路段、服务区、停车场等行车速度慢的路段，尤其是汽车荷载剪应力大的层次，宜采用稠度大、60℃黏度大的沥青，也可提高高温气候分区的温度水平选用沥青等级；对冬季寒冷的地区或交通量小的公路、旅游公路宜选用稠度小、低温延度大的沥青；对温度日温差、年温差大的地区宜注意选用针入度指数大的沥青。当高温要求与低温要求发生矛盾时应优先考虑满足高温性能的要求。当缺乏所需标号的沥青时，可采用不同标号掺配的调和沥青，其掺配比例由试验决定。

沥青路面的气候分区：选择沥青结合料等级、沥青混合料配合比设计和检验应适应公路环境条件的需要，能承受高温、低温、雨（雪）水的考验。沥青路面的气候条件按规范要求的气候分区，以适应地区具体气候条件的需要。

（2）乳化沥青

乳化沥青适用于沥青表面处治路面、沥青贯入式路面、冷拌沥青混合料路面，修补裂缝，喷洒透层、黏层与封层等。

乳化沥青的质量应符合有关的规定。在高温条件下宜采用黏度较大的乳化沥青，寒冷条件下宜使用黏度较小的乳化沥青。

乳化沥青类型根据集料品种及使用条件选择。阳离子乳化沥青可适用于各种集料品种，阴离子乳化沥青适用于碱性石料。乳化沥青的破乳速度、黏度宜根据用途与施工方法选择。

（3）液体石油沥青

液体石油沥青适用于透层、黏层及拌制冷拌沥青混合料。根据使用目的与场所，可选用快凝、中凝、慢凝的液体石油沥青，其质量应符合有关的规定。液体石油沥青宜采用针入度较大的石油沥青，使用前按先加热沥青后加稀释剂的顺序，掺配煤油或轻柴油，经适当的搅拌、稀释制成。掺配比例根据使用要求由试验确定。液体石油沥青在制作、储存、使用的全过程中必须通风良好，并有专人负责，确保安全。基质沥青的加热温度严禁超过 140℃液体沥青的储存温度不得高于 50℃。

（4）煤沥青

道路用煤沥青的标号根据气候条件、施工温度、使用目的选用，其质量应符合有关规定。道路用煤沥青适用于下列情况：①各种等级公路的各种基层上的透层，宜采用 T-1 或 T-2 级，其他等级不符合喷洒要求时可适当稀释使用；②三级及三级以下的公路铺筑表面处治或贯入式沥青路面，宜采用 T-5、T-6 或 T-7 级；③与道路石油沥青、乳化沥青混合使用，以改善渗透性。

道路用煤沥青严禁用于热拌热铺的沥青混合料，用于其他用途时的储存温度宜为 70℃～90℃，且不得长时间储存。

（5）改性沥青

改性沥青可单独或复合采用高分子聚合物、天然沥青及其他改性材料制作常见的聚合物改性剂有 SBS（Ⅰ类）适用于北方气候温差较大的地区、SBR（Ⅱ类）适用于南方地区、EVA、PE（Ⅲ类）应用较广泛，当使用其他聚合物及复合改性沥青时，可通过试验研究制定相应的技术要求。

供应商在提供改性沥青的质量报告时应提供基质沥青的质量检验报告或沥青样品。天然沥青可以单独与石油沥青混合使用或与其他改性沥青混熔后使用。天然沥青的质量要求宜根据其品种参照相关标准和成功的经验执行。

用作改性剂的 SBR 胶乳中的固体物含量不宜少于 45%，使用中严禁长时间暴晒或遭冰冻。改性沥青的剂量以改性剂占改性沥青总量的百分数计算，胶乳改性沥青的剂量应以扣除水以后的固体物含量计算。

改性沥青宜在固定式工厂或在现场设厂集中制作，也可在拌合厂现场边制造边使用，改性沥青的加工温度不宜超过 180℃胶乳类改性剂和制成颗粒的改性剂可直接投入拌合缸中生产改性沥青混合料。用溶剂法生产改性沥青母体时，挥发性溶剂回收后的残留量不得超过 5%。

现场制造的改性沥青宜随配随用，需做短时间保存，或运送到附近的工地使用前必须搅拌均匀，在不发生离析的状态下使用。改性沥青制作设备必须设有随机采集样品的取样口，采集的试样宜立即在现场灌模。工厂制作的成品改性沥青到达施工现场后存储在改性沥青罐中，改性沥青罐中必须加设搅拌设备并进行搅拌，使用前改性沥青必须搅拌均匀。在施工过程中应定期取样检验产品质量，发现离析等质量不符要求的改性沥青不得使用。

2. 对粗集料的要求

当单一规格集料的质量指标达不到要求，而按照集料配合比计算的质量指标符合要求时，工程上允许使用。对受热易变质的集料，宜采用经拌合机烘干后的集料进行检验。

采石场在生产过程中必须彻底清除覆盖层及泥土夹层。生产碎石用的原石不得含有土块、杂物，集料成品不得堆放在泥土地上。除 SMA、OGFC 路面外，允许在硬质粗集料中掺加部分较小粒径的磨光值达不到要求的粗集料，其最大掺加比例由磨光值试验确定。当使用不符合要求的粗集料时，宜掺加消石灰、水泥或用饱和石灰水处理后使用，必要时可同时在沥青中掺加耐热、耐水、长期性能好的抗剥落剂，也可采用改性沥青，使沥青混合料的水稳定性检验达到要求。掺加外加剂的剂量由沥青混合料的水稳定性检验确定。破碎砾石应采用粒径大于 50 mm、含泥量不大于 1% 的砾石轧制，破碎砾石的破碎面应符合有关规定的要求。筛选砾石仅适用于三级及三级以下公路的沥青表面处治路面。经过破碎且存放期 6 个月以上的钢渣可作为粗集料使用。

3. 对细集料的要求

沥青路面的细集料包括天然沙、机制沙、石屑。细集料必须由具有生产许可证的采石场、采沙场生产。细集料应洁净、干燥、无风化、无杂质，并有适当的颗粒级配。细集料的洁净程度，天然沙以小于 0.075 mm 含量的百分数表示，石屑和机制沙以沙当量（适用于 0 ~ 4.75 mm）或亚甲蓝值（适用于 0 ~ 2.36 mm 或 0 ~ 0.15 mm）表示。

天然沙可采用河沙或海沙，通常宜采用粗、中沙，其规格应符合有关的规定。沙的含泥量超过规定时应水洗后使用，海沙中的贝壳类材料必须筛除。开采天然沙必须取得当地政府主管部门的许可，并符合水利及环境保护的要求。热拌密级配沥青混合料中天然沙的用量通常不宜超过集料总量的 20%，SMA 和 OGFC 混合料不宜使用天然沙。石屑是采石场破碎石料时通过 4.75 mm 或 2.36 mm 的筛下部分，其规格应符合有关规定的要求。采石场在生产石屑的过程中应具备抽吸设备，高速公路和一级公路的沥青混合料，宜将 S14 与 S16 组合使用，S15 可在沥青稳定碎石基层或其他等级公路中使用。机制沙宜采用专用的制砂机制造，并选用优质石料生产，其级配应符合 S16 的要求。

4. 对填料的要求

沥青混合料的矿粉必须采用石灰岩或岩浆岩中的强基性岩石等憎水性石料经磨细得到的矿粉，原石料中的泥土杂质应除净。矿粉应干燥、洁净，能自由地从矿粉仓流出。

拌合机的粉尘可作为矿粉的一部分回收使用。但每盘用量不得超过填料总量的 25%，掺有粉尘填料的塑性指数不得大于 4%。粉煤灰作为填料使用时，用量不得超过填料总量的 50%，粉煤灰的烧失量应小于 12%，与矿粉混合后的塑性指数应小于 4%，其余质量要求与矿粉相同。高速公路、一级公路的沥青面层不宜采用粉煤灰做填料。

5. 纤维稳定剂的要求

在沥青混合料中掺加的纤维稳定剂宜选用木质素纤维、矿物纤维等。

纤维应在 250℃的干拌温度不变质、不发脆，使用纤维必须符合环保要求，不危害身体健康。纤维必须在混合料拌合过程中能充分分散均匀。矿物纤维宜采用玄武岩等矿石制造，易影响环境及造成人体伤害的石棉纤维不宜直接使用。纤维应存放在室内或有棚盖的地方，松散纤维在运输及使用过程中应避免受潮，不结团。纤维稳定剂的掺加比例以沥青混合料总量的质量百分率计算，通常情况下用于 SMA 路面的木质素纤维不宜低于 0.3%，矿物纤维不宜低于 0.4%，必要时可适当增加纤维用量。纤维掺加量的允许误差宜不超过 ±5%。

（二）透层、黏层施工

1. 透层施工

透层是为使沥青面层与非沥青材料基层结合良好，在基层上喷洒液体石油沥青、乳化沥青、煤沥青而形成的透入基层表面一定深度的薄层。

沥青路面各类基层都必须喷洒透层油，沥青层必须在透层油完全渗入基层后方可铺筑。基层上设置下封层时，透层油不宜省略。气温低于 10℃或大风天气，即将降雨时不得喷洒透层油。

根据基层类型选择渗透性好的液体沥青、乳化沥青、煤沥青做透层油，喷洒后通过钻孔或挖掘确认透层油渗入基层的深度宜不小于5 mm（无机结合料稳定集料基层）和10 mm（无结合料基层），并能与基层连接成为一体。透层油的质量应符合规范的要求。

透层用液体沥青的黏度通过调节煤油或轻柴油等稀释剂的品种和掺量经试验确定。

用于半刚性基层的透层油宜紧接在基层碾压成型后表面稍变干燥，但尚未硬化的情况下喷洒。在无结合料粒料基层上洒布透层油时，宜在铺筑沥青层前1 ~ 2 d洒布。透层油宜采用沥青洒布车一次喷洒均匀，使用的喷嘴宜根据透层油的种类和黏度选择并保证均匀喷洒，沥青洒布车喷洒不均匀时宜改用手工沥青洒布机喷洒。洒布应符合要求。喷洒透层油前应清扫路面，遮挡防护路缘石及人工构造物避免污染，透层油必须洒布均匀，有花白遗漏应人工补洒，喷洒过量的立即撒布石屑或砂吸油，必要时做适当碾压。

2. 黏层施工

黏层是为加强路面沥青层与沥青层之间、沥青层与水泥混凝土路面之间的黏结而洒布的沥青材料薄层。

符合下列情况之一时，必须喷洒黏层油：①双层式或三层式热拌热铺沥青混合料路面的沥青层之间。②水泥混凝土路面、沥青稳定碎石基层或旧沥青路面层上加铺沥青层。③路缘石、雨水口、检查井等构造物与新铺沥青混合料接触的侧面。

黏层油宜采用快裂或中裂乳化沥青、改性乳化沥青，也可采用快、中凝液体石油沥青，其规格和质量应符合规范的要求，所使用的基质沥青标号宜与主层沥青混合料相同。黏层油品种和用量，应根据下卧层的类型通过试洒确定。当黏层油上铺筑薄层大空隙排水路面时，黏层油的用量宜增加到0.6 ~ 1.0 L/m^2。在沥青层之间兼做封层而喷洒的黏层油宜采用改性沥青或改性乳化沥青，其用量宜不少于1.0 L/m^2。

黏层油宜采用沥青洒布车喷洒，并选择适宜的喷嘴，洒布速度和喷洒量保持稳定。当采用机动或手摇的手工沥青洒布机喷洒时，必须由熟练的技术工人操作，均匀洒布。气温低于10℃时不得喷洒黏层油，寒冷季节施工不得不喷洒时可以分两次喷洒。路面潮湿时不得喷洒黏层油，用水洗刷后需待表面干燥后喷洒。喷洒的黏层油必须成均匀雾状，在路面全宽度内均匀分布成一薄层，不得有酒花漏空或呈条状，也不得有堆积。喷洒不足的要补洒，喷洒过量处应予刮除。喷洒黏层油后，严禁运料车外的其他车辆和行人通过。黏层油宜在当天洒布，待乳化沥青破乳、水分蒸发完成，或稀释沥青中的稀释剂基本挥发完成后，紧跟着铺筑沥青层，确保黏层不受污染。

（三）热拌沥青混合料路面（厂拌法）施工

1. 热拌沥青混合料路面的类型

热拌沥青混合料（HMA）适用于各种等级公路的沥青路面。其种类按集料公称最大粒径、矿料级配、空隙率划分。

各层沥青混合料应满足所在层位的功能性要求，便于施工，不容易离析。各层应连续施工并连成为一个整体。当发现混合料结构组合及级配类型的设计不合理时，应进行修改、调整，以确保沥青路面的使用性能。沥青面层集料的最大粒径宜从上至下逐渐增大，并应与压实层厚度相匹配。对热拌热铺密级配沥青混合料，沥青层一层的压实厚度不宜小于集料公称最大粒径的2.5 ~ 3倍，对SMA和OGFC等嵌挤型混合料不宜小于公称最大粒径的2 ~ 2.5倍，以减少离析，便于压实。

2. 施工准备

铺筑沥青层前，应检查基层或下卧沥青层的质量，不符合要求的不得铺筑沥青面层。旧沥青路面或下卧层已被污染时，必须清洗或经铁刨处理后方可铺筑沥青混合料。石油沥青加工及沥青混合料施工温度应根据沥青标号及黏度、气候条件、铺装层的厚度确定。

3. 沥青混合料的拌制

沥青混合料必须在沥青拌合厂（场、站）采用拌合机械拌制。拌合厂的设置必须符合国家有关环境保护、消防、安全等规定。拌合厂与工地现场距离应充分考虑交通堵塞的可能，确保混合料的温度下降不超过要求，且不致因颠簸造成混合料离析。拌合厂应具有完备的排水设施。各种集料必须分隔储存，细集料场应设防雨顶棚，料场及场内道路应做硬化处理，严禁泥土污染集料。

沥青混合料可采用间歇式拌合机或连续式拌合机拌制。高速公路和一级公路宜采用间歇式拌合机拌合。连续式拌合机使用的集料必须稳定不变。

集料与沥青混合料取样应符合现行试验规程的要求。从沥青混合料运料车上取样时，必须在设置取样台分几处采集一定深度下的样品。集料进场宜在料堆顶部平台卸料，经推土机推平后，铲运机从底部按顺序竖直装料，减小集料离析。

拌合机的矿粉仓应配备振动装置以防止矿粉起拱。添加消石灰、水泥等外掺剂时，宜增加粉料仓，也可由专用管线和螺旋升送器直接加入拌合锅，若与矿粉混合使用时应注意二者因密度不同发生离析。拌合机必须有二级除尘装置，经一级除尘部分可直接回收使用，二级除尘部分可进入回收粉仓使用（或废弃）。对因除尘造成的粉料损失应补充等量的新矿粉。

沥青混合料拌合时间根据具体情况经试拌确定，以沥青均匀裹覆集料为度间歇式拌合机每盘的生产周期不宜少于45 s（其中干拌时间不少于5 ~ 10 s）。

生产添加纤维的沥青混合料时，纤维必须在混合料中充分分散，拌合均匀。拌合机应配备同步添加投料装置，松散的絮状纤维可在喷入沥青的同时或稍后采用风送设备喷入拌合锅，拌合时间宜延长5 s以上。颗粒纤维可在粗集料投入的同时自动加入，经5 ~ 10 s的干拌后，再投入矿粉，工程量很小时，也可分装成塑料小包或由人工量取直接投入拌合锅。使用改性沥青时应随时检查沥青泵、管道、计量器是否被堵，堵塞时应及时清洗。

沥青混合料出厂时应逐车检测沥青混合料的质量和温度，记录出厂时间，签发运料单。

4. 沥青混合料的运输

热拌沥青混合料宜采用较大吨位的运料车运输，但不得超载运输或急刹车、急弯掉头，使透层、封层造成损伤。运料车的运力应稍有富余，施工过程中摊铺机前方应有运料车等候。对高速公路、一级公路，宜待等候的运料车多于 5 辆后开始摊铺。

运料车每次使用前后必须清扫干净，在车厢板上涂一薄层防止沥青黏结的隔离剂或防黏剂，但不得有余液积聚在车厢底部。从拌合机向运料车上装料时，应多次挪动汽车位置，平衡装料，以减少混合料离析。运料车运输混合料宜用苫布覆盖保温、防雨、防污染；运料车进入摊铺现场时，轮胎上不得沾有泥土等可能污染路面的脏物，否则宜设水池洗净轮胎后进入工程现场。沥青混合料在摊铺地点凭运料单接收，若混合料不符合施工温度要求，或已经结成团块、已遭雨淋的不得铺筑。

摊铺过程中运料车应在摊铺机前 100 ~ 300 mm 处停住，空挡等候，由摊铺机推动前进开始缓缓卸料，避免撞击摊铺机。在有条件时，运料车可将混合料卸入转运车经二次拌合后向摊铺机连续均匀地供料。运料车每次卸料必须倒净，尤其是对改性沥青或 SMA 混合料，如有剩余，应及时清除，防止硬结。SMA 及 OGFC 混合料在运输、等候过程中，如发现有沥青结合料沿车厢板滴漏，应采取措施予以避免。

5. 沥青混合料的摊铺

热拌沥青混合料应采用沥青摊铺机摊铺，在喷洒有黏层油的路面上铺筑改性沥青混合料或 SMA 时，宜使用履带式摊铺机。摊铺机的受料斗应涂刷薄层隔离剂或防黏结剂。

铺筑高速公路、一级公路沥青混合料时，一台摊铺机的铺筑宽度不宜超过 6 m（双车道）和 7.5 m（3 车道以上），通常宜采用两台或更多台数的摊铺机前后错开 10 ~ 20 m，呈梯队方式同步摊铺，两幅之间应有 30 ~ 60 mm 宽度的搭接，并躲开车道轮迹带，上下层的搭接位置宜错开 200 mm 以上。

摊铺机开工前应提前 0.5 ~ 1 h 预热熨平板不低于 100℃。铺筑过程中应选择熨平板的振捣或夯锤压实装置，具有适宜的振动频率和振幅，以提高路面的初始压实度，熨平板加宽连接应仔细调节至摊铺的混合料没有明显的离析痕迹。摊铺机必须缓慢、均匀、连续不间断地摊铺，不得随意变换速度或中途停顿，以提高平整度，减少混合料的离析。摊铺速度宜控制在 2 ~ 6 m/min 范围内，对改性沥青混合料及 SMA 混合料宜放慢至 1 ~ 3 m/min。当发现混合料出现明显的离析、波浪、裂缝、拖痕时，应分析原因予以消除。

沥青混合料的松铺系数应根据混合料类型由试铺试压确定。摊铺过程中应随时检查摊铺层厚度及路拱、横坡，并按规定的方法由使用的混合料总量与面积校验平均厚度。摊铺机的螺旋布料器应相应于摊铺速度调整到保持一个稳定的速度均衡地转动，两侧应保持有不少于送料器 2/3 高度的混合料，以减少在摊铺过程中混合料的离析。

用机械摊铺的混合料，不宜用人工反复修整。当不得不由人工作局部找补或更换混合料时，需仔细进行，特别严重的缺陷应整层铲除。在路面狭窄部分、平曲线半径过小的匝道或加宽部分，以及小规模工程不能采用摊铺机铺筑时可用人工摊铺混合料。人工摊铺沥青混合料应符合下列要求：①半幅施工时，路中一侧宜事先设置挡板。②沥青混合料宜卸在铁板上，摊铺时应扣锹布料，不得扬锹远甩。铁锹等工具宜沾防黏结剂或加热使用。③边摊铺边用刮板整平，刮平时应轻重一致，控制次数，严防集料离析。④摊铺不得中途停顿，并加快碾压。如因故不能及时碾压时，应立即停止摊铺，并对已卸下的沥青混合料覆盖苫布保温。⑤低温施工时，每次卸下的混合料应覆盖苫布保温。

在雨期铺筑沥青路面时，应加强与气象台（站）的联系，已摊铺的沥青层因遇雨未行压实的应予铲除。

6. 沥青路面的压实及成型

压实成型的沥青路面应符合压实度及平整度的要求。

沥青混凝土的压实层最大厚度不宜大于 100 mm，沥青稳定碎石混合料的压实层厚度不宜大于 120 mm，但当采用大功率压路机且经试验证明能达到压实度时，允许增大到 150 mm。沥青路面施工应配备足够数量的压路机，选择合理的压路机组合方式及初压、复压、终压（包括成型）的碾压步骤，以达到最佳碾压效果。高速公路铺筑双车道沥青路面的压路机数量不宜少于 5 台，施工气温低、风大、碾压层薄时，压路机数量应适当增加。压路机的碾压路线及碾压方向不应突然改变而导致混合料推移。碾压区的长度应大体稳定，两端的折返位置应随摊铺机前进而推进，横向不得在相同的断面上。

7. 接缝施工

沥青路面的施工必须接缝紧密、连接平顺，不得产生明显的接缝离析。上、下层的纵缝应错开 150 mm（热接缝）或 300 ~ 400 mm（冷接缝）以上。相邻两幅及上、下层的横向接缝均应错位 1 m 以上。接缝施工应用 3 m 直尺检查，确保平整度符合要求。

纵向接缝部位的施工应符合下列要求：①摊铺时采用梯队作业的纵缝应采用热接缝，将已铺部分留下 100 ~ 200 mm 宽暂不碾压，作为后续部分的基准面，然后进行跨缝碾压以消除缝迹。②当半幅施工或因特殊原因而产生纵向冷接缝时，宜加设挡板或加设切刀切齐，也可在混合料尚未完全冷却前用镐刨除边缘留下毛槎的方式，但不宜在冷却后采用切割机做纵向切缝。加铺另半幅前应涂洒少量沥青，重叠在已铺层上 50 ~ 100 mm，再铲走铺在前半幅上面的混合料，碾压时由边向中碾压留下 100 ~ 150 mm，再跨缝挤紧压实。或者先在已压实路面上行走碾压新铺层 150 mm 左右，然后压实新铺部分。

8. 开放交通及其他

热拌沥青混合料路面应待摊铺层完全自然冷却，混合料表面温度低于 50℃后，方可开放交通。需要提早开放交通时，可洒水冷却，降低混合料温度。

沥青路面雨期施工应符合下列要求：①注意气象预报，加强工地现场、沥青拌合厂及气象台站之间的联系，控制施工长度，各项工序紧密衔接。②运料车和工地应备有防雨设施，并做好基层及路肩排水。

铺筑好的沥青层应严格控制交通，做好保护，保持整洁，不得造成污染，严禁在沥青层上堆放施工产生的土或杂物，严禁在已铺沥青层上制作水泥砂浆。

（四）沥青表面处治与封层（层铺法）施工

1. 沥青表面处治

沥青表面处治面层是用沥青和矿料按层铺法修筑的厚度不大于 3 cm 的一种薄层。

沥青表面处治适用于三级及三级以下公路的沥青面层。各种封层适用于加铺薄层罩面、磨耗层、水泥混凝土路面上的应力缓冲层、各种防水和密水层、预防性养护罩面层。沥青表面处治与封层宜选择在干燥和较热的季节施工，并在最高温度低于 15℃时期之前半个月及雨季前结束。

在清扫干净的碎（砾）石路面上铺筑沥青表面处治时，应喷洒透层油。在旧沥青路面、水泥混凝土路面、块石路面上铺筑沥青表面处治路面时，可在第一层沥青用量中增加 10% ~ 20%，不再另洒透层油或黏层油。

层铺法沥青表面处治路面宜采用沥青洒布车及集料撒布机联合作业。沥青洒布车喷洒沥青时应保持稳定速度和喷洒量，并保持整个洒布宽度喷洒均匀。小规模工程可采用机动或手摇的手工沥青洒布机洒布沥青。沥青表面处治施工应确保各工序紧密衔接，每个作业段长度应根据施工能力确定，并在当天完成。人工撒布集料时应等距离划分段落备料。

三层式沥青表面处治的施工工艺应按下列步骤进行：

第一，清扫基层，洒布第一层沥青。沥青的撒布温度根据气温及沥青标号选择，石油沥青宜为 130℃ ~ 170℃，煤沥青宜为 80℃ ~ 120℃，乳化沥青在常温下洒布，加温洒布的乳液温度不得超过 60℃前后两车喷洒的接槎处用铁板或建筑纸铺 1 ~ 1.5 m，使搭接良好。分几幅浇洒时，纵向搭接宽度宜为 100 ~ 150 mm。洒布第二三层沥青的搭接缝应错开。

第二，洒布主层沥青后应立即用集料撒布机或人工撒布第一层主集料。撒布集料后应及时扫匀，达到全面覆盖、厚度一致、集料不重叠，也不露出沥青的要求。局部有缺料时适当找补，积料过多的将多余集料扫出。两幅搭接处，第一幅洒布沥青应暂留 100 ~ 150 mm 宽度不撒布石料，待第二幅一起撒布。

第三，撒布主集料后，不必等全段撒布完，立即用 6 ~ 8 t 钢筒双轮压路机从路边向路中心碾压 3 ~ 4 遍，每次轮迹重叠约 300 mm。碾压速度开始不宜超过 2 km/h，以后可适当增大。

第四，第二、三层的施工方法和要求应与第一层相同，但可以采用 8 t 以上的压路机碾压。

双层式或单层式沥青表面处治浇洒沥青及撒布集料的次数相应减少，其施工程序和要求参照进行。

除乳化沥青表面处治应待破乳、水分蒸发并基本成型后方可通车外，沥青表面处治在碾压结束后即可开放交通，并通过开放交通补充压实，成型稳定。在通车初期应设专人指挥交通或设置障碍物控制行车，限制行车速度不超过 20 km/h，严禁畜力车及铁轮车行驶，使路面全部宽度均匀压实。

沥青表面处治应注意初期养护。当发现有泛油时，应在泛油处补撒与最后一层石料规格相同的嵌缝料并扫匀，过多的浮料应扫出路外。

2. 封层施工

封层是为封闭表面空隙、防止水分侵入而在沥青面层或基层上铺筑的有一定厚度的沥青混合料薄层。铺筑在沥青面层表面的称为上封层；铺筑在沥青面层下面、基层表面的称为下封层。

（1）上封层

根据情况可选择乳化沥青稀浆封层、微表处、改性沥青集料封层、薄层磨耗层或其他适宜的材料。铺设上封层的下卧层必须彻底清扫干净，对车辙、坑槽、裂缝进行处理或挖补。上封层的类型根据使用目的、路面的破损程度选用。

（2）下封层

多雨潮湿地区的高速公路、一级公路的沥青面层空隙率较大，有严重渗水可能，或铺筑基层不能及时铺筑沥青面层而需通行车辆时，宜在喷洒透层油后铺筑下封层。下封层宜采用层铺法表面处治或稀浆封层法施工。稀浆封层可采用乳化沥青或改性乳化沥青做结合料。下封层的厚度不宜小于 6 mm，且做到完全密水。以层铺法沥青表面处治铺筑下封层时，通常采用单层式，矿料用量宜为 5 ~ 8 m^3/1 000 m^2，沥青用量可采用要求范围的中高限。

3. 稀浆封层与微表处

稀浆封层是用适当级配的石屑或砂、填料（水泥、石灰、粉煤灰、石粉等）与乳化沥青、外掺剂和水，按一定比例拌合而成的流动状态的沥青混合料，将其均匀摊铺在路面上形成的沥青封层。

微表处是采用适当级配的石屑或砂、填料（水泥、石灰、粉煤灰、石粉等）与聚合物改性乳化沥青、外掺剂和水，按一定比例拌合而成的流动状态的沥青混合料，将其均匀摊铺在路面上形成的沥青封层。

微表处主要用于高速公路及一级公路的预防性养护以及填补轻度车辙，也适用于新建公路的抗滑磨耗层。稀浆封层一般用于二级及二级以下公路的预防性养护，也适用于新建公路的下封层。

稀浆封层和微表处必须使用专用的摊铺机进行摊铺。单层微表处适用于旧路面车辙深度不大于 15 mm 的情况; 超过 15 mm 的必须分两层铺筑，或先用 V 形车辙摊铺箱摊铺; 深度大于 40 mm 时，不适宜微表处处理。

微表处必须采用改性乳化沥青，稀浆封层可采用普通乳化沥青或改性乳化沥青，其品种和质量应分别符合要求。稀浆封层和微表处应选择坚硬、粗糙、耐磨、洁净的集料。各项性能应符合要求。其中，微表处用通过 4.75 mm 筛的合成矿料的砂当量不得低于 65%，稀浆封层用通过 4.75 mm 筛的合成矿料的砂当量不得低于 50%。当用于抗滑表层时，还应符合有关磨光值的要求。细集料宜采用碱性石料生产的机制砂或洁净的石屑。对集料中的超粒径颗粒必须筛除。

稀浆封层和微表处施工前，应彻底清除原路面的泥土、杂物，修补坑槽、凹陷较宽的裂缝宜清理灌缝。在水泥混凝土路面上铺筑微表处时宜洒布黏层油，过于光滑的表面需拉毛处理。稀浆封层和微表处的最低施工温度不得低于 10℃，严禁在雨天施工，摊铺后尚未成型混合料遇雨时应予铲除。稀浆封层和微表处两幅纵缝搭接的宽度不宜超过 80 mm，横向接缝宜做成对接缝，分两层摊铺时，第一层摊铺后至少应开放交通 24 h 后方可进行第二层摊铺。

稀浆封层和微表处铺筑后的表面不得有超粒径料拖拉的严重划痕，横向接缝和纵向接缝处不得出现余料堆积或缺料现象，用 3 m 直尺测量接缝处的不平整度不得大于 6 mm。对微表处不得有横向波浪和深度超过 6 mm 的纵向条纹。经养生和初期交通碾压稳定的稀浆封层和微表处，在行车作用下应不飞散且完全密水。

（五）沥青贯入式路面（层铺法）施工

沥青贯入式路面是在初步压实的碎石上，分层浇洒沥青、撒布嵌缝料，经压实而成的路面结构层。

沥青贯入式路面适用于三级及三级以下公路，也可作为沥青路面的连接层或基层。沥青贯入式路面的厚度宜为 4 ～ 8 cm，但乳化沥青的厚度不宜超过 5 cm。当贯入层上部加铺拌合的沥青混合料面层成为上拌下贯式路面时，拌合层的厚度宜不小于 1.5 cm。

沥青贯入式路面的最上层应撒布封层料或加铺拌合层。沥青贯入层作为连接层使用时，可不撒表面封层料。沥青贯入式路面宜选择在干燥和较热的季节施工，并宜在日最高温度降低至 15℃以前半个月结束，使贯入式结构层通过开放交通碾压成型。

沥青贯入式路面的集料应选择有棱角、嵌挤性好的坚硬石料。当使用破碎砾石时，其破碎面应符合要求。沥青贯入层主层集料中大于粒径范围中值的数量不宜少于 50%。表面不加铺拌合层的贯入式路面在施工结束后，每 1000 m^2 宜另备 2 ～ 3 m^3 与最后一层嵌缝料规格相同的细集料等，供初期养护使用。

（六）冷拌沥青混合料路面（路拌法）施工

冷拌沥青混合料适用于三级及三级以公路的沥青面层、二级公路的罩面层施工，以及各级公路沥青路面的基层、连接层或整平层。冷拌改性沥青混合料可用于沥青路面的坑槽冷补。

冷拌沥青混合料宜采用乳化沥青或液体沥青拌制，也可采用改性乳化沥青，各种结合料类型及规格应符合要求。冷拌沥青混合料宜采用密级配沥青混合料，当采用半开级配的冷拌沥青碎石混合料路面时应铺筑上封层。

乳化沥青碎石混合料的乳液用量应根据当地实践经验以及交通量、气候、集料情况、沥青标号、施工机械等条件确定，也可按热拌沥青混合料的沥青用量折算，实际的沥青残留物数量可较同规格热拌沥青混合料的沥青用量减少 10% ～ 20%。

冷拌沥青混合料宜采用拌合厂机械拌合及沥青摊铺机摊铺的方式。缺乏厂拌条件时也可采用现场路拌及人工摊铺方式。冷拌沥青混合料施工应注意防止混合料离析。当采用阳离子乳化沥青拌合时，宜先用水使集料湿润，若湿润后仍难于与乳液拌合均匀时，应改用破乳速度更慢的乳液，或用 1% ～ 3% 浓度的氯化钙水溶液代替水润湿集料表面。混合料适宜的拌合时间应根据实际情况调节并通过试拌确定，矿料中加进乳液后的机械拌合时间不宜超过 30 s，人工拌合时间不宜超过 60 s。已拌好的混合料应立即运至现场进行摊铺，并在乳液破乳前结束。在拌合与摊铺过程中已破乳的混合料，应予废弃。

乳化沥青冷拌混合料摊铺后宜采用 6 t 左右的轻型压路机初压 1 ~ 2 遍，使混合料初步稳定，再用轮胎压路机或钢筒式压路机碾压 1 ~ 2 遍。当乳化沥青开始破乳、混合料由褐色转变成黑色时，改用 12 ~ 15 t 轮胎压路机碾压，将水分挤出，复压 2 ~ 3 遍后停止，待晾晒一段时间，水分基本蒸发后继续复压至密实为止。当压实过程中有推移现象时应停止碾压，待稳定后再碾压。当天不能完全压实时，可在较高气温状态下补充碾压。当缺乏轮胎压路机时，也可采用钢筒式压路机或较轻的振动压路机碾压。

乳化沥青混合料路面的上封层应在压实成型、路面水分完全蒸发后加铺。乳化沥青混合料路面施工结束后宜封闭交通 2 ~ 6 h，并注意做好早期养护。开放交通初期，应设专人指挥，车速不得超过 20 km/h，不得刹车或掉头。冷拌沥青混合料施工遇雨应立即停止铺筑，以防雨水将乳液冲走。

第二节 水泥混凝土路面施工技术

一、水泥混凝土路面施工概述

水泥路面即水泥混凝土路面，俗称白色路面，是以水泥与水拌合成的水泥浆为结合料，以碎（砾）石、沙为集料，再加适当的掺和料及外掺剂，拌合成水泥混凝土混合料而筑成的路面面层和基层、垫层所组成的路面。即由水泥混凝土面层板和基层、垫层所组成的路面称为水泥混凝土路面。又因为当车辆行驶在路面上时，路面会产生较小的弯曲变形，所以也称为刚性路面。

（一）水泥混凝土路面的分类

1. 素水泥混凝土路面

素水泥混凝土路面包括普通混凝土路面［除接缝区和局部范围（边缘和角隅）外不配置钢筋的混凝土路面］和全部缩缝设传力杆的混凝土路面。

2. 钢筋混凝土路面

钢筋混凝土路面包括局部补强使用的间断（带接缝）钢筋混凝土路面、连续配筋混凝土路面和预应力钢筋混凝土路面。

3. 装配式混凝土路面

装配式混凝土路面是在工厂中把混凝土预制成板块，然后运至工地现场装配而成的路面。

4. 钢纤维混凝土路面

在水泥混凝土中掺入一些低碳钢、不锈钢纤维或其他纤维（如塑料纤维、纤维网等）即成为一种均匀而多向配筋的混凝土。

（二）水泥混凝土路面的优缺点

1. 水泥混凝土路面的优点

（1）强度高刚度大、承载能力强

水泥混凝土路面具有很高的抗压强度和较高的抗弯拉强度以及抗磨耗能力，使其对基层的承载能力要求较低，适应在稳定基层上的大交通量和重载交通量的高速公路、国道、省道、机场、厂矿道路上使用。

（2）稳定性好

水泥混凝土路面耐水性好，能够较好地使用在降雨量较大地区和短期浸水的过水路面上。水泥混凝土路面的水稳性、热稳性均较好，特别是它的强度能随着时间的延长而逐渐提高，不存在沥青路面的那种“老化”现象。

（3）耐久性好

由于水泥混凝土路面的强度和稳定性好，所以它经久耐用，一般能使用20年，而且它能通行包括履带式车辆等在内的各种运输工具。在标准轴载作用下，疲劳寿命可为500 ~ 1 000万次，且抗冻性、抗滑性、耐磨性等耐久性优良。

（4）有利于夜间行车

混凝土路面色泽鲜明，能见度好，对夜间行车有利。

（5）隔热性好

水泥混凝土路面冰雪融化慢，对于季节性冻土路段，保证路基冻土不融化失稳具有重要价值。对粗集料磨光值和磨耗值要求低，集料易得。

另外，路面更环保，当水流经过时，路面水对周围土壤和地下水无污染，而且可在水泥混凝土路面中使用粉煤灰具有良好的环保效益，且耐油、耐酸、耐碱、耐腐蚀性强：其在保证建设质量前提下，维修费用很节省，运营油耗低、经济性好，无沥青路面的弯沉盆，所以在使用期内车辆燃油消耗比沥青路面节省15% ~ 20%。

2. 水泥混凝土路面的缺点

（1）同等平整度舒适性较低

刚性路面模量很高，反弹颠簸大，设置的接缝多，振动大、噪声大。

（2）板体性强，对基层抗冲刷性要求高

要求基层表面平整、抗冲刷能力强，否则易在接缝处出现唧泥、错台、啃边与破坏。

（3）刚性大，不适应较大沉降

普通水泥路面不适用于基层与路基大变形和不均匀沉降，山区填挖方交界、高填方及长期浸水路段。

（4）对超载与脱空相当敏感

普通水泥混凝土路面在超载条件下对板厚设计不足、材料强度不高或不均匀、结构内渗透排水不畅，施工质量不高、基层淘刷和基础支持不稳固等很敏感，超轴载运行对刚性路面极为不利，极易形成断板、断面、断角等结构性破坏。

（5）维修难度大

水泥混凝土路面硬度大，在缺乏修复新材料和机械时，维修较为困难。交通运输部、机场、市政等部门正在进行快速维修技术的研究工作，目前已经能够实现当晚修复，第二天早上开放交通的要求。

另外，水泥混凝土路面容易造成眩光疲劳，白色路面的光、热反射能力高于黑色沥青路面，在高速公路上司机反映晃眼，眼睛容易疲劳。水泥混凝土路面颜色可使用彩色路面技术进行调整。

二、水泥混凝土路面施工工艺

（一）水泥混凝土路面对材料组成的要求

1. 水泥

水泥是水泥混凝土路面中最重要的胶凝材料，其质量直接影响水泥混凝土路面弯拉强度、抗冲击振动性能、疲劳寿命、稳定性和耐久性等关键性能，必须引起高度重视。

高速公路水泥混凝土路面所用水泥应具有抗折强度高、耐疲劳、收缩小、耐磨性强、抗冻性好的特点。常用的路用水泥有道路硅酸盐水泥、硅酸盐水泥、普通硅酸盐水泥、矿渣硅酸盐水泥等。极重、特重、重交通荷载等级公路面层水泥混凝土应采用旋窑生产的道路硅酸盐水泥、硅酸盐水泥或普通硅酸盐水泥；中、轻交通荷载等级公路面层可采用矿渣硅酸盐水泥；高温施工宜采用普通型水泥，低温施工宜采用早强型水泥。

2. 粗集料与再生粗集料

集料是混凝土中含量最多的组成材料，粒径在 5 mm 以上者，称为粗集料；粒径在 5 mm 以下者，称为细集料。粗细集料在混凝土中占有 4/5 的比例，可见其重要性。

为获得密实、高强度、耐久性好、耐磨耗的混凝土，粗集料（碎石、破碎卵石或卵石）必须质地坚硬、耐久、洁净，有良好的级配。

粗集料的粒状以接近正方体为佳。长度大于平均粒径的 2.4 倍的称针状颗粒，厚度小于平均粒径的 40% 的称片状颗粒。表面粗糙且多棱角的粗集料，与水泥浆的黏附性好，配制的混凝土具有较高的强度，在相同水泥浆用量条件下，砾石配制的混凝土具有较好的和易性。这里应指出的是：选用含有非晶质活性二氧化硅岩石作粗集料时，如果水泥中的碱性氧化物含量较高（大于 0.6%），并且混凝土长期处于潮湿环境，则水泥中的碱性氧化物水解后生成的氢氧化钠和氢氧化钾会与集料中的活性二氧化硅发生化学反应，在集料表面生成一种碱—硅酸凝胶体。这种凝胶体吸水后体积膨胀，造成混凝土结构破坏，出现较深的网裂。这种损坏现象称为碱—集料反应，选用集料时应注意避免。目前已确定含非晶质活性二氧化硅的岩石有蛋白石、玉髓、鳞石英、方石英、硬绿泥岩、硅镁石灰岩、玻璃质或隐晶流纹岩、安山岩和凝灰岩等。

3. 细集料

细集料应采用质地坚硬、耐久、洁净的天然沙、机制沙或混合沙，不宜使用再生细集料。

水泥混凝土面层使用的天然沙宜为中沙，细度模数为 2.0 ～ 3.7 的沙。同一配合比用沙的细度模数变化范围不应超过 0.3，否则，应分别堆放，并调整配合比中的沙率后使用。配筋混凝土路面及钢筋混凝土路面中不得使用海沙。淡化海沙还应符合下述规定：淡化海沙带入每立方米混凝土中的含岩量不应大于 10 kg。淡化海沙中碎贝壳等甲壳类动物残留物含量不应大于 1.0 %，与河沙对比试验，淡化海沙应对沙浆磨光值、混凝土凝结时间、耐磨性、弯拉强度等无不利影响。

4. 掺和料

使用道路硅酸盐水泥或硅酸盐水泥时，可在混凝土中掺入适量粉煤灰；使用其他水泥时，不应掺入粉煤灰。面层混凝土可单独或复配掺用符合规定的粉状低钙粉煤灰、矿渣粉或硅灰等掺和料。不得掺用结块或潮湿的粉煤灰、矿渣粉和硅灰。

粉煤灰宜采用散装灰，进货应有等级检验报告。应确切了解所用水泥中已经加入的掺合料的种类和数量。路面和桥面混凝土中可使用硅灰或磨细矿渣，使用前应经过试配检验，确保路面和桥面混凝土弯拉强度、工作性、抗磨性、抗冻性等技术指标合格。

5. 水

清洗集料、拌合混凝土及养护所用的水，不应含有影响混凝土质量的油、酸、碱、盐类、有机物等。饮用水一般均适用于混凝土。

6. 外加剂

混凝土外加剂已被列为混凝土混合料的必备成分。外加剂的用量一般不超过水泥用量的 5%，常用的外加剂有引气剂、减水剂、促凝剂、早强剂、防冻剂及阻锈剂等。

有抗（盐）冻要求地区、桥面、路缘石、路肩及贫混凝土基层必须使用引气剂，无抗盐（冻）要求地区，二级及二级以上公路路面混凝土中应使用引气剂。引气剂的作用是改善和易性、减少泌水、提高抗渗性和抗冻性，同时有减水作用、增强耐力性，减少干缩和温缩变形、缓解了碱 - 集料反应和化学侵蚀膨胀。

为改善所拌混凝土和易性（水灰比低时和易性差）需使用减水剂。如木质素等减水剂（简称 M 剂）、萘系减水剂（NF、MF）、水溶性树脂（密胺树脂）类减水剂（SN）等。

由于引用外加剂后会改变混凝土对制备工艺的要求，使用时应特别小心，同时，要特别注意配量正确和在混合料中均匀拌合。

外加剂产品应使用工程实际采用的水泥、集料和拌合用水进行试配，检验其性能，确定合理掺量。外加剂复配使用时，不得有絮凝现象，应使用工程实际采用的水泥、集料和拌合用水进行试配，确定其性能满足要求后方可使用。各种可溶外加剂均应充分溶解为均匀水溶液，按配合比计算的剂量加入。采用非水溶的粉状外加剂时，应保证其分散均匀、搅拌充分、不得结块：滑模摊铺施工的水泥混凝土面层宜采用引气高效减水剂；高温施工混凝土拌合物的初凝时间短于 3 h 时，宜采用缓凝引气高效减水剂；低温施工混凝土拌合物终凝时间长于 10 h 时，宜采用早强引气高效减水剂。

7. 钢筋

水泥混凝土、钢筋混凝土及连续配筋混凝土面层所用钢筋、钢筋网、传力杆、拉杆等应符合国家和行业现行相关标准的规定。钢筋不得有裂纹、断伤、刻痕、表面油污和锈蚀。配筋混凝土路面与桥面用钢筋宜采用环氧树脂涂层或防锈漆涂层等保护措施。

传力杆应无毛刺，两端应加工成圆锥形或半径为 2 ~ 3 mm 的圆倒角。胀缝传力杆应在一端设置镀锌钢管帽或塑料套帽，套帽厚度不应小于 2.0 mm，并应密封不透水，套帽长度宜为 2.0 mm，套帽内活动空隙长度宜为 30 mm。传力杆钢筋应采取喷塑、镀锌、电镀或涂防锈漆等防锈措施，防锈层不得局部缺失。拉杆钢筋应在中部不小于 100 mm 范围内采取涂防锈漆等防锈措施。

8. 纤维

用于路面和桥面水泥混凝土的钢纤维质量除应满足《纤维混凝土应用技术规程》（JGJ/T 221—2010）等标准的要求外，尚应符合下列规定：钢纤维抗拉强度等级不应低于 600 级；钢纤维应进行有效的防锈蚀处理；钢丝切断型钢纤维或波形、带倒钩的钢纤维不应使用；钢纤维表面不应沾染油污及妨碍水泥黏结及凝结硬化的物质，结团、黏结连片的钢纤维不得使用。

用于面层水泥混凝土的玄武岩短切纤维的外观应为金褐色，匀质、表面无污染、二氧化硅含量应为 48% ~ 60%。其表面浸润剂应为亲水型。

9. 接缝材料

胀缝接缝板应选用能适应混凝土板膨胀收缩、施工时不变形、复原率高和耐久性好的材料。高速公路和一级公路宜选用泡沫橡胶板、沥青纤维板；其他等级公路也可选用浸油木板。用于水泥混凝土面层的胀缝板的高度、长度和厚度应符合设计要求，并按设计间距预留传力杆孔。孔径宜大于传力杆直径 2 mm，高度和厚度尺寸偏差均应小于 1.5 mm。

接缝填缝料应选用与混凝土接缝槽壁黏结力强、回弹性好、适应混凝土板收缩、不溶于水、不渗水、高温时不流淌、低温时不脆裂、耐老化、有一定抵抗沙石嵌入的能力、便于施工操作的材料。硅酮类、聚氨酯类常温施工式填缝料可用于各等级公路水泥混凝土面层；橡胶沥青、改性沥青类填缝料可用于二级及二级以下公路，不宜用于高速公路和一级公路；道路石油沥青类填缝料可用于三四级公路，不宜用于二级公路，不得用于高速公路和一级公路。

填缝背衬垫条应具有弹性良好、柔韧性好、不吸水、耐酸碱腐蚀及高温不软化等性能，背衬垫条可采用橡胶条、发泡聚氨酯、微孔泡沫塑料等制成，其形状宜为可压缩圆柱形，直径宜比接缝宽度大 2 ~ 5 mm。

10. 夹层与封层材料

沥青混凝土夹层用材料、热沥青表处与改性乳化沥青稀浆封层材料应符合《公路沥青路面施工技术规范》（JTG F40—2004）的规定。

11. 养护材料

水泥混凝土面层用养护剂应采用由石蜡、适宜高分子聚合物与适量稳定剂、增白剂经胶体磨制成水乳液，不得采用以水玻璃为主要成分的养护剂。养护剂宜为白色胶体乳液，不宜为无色透明的乳液。使用养护剂时，高速公路、一级公路水泥混凝土面层应使用满足一级品要求的养护剂，其他等级公路可使用满足合格品要求的养护剂。

高温期施工时，宜选用白色反光面膜的节水保湿养护膜；低温期施工时，宜选用黑色或蓝色吸热面膜的产品。

（二）水泥混凝土路面的施工准备

应对施工现场及其附近的原材料、燃油、水资源储存及供应情况进行充分调研，收集当地气候特征、中长期天气预报、无线通信条件等与施工相关的资料。应根据标段施工条件、场地位置、沿线建筑物等情况，对现场施工便道、拌合站、钢筋加工场、生活与办公区等进行合理的总体布局。

应根据路面的设计与施工质量控制水平要求、工程规模、进度工期等条件选择适宜施工工艺、机械设备及其数量，制订施工方案和施工组织计划。基层、封层或夹层应验收合格，并应测量校核平面和高程控制桩，恢复路面中心、边缘等全部基本标桩，测量精度应满足相应规范的规定。

1. 选择摊铺成型施工机械

目前，我国在实际水泥混凝土路面工程建设中，高速公路、一级公路基本上使用滑模摊铺装备和工艺，二级及其以下公路水泥混凝土路面的施工，大多采用三辊轴机组施工设备与工艺，小型机具施工工艺多用于三、四级公路。

常见的水泥混凝土路面的摊铺机械有滑模摊铺机、三辊轴机组、小型机具、碾压混凝土摊铺机等。

（1）滑模摊铺机

滑模摊铺机铺筑是指采用滑模摊铺机铺筑水泥混凝土路面的施工工艺其特征是不架设边缘固定模板，能够一次完成布料摊铺、振捣密实、挤压成型、抹面修饰等混凝土路面摊铺功能。

高速公路、一级公路推荐整幅滑模摊铺机，高速公路、一级公路施工，宜选配能一次摊铺2 ~ 3个车道宽度（7.5 ~ 12.5 m）的滑模摊铺机，尽量使用整幅12.5 m宽度的大型滑模摊铺机，以减少纵向连接纵缝部位的不平整及存水现象。二级公路推荐9 m整宽滑模摊铺机，二级及以下公路路面的最小摊铺宽度不得小于单车道设计宽度，在二级公路上有条件时，推荐采用中央设路拱的8 ~ 9 m宽滑模摊铺机。无论是哪种设备，首先必须满足施工路面、路肩、路缘石和护栏等的基本施工要求；其次摊铺机本身的工作配置件要齐全，应配备螺旋或刮板布料器、松方高度控制板、振动排气仓、夯实杆或振动搓平梁、自动抹平板、侧向打拉杆及同时摊铺双车道的中部打拉杆装置等。

硬路肩推荐与路缘石连体摊铺，硬路肩的摊铺宜选配中小型多功能滑模摊铺机，并宜连体一次摊铺路缘石。

（2）三辊轴机组

三辊轴机组铺筑是指采用振捣机、三辊轴整平机等机组铺筑混凝土路面的施工工艺。

三辊轴摊铺整平机以轴的直径划分型号，以轴的长度划分规格，应根据摊铺宽度确定规格。从摊平拌合物考虑，轴的直径大比较有利；从有效密实深度考虑，轴的直径较小比较有利。目前市场上的三辊轴摊铺整平机，轴的直径有 168 mm、219 mm 和 240 mm 三种。采用较大的轴径施工效率较高，平整度较好，但表面浆体比较容易离析，浆较薄；采用较小的轴径，提浆效果较好，但轴易变形，应注意校正。板厚 200 mm 以上宜采用直径 168 mm 的辊轴；桥面铺装或厚度较小的路面可采用直径 219 mm 的辊轴。轴长宜比路面宽度长出 600 ~ 1 200 mm。

振动轴的转速有 300 r/min 和 380 r/min 两种，宜采用较小的转速，以保证有效振实和提浆。振动轴的转速不宜大于 380 r/min。振动功率宜大于 7.5 kW；驱动轴的最大行驶速度不大于 13.5 m/min，驱动功率不小于 6 kW 以保证振轴和驱动轴有足够大的功率，以克服混合料和模板的阻力，实现摊铺、振动密实及整平功能。

三辊轴机组铺筑混凝土面板时，必须同时配备一台安装插入式振捣棒组的排式振捣机，尽量使用同时安装有辅助摊铺的螺旋布料器和松方控制刮板形式，并具有自动行走功能。

（3）小型机具

小型机具铺筑是指采用固定模板人工布料，手持振捣棒，振动板或振捣梁振实，棍杠、修整尺、抹平刀整平的混凝土路面施工工艺。

小型机具施工中、轻交通等级水泥混凝土路面时可使用。它技术简单成熟，施工便捷，不需要大型设备，主要靠人工，但劳动强度最大，使用的劳动力数量最多，是劳动力密集型的水泥混凝土路面施工方式。

（4）碾压混凝土摊铺机

碾压混凝土路面铺筑是指采用特干硬性水泥混凝土拌合物，使用沥青摊铺机摊铺，压路机械碾压密实成型的混凝土路面施工工艺。

碾压混凝土路面施工最好选择带自动找平系统和高密实度烫平板的大型沥青摊铺机，最大摊铺厚度可达到 30 cm，摊铺预压密实度可达到 85% 以上。根据路面摊铺宽度可选用 1 ~ 2 台。压实机械采用质量为 10 ~ 12 t 的振动压路机 1 ~ 2 台；15 ~ 25 t 的轮胎压路机 1 台，用于路面碾压。1 ~ 2t 的小型振动压路机 1 台，用于边缘压实。

2. 施工组织

施工单位应根据设计图纸、合同文件、摊铺方式、施工条件等，确定混凝土路面施工工艺流程、施工方案，编制详细的切实可行的施工组织设计；对平面和高程进行复测和恢复性测量；建立具备资质要求的现场实验室；铺设必要的施工便道及对相关的技术人员进行培训。

施工组织设计应包括下列内容：①施工机械设备种类与数量组合、进场计划、操作人员与设备调配方案。②路面的施工工艺流程、质量检验计划、关键工序质量控制要求。③配合比的试验、检验与控制程序，计划和质检人员安排。④工程计划进度网络图及直方图。⑤原材料进场计划，水资源、油料与电力获取方式、供应计划与备用方案。⑥劳动力进场计划。⑦拌合站、钢筋加工场、项目部与生活区建设方案。⑧施工便道及临时导改方案，原材料与混凝土运输道路的建设计划与施工交通管制。⑨安全生产计划等。

施工过程中，应结合工程的进展速度及变化情况，及时调整施工组织设计，使工程质量及进度始终处于可控状态。

3. 选择混凝土拌合场地和拌合机械

根据施工路线的长短和所采用的运输工具，混凝土可以集中在一个场地拌制，也可以在沿线选择几个场地，随工程进展情况迁移，拌合场地的选择首先要考虑使运送混合料的运距最短，同时还要接近水源和电源。此外，拌合场地应有足够的面积，以供堆放沙石材料和搭建水泥库房。

根据技术设计要求与当地材料供应情况，做好混凝土各组成材料的试验，进行混凝土各组成材料的配合比设计。

拌合设备按拌合过程的生产方式可以分为间歇式搅拌楼和连续式搅拌楼。间歇式搅拌楼是每锅单独称料的，因此，搅拌精确度高于连续楼，弃料少，宜优先选配间歇式搅拌楼；也可使用连续式搅拌楼，它也能够达到滑模摊铺高速公路水泥混凝土路面的要求。连续式搅拌楼应配备两个搅拌锅或一个长度足以搅拌均匀的搅拌锅，并应在搅拌锅上配备电视监控设备。前者是为了保证拌合物匀质性和熟化程度，后者是为了保障安全。

4. 基层的检查与整修

施工前应对桥头、软基、高填方、填挖方交界等处的路基段进行连续沉降观测，当发现局部路基段沉降尚未稳定时，不得进行该段面层施工。

面层施工前，应提供足够连续施工 7 d 以上的合格基层，并应严格控制表面高程和横坡。基层的宽度、路拱与标高、表面平整度和压实度，均应检查其是否符合要求。如有不符合之处，应予整修。

局部破损的基层应按下列规定进行整修：①存在挤碎、隆起、空鼓等病害的基层，应清除病害部位，并使用相同的基层料重新铺筑。②当基层产生非扩展性温缩、干缩裂缝时，可先采用灌沥青密封防水后，再采用土工合成材料进行防裂处理。③局部开裂、破碎的部位，应局部全厚度挖除，并采用贫混凝土修复。

5. 夹层与封层施工

薄膜封层的铺设施工应符合下列规定：施工前，应清除基层表面的浮土、碎石等杂物，再铺设薄膜。封层铺设应完全覆盖基层表面，不得漏铺，并应做到平整、顺直，避免褶皱。一布一膜型复合土工膜或单面复合塑料编织布封层铺设应使膜面朝上，布面紧贴基层。封层搭接时，纵向搭接长度不应小于 500 mm，横向搭接宽度不应小于 300 mm。采用黏结方式连接时，纵向黏结长度不应小于 200 mm，横向黏结宽度不应小于 150 mm。重叠部分，沿纵坡或横坡下降方向高程较大一侧，封层应在上方。纵坡大于5.0%路段和设计超高的弯道封层宜采用二布一膜型复合土工膜，平曲线上宜采用折线形式铺设。薄膜封层宜与基层表面粘贴固定，应对铺设好的封层进行保护，损坏的封层应及时进行修补。封层铺设应在面层施工模板或基准线安装前完成。

薄膜封层铺设质量检验应符合下列规定：薄膜封层铺设搭接偏差、宽度偏差不得超过规定值的 20%。因施工产生最大破口长度不得超过 60 mm；每 $10m^2$ 范围内长度超过 20 mm 的破口数量不得超过 3 个。所有破口均应贴补修复或更换新封层。

6. 试验路段铺筑

公路水泥混凝土面层施工前，应制订试验路段的施工方案和质量检测计划，并应铺筑试验路段。试验路段长度不应短于 100 m，高速公路、一级公路宜在主线路面以外进行试铺。

试验路段铺筑应达到下述目的：①确定拌合楼的拌合参数、实际生产能力和配料精度；②检验混凝土的施工性能、技术参数和实测强度；③检验铺筑机械、工艺参数及与拌合能力匹配情况；④检验施工组织方式、质量控制水平和人员配备。

拌合楼应通过动、静态标定检验合格后方可试拌。试拌应确定下列内容：①每座拌合楼的生产能力、施工配合比的配料精度，以及全部拌合楼（机）的总产量；②计算机拌合程序及粗细集料含水率的反馈控制系统满足要求；③合理投料顺序和时间、纯拌合与总拌合时间；④拌合物坍落度、VC、含气量等工艺参数；⑤检验混凝土试件弯拉强度是否满足要求。用于试验段的拌合楼（机）试拌合格后，方可进行试验路段铺筑。

试验路段铺筑内容包括：①主要铺筑设备的工艺性能、质量指标和生产能力满足要求；辅助设备的配备合理、适用；模板架设固定方式或基准线设置方式能够保证高程和厚度控制要求。②实测试验路段的松铺系数、摊铺速度、振捣时间与频率、滚压遍数、碾压遍数、压实度、拉杆与传力杆置入精度、抗滑构造深度、摩擦系数、接缝、垂直度等。③验证施工各工艺环节操作要领，确定各关键岗位的作业指导书。④检验施工组织形式和人员编制。⑤通信联络、生产调度指挥及应急管理系统满足施工组织要求。

试验路段铺筑后，按面层质量检验项目要求和检查方法进行全面质量评定，并应符合下列规定：①应提交试验路段的检查结果总结报告，报告中应包括试铺路段所采用的工艺参数、检验结果、存在的问题及改进措施，对正式施工时拟采用的施工参数提出明确的指导书；②水泥混凝土路面试验路段应经过建设单位组织的对各项施工质量指标的复检和验收，合格后，经批准，方可投入正式铺筑施工；③符合各项质量技术要求的施工工艺、流程和参数应固化为标准化施工工艺模式，并贯穿施工全过程；④试验路段质量检验评定不合格，或未能达到预期目标时，应重新铺筑试验路段。

（三）水泥混凝土拌合物搅拌与运输

应根据工程规模、施工工艺和日进度要求合理配备拌合设备：混凝土拌合物应在初凝时间之内运输到铺筑现场。拌合楼（机）出口混凝土拌合物的坍落度，应根据铺筑最适宜的坍落度值加上运输过程中坍落度的经时损失值确定，并应根据运距长短、气温高低随时进行微调。当原材料、混凝土种类、混凝土强度等级等有变化时，应重新进行配合比设计及试拌，必要时应重新铺筑试验路段，合格后方可搅拌生产。

1. 水泥混凝土的拌合

（1）组成材料计量与进料顺序

进行拌合时，掌握好混凝土施工配合比，严格控制加水量，应根据沙、石料的实测含水率，调整拌合时的实际用水量。

（2）拌合时间

拌合时间依赖于叶片总行程从控制拌合物的黏聚性、匀质性及强度稳定性的角度出发，规定不同搅拌楼的总拌合时间及纯拌合时间。搅拌均匀的核心问题并非取决于时间，而是依赖于叶片总行程。由于负载大小不同，叶片行程也不同，因此，时间控制只有在额定容量时才正确，所以也可控制叶片总行程即叶片搅拌总周长。

拌合时间确定应同时考虑质量和产量拌合时间，确定是要在提高拌合物质量要求延长时间与提高拌合物产量和拌合效率这对矛盾中取得最佳的平衡。我国所有高速公路水泥混凝土路面滑模摊铺时的拌合均在铺筑初期。以质量控制为主，总拌合时间与纯拌合时间均比规范规定的时间要长，纯拌合时间一般不小于 45 s，施工正常时，在确保质量的前提下，提高产量，再调整到 35 ~ 40 s。规范给出的总拌合时间 60 s 与纯拌合时间 35 s 是最短时间，不得突破。

2. 水泥混凝土的运输

混合料宜采用翻斗车或自卸车运输，当运距较远时，宜采用水泥混凝土搅拌运输车运输。运送混凝土的车辆装料前，应清理厢罐，洒水润壁，排干积水。装料时，自卸车应挪动车位，防止离析。搅拌楼卸料落差不应大于 2 m。混凝土运输过程中应防止漏浆、漏料和污染路面，途中不得随意耽搁。自卸车运输应减小颠簸，防止拌合物离析。车辆起步和停车应平稳。

运输到现场的拌合物必须具有适宜摊铺的工作性。不同摊铺工艺的混凝土拌合物从搅拌机出料到运输、铺筑完毕的允许最长时间可根据水泥初凝时间及施工气温确定。不满足时应通过试验、加大缓凝剂或保塑剂的剂量。超过规定摊铺允许最长时间的混凝土不得用于路面摊铺。混凝土一旦在车内停留超过初凝时间，应采取紧急措施处置，严禁混凝土硬化在车厢（罐）内。使用自卸车运输混凝土最远运输半径不宜超过 20 km。

烈日、大风、雨天和低温天远距离运输时，自卸车应遮盖混凝土，罐车宜加保温隔热套。运输车辆在模板或导线区调头或错车时，严禁碰撞模板或基准线，一旦碰撞，应告知测工重新测量纠偏车辆倒车及卸料时，应有专人指挥。卸料应到位，严禁碰撞摊铺机和前场施工设备及测量仪器，卸料完毕，车辆应迅速离开。

（四）三辊轴机组与小型机具施工

三辊轴机组铺筑工艺可用于二级及二级以下公路的水泥混凝土路面面层、桥面和隧道混凝土面层的施工，也可用于高速、一级公路硬路肩、匝道、收费广场边板、封闭式中央分隔带、弯道超高加宽段硬路肩及局部异形面板等的施工。

小型机具铺筑工艺可用于三四级公路水泥混凝土面层的施工，不得用于隧道路面与桥面铺装。小型机具施工中、轻交通的低等级水泥混凝土路面时仍可使用。它技术简单成熟，施工便捷，不需要大型设备，主要靠人工。但劳动强度最大，使用的劳动力数量最多，是劳动力密集型的水泥混凝土路面施工方式。

三辊轴机组与小型机具两种铺筑工艺的混凝土应采用集中搅拌。铺筑长度不足 10 m 时，可使用小型搅拌机现场搅拌，严禁人工拌合。三辊轴机组与小型机具铺筑时，应加强各工序之间的衔接，振捣密实与成型饰面所需时间不得超过拌合物初凝时间。

1. 水泥混凝土面层的安装模板

定模摊铺，使用量最大、最多的是边缘侧向模板。首先要求模板为钢模板，公路混凝土路面板、桥面板和加铺层的施工模板应采用刚度足够的槽钢、钢制边侧模板，不应使用木模板、塑料模板等其他易变形的模板。原因是木模板的刚度偏小，其平整度的表面基准（3 m 直尺 5 mm）不能满足高速公路、一级公路平整度要求（3 m 直尺不大于 3 mm）。另外，木模板吸水易于变形，周转率低。

模板的高度为面板设计厚度。模板顶面用水准仪检查标高，不符合要求时予以调整。施工时，要经常检查模板平面和高程，并严加控制。模板长度以人工便于架设为准，一般为 3 ~ 5 m，且不宜短于 3 m。在小半径弯道，为了渐变弯道，可使用较短的模板。横向连接摊铺需设置拉杆时应按设计要求的拉杆距离，在模板上预留拉杆插入孔。为了提高模板的架设稳固性，要求每米模板应设置 1 处支撑固定装置进行水平固定。固定的作用主要是防止振捣机、三辊轴、振捣梁、滚杠振动和重力作用下向外水平位移，模板垂直度用垫木楔方法调整。模板底部的空隙，宜使用砂浆垫实或铺垫塑料薄膜，以防止振捣漏浆。立好的模板在浇筑混凝土之前，其表面应涂刷肥皂液、废机油等防黏剂，以便拆模。

横向施工缝端模板应为焊接钢制或槽钢模板，并按设计规定的传力杆直径和间距设置传力杆插入孔和定位套管。横向施工缝端头模板上的传力杆设置精确度要求较高，施工定位精确度不足时，传力杆将顶坏水泥路面。两边缘传力杆到自由边距离不宜小于 150 mm。每米设置 1 个垂直固定孔套。

模板数量应根据施工进度和施工气温确定，并应满足拆模周期内周转需要。一般情况下，模板总量不宜少于两次周转的需要。

模板安装前在基层上应进行模板安装及摊铺位置的测量放样，每 20 m 应设中心桩；每 100m 宜布设临时水准点；核对路面标高、面板分块、胀缝和构造物位置。测量放样的质量要求和允许偏差应符合相应测量规范的规定。纵横曲线路段应采用短模板，每块模板中点应安装在曲线切点上。以便较圆滑顺畅过渡曲线，并使混凝土用量最省。

模板应安装稳固、顺直、平整，无扭曲，相邻模板连接应紧密平顺，底部不得有漏浆、前后错楼、高低错台等现象。模板应能承受摊铺、振实、整平设备的负载行进、冲击和振动时不发生位移。严禁在基层上挖槽，嵌入安装模板。模板架设最主要的要求是稳固，在上部机械和机具的摊铺、振捣、整平及饰面作业下不位移且不妨碍各项作业。规定每米一个固定栓杆，小型机具作业时，稳固要求低些，三辊轴机组支模稳固性要求高些。

模板安装检验合格后，与混凝土拌合物接触的表面应涂脱模剂、隔离剂或粘贴塑料薄膜；接头应粘贴胶带或塑料薄膜等密封。目的是便于拆模，且防止漏浆、跑料。

拆模不得损坏板边、板角和传力杆、拉杆周围的混凝土，也不得造成传力杆和拉杆松动或变形。模板拆卸宜使用专用拔楔工具，严禁使用大锤强击拆卸模板。主要目的是在拆模时，不得损伤或撬坏路面，同时不得敲打和损坏模板。

2. 水泥混凝土面层三辊轴机组铺筑

三辊轴机组铺筑水泥混凝土面层时，应按照支模、安装钢筋、布料、振捣、三辊轴整平、精平、养生、刻槽（拉毛）、切缝、填缝的工艺流程进行。三辊轴整平机应由振动辗、驱动辗和甩浆辗组成，材质应为三根等长度同直径无缝钢管，并具有足够的刚度和耐磨性。三辊轴整平机的技术参数应根据面层厚度、拌合物工作性和施工进度等合理选用。

三辊轴整平机使用功能应符合下列规定：三辊轴整平机辗轴长度应比实际铺筑的面层宽度至少长出 0.6 m，两端应搭在两侧模板顶面；三辊轴整平机振动辗应有偏心振捣装置，偏心距应由密实成型所需振幅决定，宜为 3 mm。振动辗应安装在整平机前侧，由单独的动力驱动。甩浆辗的转动方向应与铺筑前进方向相反，不振动时可提离模板顶面。

纵坡路段宜向上坡方向铺筑，应全断面布料，松铺高度符合要求后，再使用振捣机开始振捣。振捣机应匀速缓慢、连续地振捣行进作业。振捣后的混凝土面层应成为连续均匀的整体，并达到所要求的密实度。振捣机振实后，料位应高于模板顶面 5 ~ 15 mm，局部坑洼不得低于模板顶面。过高时应铲除，过低应及时补料。

三辊轴整平机作业应符合下列规定：三辊轴整平机应按作业单元分段整平，作业单元长度宜为 10 ~ 30 m，施工开始或施工温度较高时，可缩短作业单元长度，最短不宜短于 10 m。振捣机振实与三辊轴整平两道工序之间的间隔时间不宜超过 15 min；在作业单元长度内，三辊轴整平机应采用前进振动、后退静滚方式作业；三辊轴整平机整平水泥混凝土面层不同料位高差的滚压遍数，可按拌合物坍落度初步设置，并根据试铺效果最终确定；三辊轴整平作业时，应处理整平轴前料位的高低情况，过高时应铲除，轴下的间隙应采用混凝土补平；振动滚压完成后，应升起振动辗，用甩浆辐抛浆整平一遍，再用整平轴前、后静滚整平，直到平整度符合要求、表面砂浆厚度均匀为止。路面表层砂浆的厚度宜控制为 4 mm ± 1 mm。过厚的稀砂浆应及时刮除丢弃，不得用于路面补平。三辊轴整平机整平后，应采用 3 ~ 5 m 刮尺，纵、横两个方向精平饰面，纵向不少于3遍，横向不少于2遍。也可采用旋转抹面机密实精平饰面2遍，直到平整度符合要求；饰面完成后，应立即开始保湿养生。

3. 水泥混凝土面层小型机具铺筑

小型机具铺筑宽度不大于4.5 m时，铺筑能力不宜小于20 km/h。混凝土拌合物摊铺前，应对模板的位置及支撑稳固情况，传力杆、拉杆的安设等进行全面检查。修复破损基层，并洒水润湿;用厚度标尺板全面检测板厚与设计值相符，方可开始摊铺。卸料时需专人指挥自卸车，尽量准确卸料。人工布料应用铁锹反扣，严禁抛掷和耧耙。人工摊铺混凝土拌合物的坍落度应控制为5 ~ 20 mm，拌合物松铺系数宜控制k=1.10 ~ 1.25，料偏干，取较高值；反之，取较低值。松铺系数控制的实际目的是估计布料高度超出边缘模板多少是合适的，小型机具施工与其他定模摊铺的方式一样，均要求布料高度应高出边模一定高度，以便振捣梁和辊杠能够起到挤压、振动及密实饰面的作用。

4. 碾压混凝土路面施工

碾压工艺可用于二三四级公路混凝土面层与高速公路、一级公路复合式路面碾压混凝土下面层施工。碾压铺筑应按卸料进摊铺机、摊铺机摊铺、拉杆设置、钢轮压路机初压、振动压路机复压、轮胎压路机终压、抗滑处理、养生、切缝等工艺流程进行。碾压混凝土面层摊铺，宜选用沥青混凝土摊铺机。摊铺机应具有振动压实功能，摊铺密实度不应小于85%。

采用沥青混凝土摊铺机摊铺时，松铺系数宜控制为1.05 ~ 1.15。采用基层摊铺机摊铺时，松铺系数宜控制为1.15 ~ 1.25，应通过试铺确定松铺系数。

摊铺前应洒水湿润基层。摊铺作业应均匀、连续，摊铺过程中不得随意变换速度或停顿。弯道及超高路段铺筑时，应及时调整左右两侧分料器的转速，保证两侧供料均衡、充足。两台摊铺机前后紧随摊铺时，两幅摊铺间隔时间应控制在1 h之内。拉杆设置应与摊铺同步进行。采用打入法时，应根据设计间距设醒目的定位标记，准确打入拉杆。摊铺后，应立即对所摊铺混凝土表面进行检查，局部缺料部位，应及时补料。局部粗集料聚集部位，应在碾压前挖除并用新混凝土填补。

碾压应紧随摊铺机碾压。碾压宜分初压、复压和终压三个阶段进行，并应符合下列规定：压路机应匀速稳定、连续行进，中间不应停顿、等候和拖延，也不得相互干扰；压路机起步、倒车和转向均应缓慢柔顺，碾压过程中不得中途急停、急拐、紧急起步及快速倒车；初压宜采用钢轮压路机或振动压路机静碾压，重叠量宜为1/4 ~ 1/3钢轮宽度；复压宜采用10 ~ 15 t振动压路机振动碾压，重叠量宜为1/3 ~ 1/2振动碾宽度。复压遍数应以实测满足规定压实度值为停止复压标准；终压应采用15 ~ 25 t轮胎压路机静碾压，以弥合表面微裂纹和消除轮迹为停压标准。

碾压密实后的表面应及时喷雾、洒水，并尽早覆盖养生。施工过程中应采取措施控制碾压混凝土表面裂纹的产生。碾压终了后的面层表面不应有可见微裂纹。

碾压混凝土面层横向施工缝施工应符合下列规定：在施工段终点处应设压路机可上、下面层的纵向斜坡；第二天摊铺开始前，应检测前一施工段终点厚度及平整度不合格段落；应全厚度切除不合格段落的混凝土；纵向连接摊铺新路面时，施工缝侧壁应涂刷水泥浆；受设备限制，切缝深度不能达到混凝土面层全厚时，切缝深度不应小于 800 mm，并应将施工缝下部凿顺直。

碾压混凝土面层胀缝应与下面层或基层中的胀缝对齐。纵、横向缩缝应采用硬切缝，硬切缝及填缝要求与水泥混凝土面层相同。碾压混凝土面层抗滑构造采用表面露石构造时，粗集料的磨光值 PSV 不应小于 35，洛杉矶磨耗损失不宜大于 35%。在混凝土终凝之前，应扫除表面的砂浆。露石面积不宜少于 70%。

（五）面层接缝、抗滑构造施工及养生

各级公路行车道与超车道面层表面应制作细观抗滑纹理和宏观抗滑构造，不得遗留光滑的表面。纹理和构造深度应均匀一致。各种水泥混凝土面层、隧道路面、桥面铺筑完成后，均应立即开始保湿养生，养生龄期应满足强度增长的要求。

1. 接缝施工

当一次铺筑宽度小于面层加硬路肩总宽度时，应按设计设置纵向施工缝。纵向施工缝宜采用平缝加拉杆型。

水泥混凝土面层纵向缩缝施工应符合下列规定：采用滑模摊铺机施工时，纵向施工缝的拉杆宜采用支架法安设，也可采用侧向拉杆液压装置一次推入；采用固定模板施工时，应从侧模预留孔中插入拉杆并振实；插入的侧向拉杆应牢固，避免松动和漏插。拉杆握裹强度应实测，不满足规定要求时应重新设置拉杆。

增强钢纤维混凝土面层切割纵、横缝中可不设拉杆与传力杆；断开的纵、横施工缝中应设拉杆与传力杆。抗裂纤维混凝土面层各种接缝中的拉杆与传力杆设置应与水泥混凝土面层相同。

纵向缩缝的切缝要求应与横向缩缝相同。对已插入拉杆的纵向假缩缝切缝深度不应小于 1/4 ~ 1/3 板厚，最浅切缝深度不应小于 70 mm，纵、横向缩缝宜同时切缝。已插入拉杆的假纵缝必须加深切缝，以防传力杆端部混凝土路面断裂。

切缝宽度应控制在 4 ~ 6 mm，锯片厚度不宜小于 4 mm，切缝时锯片晃度不应大于 2 mm。当切缝宽度小于 6 mm，可采用 6 ~ 8 mm 厚锯片二次扩填缝槽或台阶锯片切缝，这有利于将填缝料形状系数控制在 2 左右，接缝断开后适宜的填缝槽宽度宜为 7 ~ 10 mm，最宽不宜大于 10 mm，填缝槽深度宜为 25 ~ 30 mm。这样，既保证了接缝不因嵌入较大粒径的坚硬石子而崩碎边角，又兼顾了填缝材料不致因拉应变过大而过早拉裂失去密封防水效果。

（1）变宽路段切缝

在变宽度路面上，宜先切缝划分板宽。匝道上的纵缝宜避开轮迹位置，横缝应垂直于每块面板的中心线。变宽度路面缩缝，允许切割成小转角的折线，相邻板的横向缩缝切口必须对齐，允许偏差不得大于 5 mm。在弯道加宽段、渐变段、平面交叉口和匝道进出口横向加宽或变宽路面上，横向缩缝切缝必须缝对缝，无法对齐时，可采用小转角折线缩缝。其原因是纵缝有拉杆传递拉开变形，将未对缝的面板拉断。若不对缝，又不允许拉断，变宽路面纵缝两侧应采用钢筋混凝土或配边缘补强钢筋。

在极重、特重和重交通公路、收费广场、邻近胀缝或路面自由端的 3 条缩缝应采用假缝加传力杆型。传力杆设置方式有两种：一是用滑模摊铺机配备的传力杆自动插入装置在摊铺时置入；二是使用前置钢筋支架法施工。后者传力杆设置精确度有保证，但在设有布料机的情况下，影响摊铺速度，且投资增大。使用传力杆自动插入装置时，传力杆插入造成的上部破损缺陷应由振动搓平梁进行彻底修复。支架法的构造中的双 U 形钢筋支架与梯形钢筋支架有所不同。双 U 形钢筋支架是两侧可独立位移的脱离体，而梯形钢筋支架有跨越接缝的连接钢筋，使用中几条缩缝仅拉开一条较宽的缩缝，开口位移量较大的宽缝难以防水密封，但其节省钢筋，并便于加工安装。

钢筋支架应具有足够的刚度，传力杆应准确定位，摊铺之前应在基层表面放样，并用钢钎锚固，宜使用手持振捣棒振实传力杆高度以下的混凝土，然后机械摊铺。传力杆无防粘涂层一侧应焊接，有涂料一侧应绑扎。置入传力杆时，应在路侧缩缝切割位置做标记，保证切缝位于传力杆中部。

（2）横向缩缝切缝

目前水泥混凝土路面切缝技术有很大进展，设备有软切缝机、普通切缝机、支架切缝机等；切缝方式有全部硬切缝、软硬结合切缝和全部软切缝三种：切缝方式的选用，应由施工期间该地区路面摊铺完毕到切缝时的昼夜温差确定。根据我国南北方各地的施工经验观察，给出了在当地日温差条件下适宜的切缝方法和深度。

对分幅摊铺的路面应在先摊铺的混凝土板横缩缝已断开的部位做标记，在后摊铺的路面上应对齐已断开的横缩缝提前软切缝。分幅横向连接摊铺纵缝有拉杆的水泥混凝土路面，对先铺路面已经断开的缩缝，由于拉杆会传递拉应变，导致后铺路面在硬切缝之前就断板了，应特别注意提前软切缝防止断板。

纵向带拉杆假缩缝及横向带传力杆缩缝的切缝应高度重视，近年来，采用滑模摊铺机和三辊轴机组一次摊铺两个车道不小于 7.5 m 的路面，由于假纵缝和传力杆缩缝切缝深度过浅和切缝时间太迟，引起了一些拉杆和传力杆端部的纵向开裂现象，因此规定已设置拉杆的假纵缝和设有传力杆的缩缝，切缝深度不应小于 1/4 板厚，最浅不小于 70 mm；无传力杆缩缝的切缝深度应为 1/5 ~ 1/4 板厚，最浅不得小于 60 mm。最迟切缝时间不宜超过 24 h。

胀缝应采用前置钢筋支架法施工，也可采用预留一块面板，高温时再铺封。前置法施工、应预先加工、安装和固定胀缝钢筋支架，并在使用手持振捣棒振实胀缝板两侧的混凝土后再摊铺。胀缝板应连续贯通整个路面板宽度。胀缝施工的关键技术有两条：一是保证钢筋支架和胀缝板准确定位，使机械或人工摊铺时不产生推移、支架不弯曲、胀缝板不倾斜，要求支架和胀缝板较有力地固定；二是胀缝板上部软嵌入临时木条、胀缝板顶部会提前开裂，来不及硬切（双）缝，已经弯曲断开，缝宽不一致，很难处理。解决办法是临时软嵌（20 ~ 25 mm）× 20 mm 木条，保持均匀缝宽和边角完好性，直到填缝，剔除木条（施工车辆通行期间不剔除），再粘胀缝多孔橡胶条或填缝。

（3）胀缝填缝

路面胀缝和桥台隔离缝等应在填缝前，凿去接缝板顶部嵌入的木条，涂胶黏剂后，嵌入胀缝专用多孔橡胶条或灌进适宜的填缝料，当胀缝的宽度不一致或有啃边、掉角等现象时，必须灌缝，不得嵌缝，因为只要有一侧边角破损时，是无法进行嵌缝的。

从胀缝很大的变形量来看，胀缝中的填缝料不宜使用各种密实型填缝材料，因为填料在热天容易被挤出、带走或磨掉，而冬季则会收缩成槽，所以推荐上表面较厚的儿童防护的多孔橡胶条。桥面伸缩缝应按伸缩缝厂商提供的配套填缝材料（一般为特种橡胶带）和要求填缝。

每天摊铺结束或摊铺中断时间超过 30 min 时，混凝土已经初凝、中断或结束摊铺应使用端头钢模板设横向施工缝。横向施工缝位置宜与胀缝或缩缝重合，横向施工缝与胀缝重合时，应按胀缝施工，胀缝两侧补强钢筋笼宜分两次安装。角隅部位的传力杆与拉杆交叉时，应取消交叉部位的拉杆，保留传力杆。这样做的目的是在横向施工缝中不仅保证优良的荷载传递，而且拉成整体板。这种板中施工缝也会由于面板混凝土干缩形成微细裂缝，所以也需要切缝和灌缝。横向施工缝应与路中心线垂直。

2. 抗滑构造施工

人工修整表面时，宜使用木抹子。用钢抹子修整过的光面，必须再拉毛处理，以恢复细观抗滑构造。

细观纹理的施工应符合下列规定：细观纹理宜在精平后的湿软表面，使用钢支架拖挂 1 ~ 3 层叠合麻布、帆布等布片拖出。布片接触路面的长度宜为 0.7 ~ 1.5 m，细度模数较大的粗沙，接触长度宜取小值；细度模数较小的细沙，接触长度宜取大值；用抹面机修整过较干硬的光面，可采用较硬的竹扫帚扫出细观纹理；已经硬化后的光滑表面可采用钢刷刷毛、喷砂打毛、喷钢丸打毛、稀盐酸腐蚀、高压水射流等方式制作细观纹理。

极重、特重和重交通荷载等级公路水泥混凝土面层应采用刻槽法制作宏观抗滑构造。中、轻交通荷载等级公路水泥混凝土面层可使用拉槽法制作宏观抗滑构造。在水平弯道路段、桥面、隧道路面宜使用纵向槽。当组合坡度小于 3% 时，要求减噪的路段可使用纵向槽。组合坡度大于或等于 3% 的纵坡路段，应使用横向槽。

采用刻槽法制作宏观抗滑构造时，刻槽机最小刻槽宽度不应小于 500 mm。衔接距离与槽间距相同。刻槽过程中应避免槽口边角损坏，不得中途抬起刻槽机或改变刻槽方向。刻槽不得刻穿纵、横缩缝。刻槽后表面应随即冲洗干净，并恢复路面的养生。

当工程量较小时，可使用人工拉槽施工；当工程量较大，施工速度较快时，宜采用拉毛机施工。当日施工进度超过 500 m 时，抗滑沟槽制作宜选用拉毛机械施工。没有拉毛机时，可采用人工拉槽方式。在混凝土表面泌水完毕 20 ~ 30 min 内应及时进行拉槽。拉槽深度应为 3 ~ 4 mm，槽宽为 3 ~ 5 mm，每耙之间距离与槽间距为 12 ~ 25 mm。槽深基本均匀。

极重、特重和重交通混凝土路面宜采用硬刻槽，凡使用圆盘、叶片式抹面机整平后的混凝土路面、钢纤维混凝土路面必须采用硬刻槽方式制作抗滑沟槽。可采用等间距刻槽，其几何尺寸同上，为降低噪声宜采用非等间距刻槽，尺寸宜为：槽深 3 ~ 5 mm，槽宽 3 mm，槽间距 12 ~ 24 mm，随机调整。对路面结冰地区，硬刻槽的形状宜使用上宽 6 mm、下宽 3 mm 的梯形槽；硬刻槽机质量宜大不宜小，一次刻槽最小宽度不应小于 500 mm，硬刻槽时不应掉边角，也不得中途抬起或改变方向，并保证硬刻槽刻到面板边缘。抗压强度达到 40% 后可开始硬刻槽，并宜在两周内完成。硬刻槽后应随即冲洗干净路面，并恢复路面的养护。

3. 水泥混凝土面层养生

面层养生应合理选择养生方式，保证混凝土强度增长的需要，防止养生过程中产生微裂纹与裂缝。混凝土路面铺筑完成或软作抗滑构造完毕后应立即开始养生。高速公路、一级公路混凝土面层宜采用养护剂加覆膜养生。在雨天或养生用水充足的情况下，也可采用覆盖保湿膜、土工毡、土工布、麻袋、草袋、草帘等洒水湿养生方式，不宜使用围水养生方式。在缺水条件下，宜采用覆盖节水保湿养护膜养生，并应洒透第一遍养生水。

养护剂的喷洒应符合下列规定：喷洒应均匀，喷洒后的表面不得有颜色差异。成膜厚度应满足产品要求，并足以形成完全密闭水分的薄膜；养护剂的喷洒宜在表面抗滑纹理做完后即刻进行。刚铺筑的湿软混凝土面层遭遇刮风或暴晒天气，摊铺现场水分蒸发率接近 0.50 kg/（$h \cdot m^2$），开裂风险较大时，可提前喷洒养护剂养生；喷洒高度宜控制为 0.10 ~ 0.30 m，现场风大时，可采用全断面喷洒机贴近路面喷洒的方式喷洒；养护剂的现场平均喷洒剂量宜在试验室测试剂量基础上，一等品再增加不小于 40%，合格品增加不小于 60%；不得使用易被雨水冲刷掉的、阳光暴晒可融化的或引起表面开裂、卷起薄壳的养护剂。

覆盖保湿养护膜应符合下列规定：覆盖养生的初始时间，应为不压坏表面细观抗滑纹理的最短时；养护膜材料的最窄幅宽不宜小于 2 m；两条膜层对接时，纵向搭接宽度不宜小于 400 mm，横向搭接不宜小于 200 mm。养生期间应始终保持薄膜完整盖满；应有专人巡查养护膜覆盖完整情况。养生期间被掀起或撕破养生片材均应及时重新洒水，并完整覆盖；当现场瞬间风力大于 4 级时，宜在养护膜表面罩绳网或土工格栅，并压牢固，防止养护膜被大风吹破。

低温期或夏季夜间气温有可能低于的 0℃高原、山区施工水泥混凝土路面和桥面时，应采取保温保湿双重养生措施。保温养生材料可选用干燥的泡沫塑料垫、棉絮片、苇片、草帘等。养生期间遭遇降雨时，应在保温片材上、下表面采取包覆隔水膜层等防水措施。

（六）滑模机械铺筑混凝土面层

滑模摊铺技术是指采用滑模摊铺机铺筑混凝土路面的施工工艺。其特征是不架设边缘固定模板，能够一次完成布料摊铺、振捣密实、挤压成型、抹面修饰等混凝土路面摊铺功能。滑模摊铺技术已成为我国在高等级公路水泥混凝土路面施工中广泛采用的工程质量最高、施工速度最快、装备最现代化的高新成熟技术，是我国高速、一级、二级公路水泥混凝土路面施工必须采用的装备和工艺技术。

滑模摊铺工艺宜用于高速、一级、二级公路普通水泥混凝土面层、配筋混凝土面层、纤维混凝土面层、钢筋混凝土桥面、隧道混凝土面层、混凝土路缘石、路肩石及护栏等的滑模施工。滑模铺筑施工应编制安全生产作业指导书。上坡纵坡大于5%、下坡纵坡大于6%、半径小于50 m或超高超过7%的路段，不宜采用滑模摊铺机进行摊铺。

1. 准备工作

高速公路、一级公路推荐采用整幅滑模摊铺机施工，宜选配能一次摊铺2 ~ 3个车道宽度（7.5 ~ 12.5 m）的滑模摊铺机，尽量使用整幅12.5 m宽度的大型滑模摊铺机，以减少纵向连接部位的不平整及存水现象。二级公路推荐9 m整宽滑模摊铺机，二级及以下公路路面的最小摊铺宽度不得小于单车道设计宽度，同时，在二级公路上有条件时，推荐采用中央设路拱的8 ~ 9 m宽滑模摊铺机。在大多数情况下，二级公路无运输便道，必须预留一半宽度的路面，用作混凝土运输通道。

滑模摊铺选配机械设备的关键：一是按工艺要求配备齐全，缺一不可；二是生产稳定可靠，故障率低。加强混凝土运输组织，保证供料速度与摊铺速度相适应，避免发生料多废弃或等料停机现象。滑模摊铺机械系统应配套齐全，辅助设备的数量及生产能力应满足铺筑进度的要求。所有施工设备和机具均应处于良好状态，试运转正常，并全部就位。

摊铺段夹层或封层质量应检验合格，对于破损或缺失部位，应及时修复。表面应清扫干净并洒水润湿，还应采取防止施工设备和车辆碾坏封层的措施。

摊铺前应检查并调试施工设备。滑模摊铺机首次作业前，应挂线对其铺筑位置、几何参数和机架水平度进行设置、调整和校准，满足要求后方可用于摊铺作业。

基准线设置形式有单向坡双线式、单向坡单线式和双向坡双线式三种

（1）单向坡双线式

所摊铺的混凝土面板横向坡度为单向坡，而拉线位于摊铺机两侧（双线），这种拉线形式称为单向坡双线式。两条拉线间反映路面横坡。顺直段平面上两条拉线相等并平行。高速、一级、二级公路水泥混凝土路面铺筑单向横坡车道面板时，是使用最多的形式。

（2）单向坡单线式

所摊铺的混凝土面板横向坡度为单向坡，而拉线仅位于摊铺机其中一侧（单线），已铺筑好的一侧不拉线，这种拉线形式称为单向坡单线式。这种拉线形式在路面分多幅（或两幅）摊铺的情况下，于后幅摊铺时采用。这时，修筑好的路面、边沟或缘石可作为摊铺机的不拉线一侧的平面参考系。

（3）双向坡双线式

所摊铺的混凝土面板横向坡为双向坡，而拉线位于摊铺机两侧（双线），这种拉线形式为双

向坡双线式。顺直段上两条拉线完全平行，对应高程相等，拉线上没有横坡。这种基准线形式使用在滑模摊铺二级及其以下公路，同时摊铺两个车道，滑模摊铺机带中央路拱时是滑模摊铺机水平弯道摊铺操作难度最大的形式，需要在进出弯道的直缓段与缓直段由滑模摊铺机操作手渐变中央路拱。

横向连接摊铺时，前次摊铺路面纵缝溜肩胀宽部位应切割顺直。侧边拉杆应校正扳直，缺少的拉杆应钻孔锚固植入。纵向施工缝的上半部缝壁应满涂沥青。这些是保证纵缝顺直及防水密封的措施。

板厚控制必须在摊铺前的拉线上进行，并要求场站监理认可，否则摊铺后不合格很难弥补。问题在于板厚偏薄将如何处置，以往的方法是铣刨基层，但是，铣刨基层的效果并不好：一是基层表面损伤有微裂缝，而且基层厚度不足；二是铣刨后的基层部位与平整基层对面板的摩擦力相差过大，会造成路面运行的前两年内断板大大增加。因此，必须严格控制基层标高；同时，在面板标高误差范围内，可适当调整面板（拉线）高程，为了保证调整高程后，高速行车路面的动态平整度及行车无跳车感，应按 1/500 纵坡调整。

按下列规定对板厚进行校验：采用垂直于两侧基准线横向拉线，用直尺或加垂头的方法，对预备路段的板厚进行复核测量；单车道铺筑时，一个横断面横向应测不少于 3 个点；双车道及全幅时，应测不少于 5 个点。纵向每 200 m 应测不少于 10 个断面；横断面板厚测量值的算数平均值不应薄于设计板厚，极小值不应薄于控制极值；纵向以 200 m 为单元，全部板厚总平均值不应薄于设计板厚。

2. 水泥混凝土面层滑模摊铺机铺筑

滑模摊铺机的施工参数设定及校准应符合下列规定：振捣棒应均匀排列，间距宜为 300 ~ 450 mm；混凝土摊铺厚度较大时，应采用较小间距两侧最边缘振捣棒与摊铺边缘距离不宜大于 200 mm。振捣棒下缘位置应位于挤压底板最低点以上；挤压底板前倾角宜设置为 3° 。提浆夯板位置宜在挤压底板前缘以下 5 ~ 10 mm；边缘超铺高度应根据拌合物稠度确定，宜为 3 ~ 8 mm；板厚较厚、坍落度较小时，边缘超铺高度宜采用较小值；搓平梁前沿宜调整到与挤压底板后沿高程相同的位置；搓平梁的后沿应比挤压底板后沿低 1 ~ 2 mm，并与路面高程相同；符合铺筑精度要求的摊铺机设置应加以固定和保护；当基底高程等摊铺条件发生变化，铺筑精度超出范围时，可由操作手在行进中通过缓慢微调加以调整。

滑模摊铺混凝土机前布料，应采用机械完成，布料高度应均匀一致，不得采用翻斗车直接卸料方式。

布料尚应符合下列规定：卸料、布料速度应与摊铺速度协调一致，不得局部或全断面缺料。发生缺料时应立即停止摊铺；采用布料机布料时，布料机与滑模摊铺机之间施工距离宜为 5 ~ 10 m；现场蒸发率较大时，宜采用较小值；当坍落度为 10 ~ 30 mm 时，布料松铺系数宜为 1.08 ~ 1.15；应保证滑模摊铺机前的料位高度位于螺旋布料器叶片最高点以下，最高料位高度不得高于松方控制板上缘。使用布料犁布料时，应按松方高度严格控制料位高度；当面层传力杆、胀缝与隔离缝钢筋采用前置支架法施工时，不得在支架顶面直接卸料。传力杆以下的混凝土宜在摊铺前采用手持振捣棒振实。

滑模摊铺机起步时，应先开启振捣棒，在 3 min 内调整振捣到适宜振捣频率，使进入挤压底板前沿拌合物振捣密实，无大气泡冒出破灭，方可开动滑模机平稳推进摊铺。当天摊铺施工结束，摊铺机脱离拌合物后，应立即关闭振捣棒组。

摊铺过程中应随时调整松方高度板位置控制摊铺机进料，保证进料充足。起步时宜适当调高，料位高低波动宜控制在 ±30 mm 之内。

滑模摊铺应缓慢、匀速、连续不间断地作业。滑模摊铺速度应根据板厚、混凝土工作性、布料能力、振捣排气效果等确定，可为 0.75 ~ 2.5 m/min，宜采用 1 m/min。滑模摊铺水泥混凝土面层时，严禁快速推进、随意停机与间歇摊铺。

滑模摊铺振捣频率应根据板厚、摊铺速度和混凝土工作性确定，以保证拌合物不发生过振、欠振或漏振。振捣频率可为 100 ~ 183 Hz，宜为 150 Hz。可根据拌合物的稠度大小，采取调整摊铺的振捣频率或速度等措施，保证摊铺质量稳定。当拌合物稠度发生变化时，宜先采取调振捣频率的措施，后采取改变摊铺速度的措施。

配备振动搓平梁时，摊铺过程中搓平梁前方砂浆卷直径宜控制在 100 mm ± 30 mm，应避免砂浆卷中断、散开或摊展并通过控制抹平板压力的方法，使其底部不小于 85% 长度接触新铺混凝土。

在开始摊铺 5 ~ 10 m 内，应在铺筑行进中对摊铺出的路面高程、边缘厚度、中线、横坡度等参数进行复核测量，必要时可缓慢微调摊铺参数，保证路面摊铺质量。

滑模摊铺推进应匀速、平稳，滑出挤压底板或搓平梁的拌合物表面应平整、无缺陷，两侧边角应为 90°，光滑规则，无塌边溜肩，表层砂浆厚度不宜大于 3 mm。除露石混凝土路面外，滑模摊铺水泥混凝土面层表面不应裸露粗集料。

滑模摊铺采用传力杆插入装置。设置传力杆与拉杆时，应符合下列规定：应安排专人负责对中横向缩缝位置，应一次振动插入整排全部传力杆；插入传力杆时，应缓慢插入，防止快速插入导致阻力过大使滑模摊铺机整体抬升；拉杆插入装置应根据一次摊铺的车道数和设计选用。与未摊铺水泥混凝土面层连接的拉杆应采用侧向拉杆插入装置插入；两个以上车道摊铺，在摊铺范围内的拉杆应采用拉杆压入装置压入；中央拉杆可自动定位插入或手工操作在规定位置插入，应一次插入到位；边缘拉杆应一次插入到位，不得在脱模后多次插入或手工反复打进。插入就位的拉杆应妥善保护，避免拉杆与混凝土的黏结力丧失。

摊铺上坡路段时，挤压底板前仰角宜适当调小，并适当调小抹平板压力；摊铺下坡路段时，前仰角宜适当调大，并适当调大抹平板压力。

摊铺小半径水平弯道时，弯道外侧的抹平板到摊铺边缘的距离应向内调整，两侧的加长侧模应采用可水平转动的铰接，不得固结。

抗滑纹理做完，应立即开始保湿养生。养生龄期不应少于 5 d，且混凝土强度满足要求后，方可连接摊铺相邻车道面板。履带在新铺面层上行走时，钢履带底部应铺橡胶垫或使用有橡胶垫履带的摊铺机。纵缝横向连接高差不应大于 2 mm。

摊铺中应经常检查振捣棒的工作情况和位置。面层出现条带状麻面现象时，应停机检查振捣棒是否损坏；振捣棒损坏时，应更换振捣棒。摊铺面层上出现发亮的砂浆条带时，应检查振捣棒位置是否异常；振捣棒位置异常时，应将振捣棒调整到正常位置。

当摊铺宽度大于 7.5 m 时，应加强左右两侧拌合物工作性检查。发现不一致时，摊铺速度应按偏干一侧进行微调，并采取将偏稀一侧的振捣棒频率调小等措施，避免局部过振。当拌合物严重离析或离散时，应停止摊铺，废弃已拌合混合料，查找并解决问题后，重新开始摊铺。

在不影响路面总体耐久性的前提下，可采取调整拌合物稠度、挤压底板前仰角、起步及摊铺速度等措施，减少水泥混凝土面层横向拉裂现象。

当滑模摊铺机停机等料时间预计会超过运至现场混凝土的初凝时间时，应将滑模摊铺机迅速开出摊铺工作面，制作横向施工缝。

滑模摊铺时，应保证自动抹平板装置正常工作。局部麻面或少量缺料部位，可在搓平梁前补充适量拌合物，利用搓平梁与抹平板修平表面。

滑模摊铺的水泥混凝土面层纵缝边缘出现局部倒边、塌边、溜肩现象，或表面局部存在小缺陷时，可用人工进行局部修整。

修整作业应符合下列规定：局部修整后应精确整平，整平用抄平器长度不应短于 2 m；面层边缘应采用设置侧模或在上部支方形金属管，控制修整时的变形；纵、横向施工接头处存在明显高差时，可整平后采用手持振捣棒振捣密实和水准仪测量，整平用的抄平器长度应不短于 3 m；表面修补作业需要补料时，可使用从摊铺拌合物中筛出的细料进行，须洒水、撒水泥粉；不得采用薄层贴补的办法进行表面修补。

摊铺机开出后，应丢弃摊铺机振动仓内遗留下来的纯砂浆，及时清洗、清除滑模摊铺机中的混凝土残留物。

横向施工缝可采用架设端模板的方法施作，并宜与胀缝或隔离缝合并设置，无法与胀缝合并设置时，应与缩缝合并设置。横向施工缝部位应满足面层平整度、高程、横坡的质量要求。

施工缝端部两侧可采取架设侧模的方法，使侧边向内收进 20 ~ 40 mm，方便后续连续摊铺。侧边向内收进长度宜比滑模摊铺机侧模板略长。

滑模摊铺机配备传力杆自动插入装置时，应通过试验路段采用非破损方法对传力杆插入深度进行校准，施工中应进行传力杆精度复核。检测可使用钢筋保护层厚度测试仪或专用传力杆位置检测仪进行。

滑模摊铺结束后的工作：彻底清洁保养滑模摊铺机，彻底清洗滑模摊铺机与混凝土接触的工作部位，已经结硬的混凝土必须剔除干净，并进行当日保养，加油加水、打润滑油等。

第十章 路基路面养护与管理

第一节 公路技术状况指数

公路技术状况采用公路技术状况指数 MQI（Maintenance Quality Indication）和相应分项指标表示，MQI 和相应分项指标的值域为 0 ~ 100。

公路技术状况分为优、良、中、次、差 5 个等级。

公路技术状况评价包括路面（PQD、路基（SCI）、桥隧构造物（BCI）和沿线设施（TCI）4 个部分内容，通常以 1 000 m 的路段长度为基本评定单元。

公路技术状况指数 MQI 按下式计算：

$$MQI = w_{PQI}PQI + w_{SCI}SCI + w_{BCI}BCI + w_{TCI}TCI \quad (10\text{-}1)$$

式中：

w_{PQI} —— PQI 在 MQI 中的权重，取值为 0.70；

w_{SCI} —— SCI 在 MQI 中的权重，取值为 0.08；

w_{BCI} —— BCI 在 MQI 中的权重，取值为 0.12；

w_{TCI} —— TCI 在 MQI 中的权重，取值为 0.10。

其中，路面使用性能（ *PQR* ）包括：路面损坏（ *PCI* ）、路面平整度（ *RQI* ）、 路面车辙（ *RDI* ）、抗滑性能（ *RSI* ）、结构强度（ *PSSI* ）5 个指标。

路面使用性能指数按下式计算：

$$PQI = w_{PCI}PCI + w_{RQI}RQI + w_{RDI}RDI + w_{SRI}SRI \quad (10\text{-}2)$$

式中：

w_{PCI} —— PCI 在 PQI 中的权重；

w_{RQI} —— RQI 在 PQI 中的权重；

w_{RDI} —— RDI 在 PQI 中的权重；

w_{SRI} —— SRI 在 PQI 中的权重。

一、路面损坏

路面损坏用路面损坏状况指数（ *PCI* ）表示，按下式计算：

$$PCI = 100 - a_0 DR^{a_1}$$

$$DR = 100 \times \frac{\sum_{i=1}^{i_0} w_i A_i}{A} \quad (10\text{–}3)$$

式中：

DR ——路面破损率，为各种损坏的折合损坏面积之和与路面调查面积之百分比，%；

A_i ——第 *i* 类路面损坏的面积，m²；

A ——调查的路面面积（调查长度与有效路面宽度之积），m²；

w_i ——第 *i* 类路面损坏的权重；

a_0 ——沥青路面采用 15.00，水泥混凝土路面采用 10.66，沙石路面采用 10.10；

a_1 ——沥青路面采用 0.412，水泥混凝土路面采用 0.461，沙石路面采用 0.487；

i ——考虑损坏程度（轻、中、重）的第 *i* 项路面损坏类型；

i_0 ——包含损坏程度（轻、中、重）的损坏类型总数，沥青路面取 21，水泥混凝土路面取 20，沙石路面取 6。

二、路面行驶质量

路面平整度用路面行驶质量指数（ *RQI* ）表示，用下式计算：

$$RQI = \frac{100}{1 + a_0 e^{a_1 IRI}} \quad (10\text{–}4)$$

式中：

IRI ——国际平整度指数，m/km。

a_0 ——高速公路和一级公路采用 0.026，其他等级公路采用 0.0185；

a_1 ——高速公路和一级公路采用 0.65，其他等级公路采用 0.58。

三、路面车辙

路面车辙用路面车辙深度指数（ *RDI* ）评价，按下式计算：

$$RDI = \begin{cases} 100 - a_0 RD & (RD \quad RD_a) \\ 60 - a_1 (RD - RD_a) & (RD_a < RD \quad RD_b) \\ 0 & (RD > RD_b) \end{cases} \quad (10\text{–}5)$$

式中：

RD ——车辙深度，mm；

RD_a ——车辙深度参数，采用 20 mm；

RD_b——车辙深度限值，采用 35 mm；

a_0——模型参数，采用 2.0；

a_1——模型参数，采用 4.0。

四、路面抗滑性能

路面抗滑性能用路面抗滑性能指数评价，按下式计算：

$$SRI = \frac{100 - SRI_{\min}}{1 + a_0 e^{a_1 SFC}} + SRI_{\min} \quad (10\text{-}6)$$

式中：

SFC——横向力系数（Side-way Force Coefficient）；

$SRI_{\min}$——标定参数，采用 35.0；

a_0——模型参数，采用 28.6；

a_1——模型参数，采用 -0.105。

五、路面结构强度

路面结构强度采用路面结构强度系数（$PSSI$）作为评价指标，按下式计算：

$$PSSI = \frac{100}{1 + a_0 \mathrm{e}^{\alpha_1 SSI}}$$

$$SSI = \frac{l_d}{l_0} \quad (10\text{-}7)$$

式中：

SSI——路面结构强度系数（Structure Strength Coefficient），为路面设计弯沉与实测代表弯沉之比；

l_d——路面设计弯沉，mm；

l_0——实测代表弯沉，mm；

a_0——模型参数，采用 15.71；

a_1——模型参数，采用 -5.19。

第二节 路基技术状况评定与养护

一、路基技术状况评定

路基是公路的基本组成部分，路基和路面一起，共同承受行车荷载与自然因素的作用。路基是路面的基础，可为路面结构长期承受汽车荷载提供重要的保证。路基的强度与稳定性将直接影响路面的使用性能，路面的损坏通常又和路基的排水不畅、路基构筑物的损坏有关。因此，有必要对路基工程工作性能进行评价，从而为路基养护工作提供决策依据。

在《公路技术状况评定标准》（JTG H20—2007）中，将路基的损坏分为八类：路肩边沟不洁、路肩损坏、边坡坍塌、水毁冲沟、路基构造物损坏、路缘石缺损、路基沉降、排水系统淤塞。各类损坏进行了严重程度的划分并赋予不同的权重。

路基技术状况采用路基技术状况指数（ *SCI* ）进行评价，按下式计算：

$$SCI = \sum_{i=1}^{8} w_i \left(100 - GD_{i\mathrm{SCI}}\right) \quad (10\text{-}8)$$

式中：

GD_{iSCI}——第 i 类路基损坏的总扣分（Global Deduction），最高分值为 100；

w_i——第 i 类路基损坏的权重；

i——路基损坏类型。

公路部门进行路基调查后，计算路基技术状况指数，可对路基使用状态进行评价，并建立相应的路基养护对策。

二、路基养护

为保证路基的坚实稳定，必须及时对路基进行养护、维修与改善。公路路基养护应符合如下要求：①通过日常巡查，发现病害及时处治，保持良好稳定的技术状况；②路肩无病害，边坡稳定；③排水设施无淤塞、无损坏，排水畅通；④挡土墙等附属设施良好；⑤加强不良地质中期边坡崩塌、滑坡、泥石流等灾（病）害的巡查、防治、抢修工作。具体包括如下内容：

（一）路肩与边坡

公路路肩应保持平整、坚实，横坡适顺，排水顺畅。土路肩或草皮路肩的横坡应略大于路面横坡，硬路肩与路面同坡。硬路肩产生病害应参照同类型路面病害处治。

土路肩可种植草皮或利用天然草加固路肩，草皮或天然草应定期修剪，草高不宜超过 150mm。

路基边坡应保持平顺、坚实，遇有缺口、坍塌、高边坡碎落、侧滑等病害，应分别针对具体情况采取各种相应的加固整修措施。

边坡稳定是保持路基稳定的必要条件，为使边坡状况尽可能与周围环境相协调，应优先采取植物防护坡面技术，也可采用液压喷播、客土喷播、岩质坡面喷混植生技术。对于土质边坡，河滩、河岸、常年受水淹和风浪侵袭的路堤边坡，以及经常有浮石坠落或土块坍落的路堑高边坡，可采取抛石防护、石笼防护、浆砌或干砌块（片）石护坡，或挡土墙防护，也可采用喷混凝土、设置碎落台等措施。

（二）排水设施

路基排水设施应保持排水畅通。如有冲刷、堵塞和损坏，应及时疏通、修复或加固。路基排水设施断面尺寸和纵坡应符合原设计标准规定。

对暗沟、渗沟等隐蔽性排水设施，应加强检查，防止淤塞，如有淤塞，应及时修理、疏通。

原有排水设施不能满足使用要求时，应适时增设和完善。新增排水设施时，其设计、施工应符合现行《公路路基设计规范》（JTG D30）和《公路路基施工技术规范》（JTG F10）的有关规定。

（三）挡土墙

对挡土墙应加强检查，发现病害应查明原因，并观察其发展趋势，采取相应的修复、加固等措施，损坏严重时，可考虑全部或部分拆除重建。

应保持挡土墙的泄水孔畅通，定期检查和维修，清理伸缩缝、沉降缝，使其正常发挥作用。

重建或增建挡土墙，应根据公路所在地区地形及水文地质等条件合理选择挡土墙类型，并应符合现行《公路路基设计规范》（JTG D30）和《公路路基施工技术规范》（JTG F10）有关规定。

当挡土墙发生倾斜、局部鼓出、滑动或下沉等病害时，可采取下列方法进行加固：①锚固法：适用于水泥混凝土或钢筋混凝土挡土墙，采用直径大于 25 mm 的高强螺纹钢筋做锚杆，采用水泥砂浆固定锚杆。②套墙加固法：在原挡土墙外侧加宽基础、加厚墙体，应注意新旧基础、墙体的结合。③增建支撑墙加固法：在挡土墙外侧每隔一段间距增建支撑墙。

第三节 路面技术状况评定

路面结构在汽车和自然因素的反复作用下，其使用性能会发生改变，由此路面结构逐渐出现破坏，并最终导致其不能满足使用性能的要求。

在路面使用过程中，必须采取相应的养护、补强和改建措施，使路面的使用性能得到部分恢复，甚至提高。

为了了解和掌握路面使用性能的变化情况，以便及时采取各种养护和改建措施，延缓其衰变或恢复其性能，必须定期对路面的使用性能进行评定。路面使用性能包括功能、结构和安全三个方面。

路面功能是路面为道路使用者提供的舒适程度。路面结构是指路面的物理状况，包括路面损坏状况和结构承载能力。路面安全是指路面的抗滑能力。功能和安全方面的使用性能是道路使用者所关心的内容，道路管理部门则更注重结构方面的使用性能。路面使用性能的 3 个方面既有区别又有一定的联系。

一、路面破损状况

路面结构的损坏状况，反映了路面结构在行车和自然因素作用下保持完整性或完好的程度。新建或改建的路面，都需采取日常养护措施进行保养，以延缓路面损坏的出现；而在路面结构出现损坏后，应及时采取相应的维修措施以减缓损坏的发展速度；当路面损坏状况恶化到一定限度后，便需采取改建或重建措施以恢复或提高其结构完好程度。因而，路面结构损坏的发生和发展同路面养护和改建工作密切相关。

路面结构出现损坏，会在不同程度上影响路面的平整度。因而，可以通过平整度指标在一定程度上反映路面的损坏状况。然而，平整度的好坏还同路面施工质量等因素有关，并且主要反映道路使用者的要求和利益。因此，路面结构损坏状况是道路管理部门所关注的，据以鉴别需进行养护和改建的路段和选择宜采取的措施。

路面结构的损坏状况，需从三个方面进行描述：①损坏类型；②损坏严重程度；③出现损坏的范围或密度。综合这三个方面，才能对路面结构的损坏状况做出全面的估计。

（一）损坏类型

促使路面出现损坏的原因是多方面的（荷载、环境、施工、养护等），因为结构损坏所表现出的形态和特征也是多种多样的。各种损坏对路面结构完好程度和路面使用性能有不同程度的影响，需相应采取不同的养护或改建对策。因此，进行路面结构损坏状况调查前，要依据损坏的形态、特征和肇因对损坏进行分类，并对每一类损坏规定明确的定义。

公路常遇到的主要损坏类型，可按损坏模式和影响程度的不同而分为四大类：①裂缝或断裂类——路面结构的整体性因裂缝或断裂而受到破坏；②永久变形类——路面结构虽仍保持整体性，但形状在各种因素的作用下产生较大的变化；③表面损坏类——路面表层部分出现的局部缺陷，如材料的散失或磨损等；④接缝损坏类——水泥混凝土接缝及其邻近范围出现的局部损坏。

（二）损坏分级

各种路面损坏都有产生和发展的过程，在这一过程中，处于不同阶段的损坏，对于路面使用性能有不同程度的影响。例如，裂缝初现时，缝隙细微，边缘处材料完整，因而对行车舒适性的影响极小，裂缝间也尚有较高的传荷能力；而发展到后期，缝隙变得很宽，边缘处严重碎裂，行车出现较大颠簸，裂缝间已几乎无传荷能力。因此，为了区别同一种损坏对路面使用性能的不同影响程度，对各种损坏需按其影响的严重程度划分为几个等级（一般 2 ~ 3 个等级）。

对于断裂或裂缝类损坏，分级时主要考虑对结构整体性影响的程度，可采用缝隙宽度、边缘碎裂程度、裂缝发展情况等指标表征。对于变形类损坏，主要考虑对行车舒适性的影响程度，可采用平整度作为指标进行分级。对于表面损坏类，往往可以不分级。具体指标和分级标准，可根据各地区的特点和其他考虑经过调查分析后确定。损坏严重程度分级的调查，往往通过目测进行。为了使不同调查人员得到大致相同的判别，对分级的标准要有明确的定义和规定。

各种损坏出现的范围，对于沥青路面和沙石路面，通常按面积、长度或条数量测，除以被调查子路段的面积或长度后，以损坏密度计。而对于水泥混凝土路面，则调查出现该种损坏的板块数，以损坏板块数占该子路段总板块数的百分率计。

（三）损坏调查

损坏调查通常由调查小组沿线通过目测进行。调查人员鉴别调查路段上出现的损坏类型和严重程度并丈量损坏范围后，记录在调查表格上。同一个调查路段上如出现多种损坏或多种严重程度，应分别计量和记录。

目测调查很费时，如果调查的目的不是确定养护对策和编制养护计划，则可采用抽样调查的方法，不必对整个路网的每一延米的各种损坏都进行调查。通常，可采取每千米抽取其中 100 m 长的路段代表该千米的方法，但每次调查都要在同一路段上进行，以减少调查结果的变异性和保证各次调查结果的可比性。

（四）损坏状况评价

每个路段的路面可能出现各种不同类型、严重程度和范围的损坏。为了使各路段的损坏状况或程度可以进行定量比较，需采用一项综合评价指标，把这三个方面的状况和影响综合起来。通常采用的是扣分法。选择一项损坏状况度量指标，以百分制或十分制计量。对于不同的损坏类型、严重程度和范围规定不同的扣分值，按路段的损坏状况累计其扣分值后，以剩余的数值表征或评价路面结构的完好程度。

二、路面行驶质量

路面的基本功能是为车辆提供快速、安全、舒适和经济的行驶表面。路面行驶质量反映路面满足这一基本功能的能力。

路面行驶质量的好坏，同路面表面的平整度特性、车辆悬挂系统的振动特性、人对振动的反应或接受能力三方面因素有关。从路面状况的角度，影响路面行驶质量的主要因素是路面平整度。

路面平整度可定义为路面表面诱使行驶车辆出现振动的高程变化。路面不平整所引起的车辆振动，会对车辆磨损、燃油消耗、行驶舒适、行车速度、路面损坏和交通安全等多方面产生直接影响。因此，采用平整度是度量路面行驶质量的一项性能指标。

（一）平整度测定方法

有多种路面平整度测定方法和仪器。它们可划分为两大类型：①断面类平整度测定；②反应类平整度测定。

1. 断面类平整度测定

断面类平整度测定是直接沿行驶车辆的轮迹量测路面表面的高程，得到路表纵断面，通过数学分析后采用综合统计量作为其平整度指标。属于这一类的方法，主要有：

（1）水准测量

采用水准仪和水准尺沿轮迹测路面表面的高程，由此得到精确的路表纵断面。这是一种测定结果较稳定的简便方法，但测量速度很慢，很费工。

（2）梁式断面仪

用 3 m 长的梁（或直尺）连续量测轮迹处路表同梁底的高程差，由此得到路表纵断面。这种方法较水准测量的测定速度要快些。

（3）惯性断面仪

在测试车车身上安置竖向加速度计，以测定行驶车辆的竖向位置变化。车身同路表面之间的距离，利用激光、超声等传感器进行测定。两方面测定结果叠加后，便可得到路表面纵断面。

断面类平整度测定方法的主要优点是可直接得到轮迹带路表面的实际断面，依据它可以对路面平整度的特性进行分析。而其主要缺点是，对于前两种方法来说，测定速度太慢，不宜用于大范围的平整度数据采集；对于惯性断面仪来说，仪器精密度高，操作和维修技术要求高，因而其广泛应用受到了限制。

2. 反应类平整度测定

反应类平整度测定系统是在主车或拖车上安装由传感器和显示器组成的仪器。可以传感和累积车辆以一定速度驶经不平路表面时悬挂系统的竖向位移量。显示器记下的测定值，通常是一个计数数值，每计一个数相应于一定的悬挂系位移量。

反应类平整度测定系统的优点是价格低廉、操作简便，可用于大范围内的路面平整度快速测定。然而，由于这类测定系统是对路面平整度的一个间接度量，其测定结果同测试车辆的动态反应状况有关，也即随测试车辆机械系统的振动特性和车辆行驶的速度而变化。因而，它存在三项主要缺点：①时间稳定性差——同一台仪器在不同时期测定的结果，会因车辆振动特性随时间的变化而不一致；②转换性差——不同部门测定的结果，由于所用测试车辆振动特性的差异而难以进行对比；③不能给出路表的纵断面。

为克服上述第一项缺点，需经常对测定仪器进行标定。标定路段的平整度采用断面类平整度测定方法测定。测定仪器在标定路段上的测定结果与标准结果建立回归关系，即为标定曲线。利用此曲线，可将不同时期的测定结果进行转换。

为克服上述第二项缺点，需寻找一个通用的平整度指标，以便把不同仪器或不同部门测定的结果，统一转换成以这个通用指标表示的平整度值。这样，它们就能够进行相互比较。

（二）国际平整度指数

反应类平整度仪测定的结果，通常以车辆行驶一段距离后的累积计数值表示（Σ计数 / km）。如果把每一种反应类平整度仪的计数以相应的悬挂系竖向位移量表示，则测定结果可表示为 m/km，它反映了单位行驶距离内悬挂系的累积竖向行程。这是一个类似于坡度的单位，称作平均调整坡(ARS)。

以 ARS 作为指标表示测定结果时，不同反应类平整度仪测定之间可以建立良好的相关关系，但这种关系只能在测定速度相同的条件下才能成立，因而，必须按速度分别建立回归方程。

国际平整度指数（IRI）是一项标准化的平整度指标。它同反应类平整度测定系统类似，但是采用数学模型模拟 1/4 车（即单轮，类似于拖车）以规定速度（80 km/h）行驶在路面上，分析具有特定特征参数的悬挂系在行驶距离内由于动态反应而产生的累积竖向位移量。分析结果也以 m/km 表示。因而，这一指标与反应类仪器的 ARS 相似，称作参照平均调整坡（RARS30）。

上述分析过程已编成电算程序。在量测到路表纵断面的高程资料后，便可利用此程序计算该段路面平整度的国际平整度指数 IRI 值。对标定路段的平整度，按上述方法用国际平整度指数表征，而后同反应类平整度仪的测定结果建立标定曲线，则使用此类标定曲线便可克服反应类平整度仪转换性差的缺点。

（三）行驶质量评价

如前面所述，路面行驶质量同路表面的不平整度、车辆的动态响应和人的感受能力三方面因素有关。因而，不同的乘客乘坐同一辆车行驶在同一个路段上，由于各人对行驶舒适性的要求和对颠簸的接受能力不同，对该路段的行驶质量会做出不同的评价。

由于评价带有个人主观性，为了避免随意性，于是提出了主客观相结合的评价方法。一方面邀请具有不同代表性的乘客，分别按各人的主观意见进行评分，而后汇总大家的评价，以平均评分值代表众人的评价。另一方面对各评价路段进行平整度量测。通过回归分析建立主观评分同客观量测结果的相关关系。由此建立的评价模型，便可用来对路面行驶质量进行较统一的评价。

对行驶质量的评价可以采用 5 分或 10 分评分制。评分小组的成员应能覆盖对行驶舒适性有不同反应的各类人员（不同职业、年龄、社会经济和文化背景等）。所选择的评分路段，其平整度和路面类型应能覆盖可能遇到的范围和情况。

评分时所乘坐的车辆，应选择其振动特性具有代表性的试验车。整个评分过程中，采用相同的试验车和行驶速度。整理各评分路段的主观评分和客观量测结果后，通过回归分析可建立线性或非线性的评价模型，利用评价模型可以对路面行驶质量的好坏做出相对的评价。然而，还需要建立行驶质量的标准，以衡量该评价对使用性能最低要求的满足程度。

行驶质量标准的制定，一方面依赖于乘客对行驶舒适性的要求，另一方面在很大程度上受经济因素的制约。标准定得过高，会使路网内许多路段的路面需采取改建措施，从而提高所需的投资额。

三、路面抗滑性能

路面抗滑性能是指车辆轮胎受到制动时沿路表面滑移所产生的抗滑力。通常，抗滑性能被看作路面的表面特性，并定义为：

$$f=\frac{F}{W} \quad (10\text{-}9)$$

式中：

f——摩阻系数；

F——作用于路表面的摩阻力；

W——直于路表面的荷载。

然而，笼统地说路面具有某一摩阻系数值是不确切的。应该对轮胎在路面上的滑移条件给予规定。不同的条件和测定方法，可以得到不相同的摩阻系数值。因此，需规定标准的测定方法和条件。

（一）测定方法

1. 路面纵向摩擦系数测定仪

这种仪器是在牵引车不停且快速行驶下进行测定的，结构与功能如图 10-1 所示。

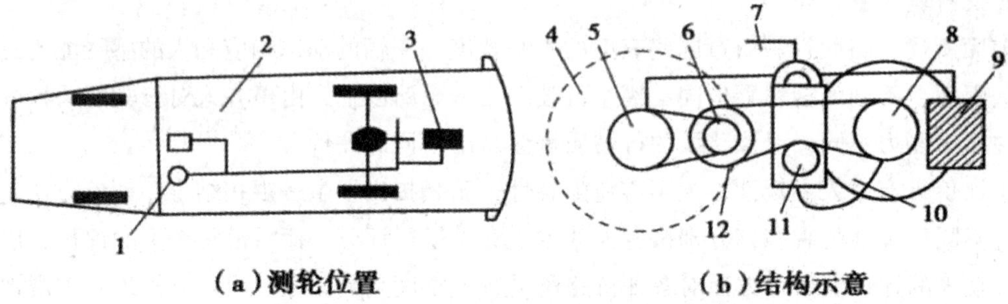

图 10-1 纵向摩擦系数测定仪结构功能图

1—操纵盘；2—车底；3—测轮；4—汽车后轮；5—汽车后轴；6—变速轮；7—液压操纵；8—测轮齿；9—压重；10—传力管；11—换速拉杆；12—齿轮

根据物体摩擦的概念，在测轮降至路面的一刹那，路面摩擦力就对测轮产生了物理作用。此时，与测轮连接的传感器对测轮的滑滚计力，那么此时的滑滚平均摩擦系数，即为在该测速与温度下的摩擦系数值。路面摩擦力越大，则相应的摩擦系数越大，反之，摩擦系数越小。路面摩擦系数用下式表示：

$$f_{vm} = \frac{F_m}{P} \quad (10\text{-}10)$$

式中：

f_{vm}——路面纵向摩擦系数，以小数计。因为测速可以控制，因此在公式中未介入速度因子；

F_m——在一定测速与温度下传感器对测轮的纵向拉力，即单位摩擦力，kN 或 MPa；

P——测轮对路面的单位压力，kN 或 MPa。

快速摩擦系数测定仪所测的路面摩擦系数呈锯齿线分布。快速摩擦系数测定时的测速影响测轮接触路面面积。测轮随测速（牵引车速度）的加大，轮胎在路面上的印迹逐渐变小。测速为 0 km/h 时，印迹为 100%；当测速为 60 km/h 时，印迹只达到零速时的 64%，测速达到 120 km/h 时，印迹只有零速时的 4%。因此，在快速测速中必须注意，一种测速对应一种印迹，不能互用。实际上，这种互用的状态均由计算机自身控制。由于测轮正压力为单位面积的压重，摩擦力也为单位面积的力，因此，最终触地面积互相抵消，计算的摩擦系数在路面的一定范围内应该是一个常数。

2. 路面横向摩擦系数测定车

前面讲的是纵向摩擦系数的测定，即测量小轮与道路纵线平行。但从安全的角度看，国内外也在探求路面横向摩擦系数值的测定。横向摩擦系数测定仪的结构与纵向摩擦系数测定仪相仿，只要将测量小轮改为与纵向成 20° 角就成为横向摩擦系数测定车。

按照仪器设备技术手册或使用说明书对测定系统进行标定，检查时，必须在关闭发动机的情况下进行。标定按 SFC 值 10，20，30 等不同档次进行，满量程为 100 时的示数误差不得超过 ±2。

测试前应检查横向摩擦系数测定车系统的各项参数是否符合要求、检查外部警告标志是否正常，并将贮水罐储满水；将测试轮安装紧固且保持在升起的位置上；将记录装置处于正常使用状态；安装足够的打印纸；打开记录系统预热不少于 10 min。

根据需要确定采用连续测定或断续测定的方式、每千米测定的长度。选择并设定“计算区间”，即输出一个测定数据的长度。标准的计算区间为 20 m，根据要求也可选择为 5 m 或 10 m。根据要求设定为单轮测试或双轮测试。输入所需的说明性预设数据，如测试日期、路段编号、里程桩号等。然后发动车辆驶向测试地段。

在测试路段起点前约 500 m 处停住，开机预热不少于 10 min。降下测试轮，打开水阀检查水流情况是否正常及水流是否符合需要，检查仪表各项指数是否正常，然后升起测试轮，将车辆驶向测试路段，提前 100 ~ 200 m 降下测试轮。测定车的车速可根据公路等级的需要选择，除特殊情况外，标准车速为 50 km/h，测试过程中必须保持匀速。进入测试段后，按开始键开始测试。在显示器上监视测试运行变化情况，检查速度、距离有无反常波动，当需要标明特征（如桥位、路面变化等）时，操作功能键插入到数据流中，整千米里程桩也应作相应的记录。

测定的摩擦系数数据存储在磁盘或磁带中，摩擦系数测定车 SCR1 m 系统配有专门数据程序软件，可计算和打印出每一个计算区间的摩擦系数值、行程距离、行驶速度、统计个数、平均值及标准差，同时还可打印出摩擦系数的变化图。可根据要求，将摩擦系数在 0 ~ 100 范围内分成若干区间，做出各区间的路段长度占总测试里程百分比的统计表。

3. 制动距离法

以一定速度在潮湿路面上行驶的 4 轮小客车或轻化车，当 4 个车轮被制动时，车辆减速滑移到停止的距离，可用以表征非稳态的抗滑性能，以制动距离数表示：

$$SDN = \frac{v^2}{225L_s} \quad (10\text{–}11)$$

式中：

v——刹车开始作用时车辆的速度，km/h；

L_s——滑移到停车的距离，m。

测试路段应为材料组成均匀、磨耗均匀和龄期相同的平直路段。测试前和每次测定之间，先洒水润湿路表面到完全饱和。制动速度以 64.4 km/h 为标准速度。也可采用其他速度，但不宜低于 32 km/h。

4. 锁轮拖车法

装有标准试验轮胎的单轮拖车由汽车拖拉，以要求的测定速度在洒水润湿的路面上行驶。抱锁测试轮，通过测定牵引力确定在载重和速度不变的状态拖拉测试轮时作用在轮胎和路面间的摩阻力。以滑移指数 SN 表征路面的抗滑性能：

$$SN = F / W \times 100 \quad (10\text{–}12)$$

式中：

F——作用在试验轮胎上的摩阻力，N；

W——作用在轮上的垂直荷载，N。

轮上的载重为 4826 N，标准测试速度为 64.4 km/h。牵引力由力传感器量测，速度由第五轮仪量测。

5. 偏转轮拖车法

拖车上安装有两只标准试验轮胎，它们对车辆行驶方向偏转一定的角度（7.5° ~ 20° ）。汽车拖拉以一定速度在潮湿路面上行驶时，试验轮胎受到侧向摩阻力的作用。记下此侧向摩阻力，除以作用在试验轮上的载重，可得到以侧向力系数 SFC 表征的路面抗滑性能：

$$SFC = \frac{F_s}{W} \quad (10\text{–}13)$$

式中：

F_s——用在试验轮胎上的侧向摩阻力，N；

W——作用在轮胎上的垂直荷载，N。

锁轮拖车法和偏转轮拖车法都具有测定时不影响路上交通，可连续并快速进行的优点。

6. 可携式摆式仪法

可携式摆式仪是一种主要在室内量测路面材料表面摩阻特性的仪器，也可用于野外量测局部路面范围的抗滑性能。

摆式仪的摆锤底面装一橡胶滑块，当摆锤从一定高度自由下摆时，滑动面同试验表面接触。由于两者间的摩擦而损耗部分能量，使摆锤只能回摆到一定高度。表面摩阻力越大，回摆高度越小。通过量测回摆高度，可以评定表面的摩阻力。回摆高度直接从仪器上读得，以抗滑值 BPN 表示。

（二）抗滑性能评价

影响路面抗滑性能的因素有路面表面特性（细构造和粗构造）、路面潮湿程度和行车速度。

路表面的细构造是指集料表面的粗糙度，它随车轮的反复磨耗作用而逐渐被磨光。通常采用石料磨光值（PSV）表征其抗磨光的性能细构造在低速（30 ~ 50 km/h 以下）时对路表抗滑性能起决定作用，而高速时起主要作用的是粗构造。粗构造是由路表外露集料间形成的构造，其功能是使车轮下的路表水迅速排除，以避免形成水膜，它由构造深度表征其性能。

路表面应具有的最低抗滑性能，视道路状况、测定方法和行车速度等条件而定。各国根据对交通事故率的调查和分析，以及同路面实测抗滑性能间建立的对应关系，制定有关抗滑指标的规定。有的国家除了规定抗滑性能的最低标准外，还对石料磨光值和构造深度的最低标准做出了规定。

四、路面结构承载能力

路面结构承载能力，是指路面在达到预定的损坏状况之前还能承受的行车荷载作用次数，或者还能使用的年数。

路面结构的承载能力同损坏状况有着内在联系。在使用过程中，路面的承载能力逐渐下降，与此同时损坏逐步发展。承载能力低的路面结构，其损坏的发展速度迅速；承载能力接近于临界状态时，路面的损坏达严重状态，此时必须采取改建措施（设置加铺层等）以恢复或提高其承载能力。

路面结构承载能力的测定，可分为破损类和无破损类两种。前者从路面各结构层内钻取试样，试验确定其各项计算参数，通过同设计标准相比较，估算其结构承载能力。无破损类测定则通过路表的无破损弯沉测定，估算路面的结构承载能力。

（一）弯沉测定

路表面在荷载作用下的弯沉量，可以反映路面结构的承载能力。路面的结构破坏可能是由于过量的竖向变形所造成，也可能是由于某一结构层的断裂破坏所造成。对于前者，采用最大弯沉值表征结构承载能力较合适；对于后者，则采用路表弯沉盆的曲率半径表征其承载能力更为合适。因而，理想的弯沉测定应包含最大弯沉值和弯沉盆两方面。

1. 静力弯沉仪

静力弯沉仪是量测缓慢加载时路表的最大弯沉值。这一阶段使用的弯沉量测仪器主要有：贝克曼梁弯沉仪（Benkelman Beam）、承载板试验加载量测系统（Bearing Plate）、路面曲率仪（Curviameter）及拉克鲁瓦弯沉仪（Lacroix）。1953 年，WASHO 道路试验中首次采用贝克曼梁，标志着这一阶段的开始。它利用装有沙石的卡车为加载工具，测量车辆缓慢移动后路表的回弹弯沉。由于结构简单，使用方便，且在 WASHO 试验路上获得了近 6 万个弯沉数据，形成了一套比较完整的测试方法，所以这一简单的梁式装置在世界各国公路界得到了广泛的应用。自动弯沉仪（如拉克鲁瓦弯沉仪）是在贝克曼梁基础上发展起来的静力弯沉设备，其特点是实现了自动加载、自动读数，测试速度有了较大提高。

梁式弯沉仪的主要缺点有：①支点会产生变形；②加载车另一个后轮和前面的轮组的影响；③精度差，整个过程基本上均由人工操作，精度得不到保证，只能在广泛的经验修正的基础上用于路面承载能力评定；④不能模拟正常行车荷载，只能得到车辆缓慢移动所产生的最大回弹弯沉，与实际情况有差异；⑤测速慢，对交通干扰大，不适于大范围的路网普查及长期观测。

由于影响承载能力的变量众多，可以预料各测点的弯沉值会有较大的变异。因而，通常采用统计方法对每一路段的弯沉值进行统计处理，以路段的代表弯沉值表征该路段的承载能力。

路段的代表弯沉值 l_0 可按下式确定：

$$l_0 = \left(\overline{l_0} + \lambda\sigma\right)K_1K_2K_3 \quad (10\text{–}14)$$

式中：

$\overline{l_0}$——路段各测点弯沉的平均值，即：

$$\overline{l_0} = \sum_{i=1}^{n} l_i / n \quad (10\text{–}15)$$

式中：

σ——该路段弯沉测定标准偏差，即：

$$\sigma = \sqrt{\frac{\sum_{i=1}^{n}\left(l_i - \overline{l_0}\right)^2}{n-1}} \quad (10\text{–}16)$$

式中：

λ——控制保证率的系数，保证率为 50% 时，$\lambda=0$；保证率为 90% 时，$\lambda=1.282$；保证率为 95% 时，$\lambda=1.64$；保证率为 97.7% 时，$\lambda=2.00$；

n——该路段的测点数；

K_1——季节影响系数；

K_2——湿度影响系数；

K_3——温度影响系数。

沥青面层的劲度随温度而变，路基的模量随湿度而变。因而，弯沉测定结果同测定时路面结构的温度和湿度状况有关。通常以 20℃作为沥青路面的标准测定温度，以最不利潮湿或春融季节作为测定时期。对于在其他环境条件下测定的结果，应作温度和湿度修正。

2. 稳态动力弯沉仪

稳态动力弯沉仪是以一定的方式给路面施加正弦振动荷载，由分布于路表的一组传感器获取此稳态荷载作用下的弯沉盆信息，以分析路面的动态刚度。这类弯沉仪主要有 Dynaflect、Road Rater 及 Vibrator 等，它们都是先靠自重对路表施加较大的静力预压，然后通过内置偏心振子对路面施加稳态动力荷载，与静力荷载叠加后共同作用于路面，记录路面在稳态振动下的动态弯沉盆。

这类弯沉仪的主要优点是：不需要固定的参考点，而是使用惯性基准点；测速及精度均显著提高。同时，稳态动力弯沉仪的缺点也比较明显：①为避免偏心振子跳离路面，需要预加较大的静载，周期性动载幅值小于静载的 1/2，改变了路面的应力状态；②施加的荷载水平较低，不能代表实际行车荷载的作用；③荷载的频率特性与行车荷载的冲击作用差异较大。因此，稳态动力弯沉仪不能很好地模拟实际行车荷载对路面的作用，且一种型号的弯沉仪施加荷载幅值和周期都是固定的。

3. 脉冲动力弯沉仪

脉冲动力弯沉仪是指 FWD，即英语“Falling Weight Deflectormeter”的缩写，意为落锤式弯沉仪，其原理是通过落锤对路面施加冲击荷载，荷载时程和动态弯沉盆均由相应的传感器测定，荷载大小由落锤质量和起落高度控制。20 世纪 60 年代，法国首先提出冲击式动力弯沉仪的初步设想，70 年代后期丹麦和瑞典首先研制成 FWD。20 世纪 80 年代以后，美国、英国和日本等相继引进和仿制了这种弯沉仪。目前市场上主要有 3 种型号的 FWD：Dynatest（丹麦）、KUAB（瑞典）和 Phoenix（丹麦）。

研究表明，FWD 的冲击荷载与时速 60 ~ 80 km 的车辆对路面产生的荷载相似，可以较好地模拟行车荷载作用，并且测速快、精度高，因此自 20 世纪 80 年代初以来，FWD 在国际上得到日益广泛的应用，至今已有 50 多个国家和地区引进了 FWD。美国联邦公路局经过对比分析，确认 FWD 是较理想的路面承载能力评定设备，并选为实施 SHRP 计划中路面强度评定部分的重要设备；壳牌石油公司也已正式将 FWD 的应用纳入壳牌路面设计手册。美国早在 1994 年就有 80% 的州拥有至少一台 FWD，我国目前也有数十台 FWD 在各地使用，并且用户数还在不断地增加。

（二）结构承载能力评价

不同路面结构具有不同的路表弯沉值，因此不能单独从最大弯沉值大小来判断路面结构的剩余寿命。同时，路面结构的承载能力会在使用过程中逐渐下降，反映在弯沉值变化上，则为路段的代表弯沉值随时间（轴载作用次数）的增加而逐渐增长。随着弯沉值的增长，路面逐渐出现车辙变形和裂缝等损坏。定义某种程度的损坏作为临界状态，相应于这种损坏状况的路面弯沉值，即为路面结构的极限承载能力。为此，要判断现有路面结构的承载能力（剩余寿命），除了由测定得到代表弯沉值外，还必须知道路面结构类型、路面损坏状况以及到调查测定时路面已承受的标准轴载作用次数。利用由动态弯沉测定得到的弯沉曲线，可以分别计算确定各结构层的弹性模量值。而后，配合由钻孔得到的结构层厚度数据，便可利用有关路面结构设计图表或公式计算确定路面结构的承载能力。

利用沥青路面的弯沉值同标准轴载累计作用次数和路面损坏临界状态间的关系曲线，可按路段的代表弯沉值和路面已承受的标准轴载累计作用次数，确定现有路面结构的剩余寿命。

现行规范采用强度系数 *SSI* 作为评价指标，*SSI* = 路面容许弯沉值 / 路面代表弯沉值。

第四节　路面养护一般对策

路面养护应符合下列要求：①经常清扫路面，及时清除杂物、清理积雪积冰，保持路面整洁，做好路面排水。②加强路况巡查，发现病害，及时进行维修、处治。

应定期对路面的技术状况进行调查和评定。应以路面管理系统分析结果为依据，科学制订公路养护维修计划。路面技术状况各分项指标低于规定值时，应采取相应措施恢复或提高。大交通量路段应制订科学合理的交通组织方案，减少对通行车辆的影响。

一、沥青路面养护

公路沥青路面养护应符合下列要求：对沥青路面应进行预防性、经常性和周期性养护，加强路况巡查，掌握路面的使用状况，根据路面的实际情况制订日常小修保养和经常性、预防性、周期性养护工程计划。对于较大范围路面损坏和达到或超过设计使用年限的路面，应及时安排大中修或改建工程；及时掌握路面的使用状况，加强小修保养，及时修补各种破损，保持路面处于整洁、良好的技术状况。

沥青路面养护质量的评定等级分为优、良、中、次、差 5 个等级，按现行《公路技术状况评定标准》（JTG H20）评定，并应按以下情况分别采取各种养护对策：

①在满足强度要求的前提下，当高速公路及一级公路的路面损坏状况指数（PCI）评价为优、良，或者二级及二级以下公路的路面损坏状况指数评价为优、良、中时，以日常养护为主，并对局部破损进行小修；当高速公路及一级公路的路面损坏状况指数评价为中及中以下，或者二级及二级以下公路的路面损坏状况指数评价为次及次以下时，应采取中修罩面措施。

②在强度不能满足要求时，应采取大修补强措施以提高其承载能力。

③当高速公路及一级公路的路面行驶质量指数（RQI）评价为优、良，或者二级及二级以下公路路面行驶质量指数评价为优、良、中时，以日常养护为主；当高速公路及一级公路的路面行驶质量指数评价为中及中以下，或者二级及二级以下公路的路面行驶质量指数评价为次及次以下时，应采取罩面等措施改善路面的平整度。

④高速公路及一级公路的抗滑能力不足（$SFC < 40$）的路段，或二级及二级以下公路抗滑能力不足（$SFC < 35.5$）的路段，应采取加铺罩面层等措施提高路表面的抗滑能力。

⑤当路面不适应现有交通量或荷载的需要时，应通过提高现有路面的等级或通过加宽等改建措施提高公路的通行能力和服务质量。

⑥大、中修及改建工程的结构类型和厚度，可根据公路等级、交通量、当地经济条件和已有经验，通过设计确定。

二、水泥路面养护

水泥混凝土路面养护应符合下列要求：做好预防性、经常性的保养和破损修补，保持路面处于良好的技术状况与服务水平，并应保持路容整洁，定期进行清扫保洁。

水泥混凝土路面的接缝应保持良好，表面平顺。填缝料凸出板面的高度，高速公路及一级公路不得超过 3 mm，其他等级公路不得超过 5 mm。填缝料局部脱落、缺损时，应及时灌缝填补；填缝料老化、接缝渗水严重时，应及时进行整条接缝的填缝料更换。填缝料更换前，应清除原接缝内的填缝料和杂物。新灌注填缝料时，应做到饱满、密实、黏结牢固。

日常巡查是对水泥混凝土路面外观状况进行的日常巡视检查。主要检查拱起、沉陷、错台等病害，以及路面油污、积水、结冰等诱发病害的因素和可能妨碍交通的路障。巡查频率应不小于 1 次 /d。雨季、冰冻季节和遇台风暴雨等灾害性气候，应加强日常巡查工作。日常巡查可以车行为主，采用观察、目测及人工计量，定性与定量观测相结合，重要情况应予摄影或摄像。发现妨碍交通的路障应及时清除，一时无法清除的，应采取相应的安全措施。

水泥混凝土路面的养护质量评定等级分优、良、中、次、差5个等级。

①高速公路及一级公路的路面损坏状况指数评价为优和良，二级及二级以下公路的路面损坏状况指数评价为中及中以上时，可采取日常养护和局部或个别板块修补措施。

②高速公路及一级公路的路面损坏状况指数评价为中及中以下，二级及二级以下公路的路面损坏状况指数评价为次及次以下时，就采取全路段修复或改善措施。

③高速公路及一级公路的路面行驶质量指数、抗滑性能指数评价为中及中以下，二级及二级以下公路的路面行驶质量指数、抗滑性能指数评价为次及次以下时，应分别采取措施，改善路面平整度，提高路表面的抗滑能力。

④路面结构承载能力不满足现有交通的要求时，应采取铺筑沥青混凝土或水泥混凝土加铺层措施，提高其承载能力。

第五节 路面病害及防治

一、沥青路面病害及防治

（一）沥青路面常见病害及成因

沥青路面损坏病害分为四类19项，即：

永久变形（变形类）——车辙、波浪拥包、搓板、沉陷。

裂缝（裂缝类）——纵裂、横裂、不规则裂、块裂、龟裂。

水损害（松散类）——松散、剥落、坑槽、啃边、唧浆。

表面功能衰减（其他类）——泛油、磨光、修补、冻胀、翻浆。

常见病害成因如下：

1. 泛油

它大多是由于混合材料中沥青用量偏多，沥青稠度太低等原因引起。但有时也可能由于低温季节施工，表面嵌缝料散失过多，待气温变暖后，在行车作用下矿料下挤，沥青上泛，表面形成油斑。

2. 波浪拥包

在行车水平力的作用下，沥青面层材料的抗剪强度不足，则易产生推挤拥包。这类病害大多是由于所用的沥青稠度偏低，用量偏多，或因混合料级配不好，细料偏多而产生，此外，面层较薄，以及面层与基层的黏结较差，也易产生推挤、拥包。

3. 裂缝

（1）横向裂缝

这种病害比较普遍，主要由于荷载、沥青面层温度收缩和半刚性基层的干缩引起。横向裂缝可分为荷载性裂缝和非荷载性裂缝两大类。荷载型裂缝是由于车辆荷载作用，致使沥青面层或半刚性基层内产生的拉应力超过其疲劳强度而产生裂缝；非荷载性裂缝有两种情况：沥青面层温度型裂缝和基层反射型裂缝。

（2）纵向裂缝

纵向裂缝可分为两种情况，一种情况是由于路基压实度不均匀，路面不均匀沉陷而引起的，如发生在半填半挖处的裂缝。另一种情况是沥青面层分幅摊铺时，两幅接茬未处理好，在行车荷载作用下易形成纵缝，有时车辙边缘也会有纵裂缝。

（3）网状裂缝

裂缝纵横交错成网的情况。

（4）松散、坑槽

第一，集料含泥量超标，颗粒被大量的粉尘包裹，使沥青膜黏结在粉尘上，而不是黏结在集料颗粒上，表面的摩擦力磨掉沥青膜，并使集料颗粒脱落。

第二，表面离析处往往缺少大部分细集料，离析面上粗集料与粗集料相接触，但只有在少数接触点沥青膜与集料黏结。随时间增长，沥青会老化，沥青膜剥落会使沥青与集料分离。

第三，施工时混合料温度太高，使沥青老化，黏结力降低，沥青与集料黏结不牢。

第四，施工时混合料温度过低，压实度达不到要求；水进入混合料的空隙后，在荷载作用下往复抽吸冲刷，以及发生冻融循环，导致沥青与集料分离。

第五，沥青面层个别地方厚度不足，在行车作用下，部分混合料易被“带走”，导致松散坑槽。

（5）车辙

第一，结构型车辙是由于荷载的作用发生在沥青面层以下包括路基在内的各结构层的永久变形。这种车辙宽度较大，两侧没有隆起现象，横断面成凹字形。

第二，磨耗型车辙由于车辆不断地磨损路面而形成，多发于北方使用防滑链条及埋钉轮胎的地区。

第三，失稳型车辙是在高温条件下，经车轮碾压反复作用，荷载应力超过沥青混合料的稳定度极限，使流动变形不断积累形成车辙。这种车辙一方面车轮作用部位下凹，另一方面车轮作用甚少的车道两侧向上隆起，在弯道处还明显向外推挤，车道线或停车线因此可能成为变形的曲线。

第四，压密型车辙是指混合料在施工过程中未能达到设计的压实度，开放交通后，在高温和重载交通共同作用二次压密形成的车辙。

（6）啃边

在行车作用和自然因素的影响下，沥青路面边缘不断缺损，参差不齐，路面宽度减小，这种现象被称为啃边。产生啃边的原因是路面过窄，行车压到路面边缘而造成缺损，边缘强度不足，路肩太高或太低，雨水冲刷路面边缘都会造成啃边。

（二）沥青路面常见病害防治措施

1. 预防性养护

在发现沥青路面存在质量缺陷或者已经出现裂缝等轻微病害但不影响路面使用的情况下，可采取封填裂缝、雾封层、稀浆封层、超薄磨耗层等措施；封闭大气降水，恢复道路表面功能，避免病害进一步发展。

2. 开窗修补

根据病害发生的位置，包括平面位置和深度位置，确定处置范围与处置深度以后，进行修复。开窗修补的关键在于修补料的压实及接缝的封堵。

3. 大修

对于已不能满足行车要求的沥青路面进行全面铣刨，然后重新摊铺压实新的沥青面层。如果技术条件允许，可综合考虑环境与经济因素采用沥青混合料再生技术进行施工。目前沥青混合料再生技术有现场热再生、厂拌热再生、现场冷再生、厂拌冷再生等形式。

二、水泥路面病害及防治

（一）水泥混凝土病害

水泥混凝土路面常见的病害有两大类，一是水泥混凝土板损坏，二是接缝破损，其具体表现形式及成因如下。

1. 水泥混凝土板破坏

水泥混凝土板破坏是指水泥混凝土公路在使用一段时间后，公路表面因各种原因引起的质量病害，主要体现在表面裂缝和贯通裂缝这两方面。表面裂缝是指水泥混凝土路面表面的裂缝，贯通裂缝则是指贯穿整个水泥混凝土板块厚度的裂缝。

（1）纵向裂缝

由于路基体填料、施工方法不当等，导致路基不均匀沉降，使路面板在自重和行车压力作用下产生与路线走向平行或基本平行的裂缝。

（2）横斜向裂缝

由于水泥混凝土失水干缩、冷缩、切缝不及时等原因，导致水泥混凝土路面产生垂直于路线方向的有规则的裂缝。

（3）断角

断角常由于胀、缩缝或施工缝填料选择不当，或者填缝料失效，造成路表水沿缝隙不渗，尤其是当板下基层排水不畅，或基层材料细料过多，基层材料耐冲刷性较差时，在车辆荷载反复作用下，真空吸力就会使板角处产生唧泥，板下被冲刷掏空，造成板角应力集中，从而导致路面板出现断角。

（4）交叉裂缝和破碎板

交叉裂缝和破碎板是水泥混凝土路面的一种严重破坏形式，对行车的安全和舒适性产生较大的影响。公路运输超载严重，路面板厚度不足或强度偏低，板底脱空基层松散或强度不够，土基的不均匀沉降、地下水位过高、路基液化等都可能会导致路面板出现交叉裂缝或破碎板。另外，当路面出现纵向、横向、斜向等各种裂缝时，如果养护不及时，路表水沿缝隙进入基层或路基，导致基层和路基浸水软化，在重载反复作用下，裂缝会进一步扩展，如此循环，久而久之，路面就会产生交叉裂缝，甚至出现破碎现象。

2. 接缝破坏

接缝是水泥混凝土路面的薄弱环节，出现病害的概率大，类型也多。接缝类病害的发生范围虽然是局部的，但往往会引起板块出现断裂，造成使用寿命迅速降低。

（1）接缝挤碎

接缝挤碎是指邻近接缝或裂缝数十厘米宽度范围内，出现未扩展至整个板厚的裂缝或者混凝土分裂碎块。接缝挤碎主要是由于接缝施工不当（接缝不垂直、上宽下窄，传力杆、拉杆设置不当等），或者填缝料剥落、挤出、老化等原因；同时如果接缝内被硬石子阻塞，当混凝土伸胀时，混凝土板的上部产生集中压应力，在超过混凝土的抗剪强度时，板即发生剪切挤碎；接缝处两端混凝土强度不一致，由于传力杆的作用，同样会造成混凝土板破碎现象，但这种情况一般在普通路段上比较少见，多出现在构造物接头部位。此外，板边混凝土振捣不密实，强度降低，或者接缝中渗入水后，导致基层、路基软弱和唧泥，造成沿接缝边缘处板底小范围的脱落，在行车荷载反复作用下，也会导致接缝出现碎裂。

（2）唧泥和板底脱空

唧泥和板底脱空病害是指板接裂缝或边缘下的基层细料被渗入并滞留在板底的有压水从缝中或边缘处唧出，并由此造成板底面与基层顶面出现局部范围脱空。接缝填缝料失效、基层材料不耐冲刷、接缝传荷能力差和重载反复作用是引起唧泥的主要原因。公路排水系统不完善，如路面横坡设置不当或路基排水不畅时，路基、路面被水浸泡时也会使路面产生唧泥现象，进而出现板底脱空。另外由于基层材料局部松散，路基土压实不均匀或基底不均匀沉降同样会导致板底出现脱空。

（3）错台

错台不但会降低行车舒适性，还会造成路面面板开裂等其他病害。错台原因有：雨水沿接缝渗入基层，在行车荷载作用下产生唧泥，同时相邻块之间产生抽吸作用，使细料向后方板移动、堆集、造成前板低，后板高的错台现象；基层不均匀的沉陷；基础抗冲刷能力较差，基层表面采用沙或石屑等松散细料。

（二）水泥路面病害常见养护维修措施

1. 接缝修补

填缝料的修复办法较为简单，主要是将旧填缝料和接缝清干净，重新灌入新填缝料，其关键是保证填缝料的更换，应做到饱满、密实、黏接牢固，保持接缝完好，表面平顺，清缝、灌缝宜采用专用机具。同时，填缝料更换宜选在春秋两季，或在当地年气温居中且干燥的季节进行。

2. 裂缝修补

混凝土路面的裂缝情况比较复杂，修补时要根据具体的情况采取相应的修补措施，对混凝土路面裂缝的修补可采用压注灌浆法、扩缝灌浆法、直接灌浆法和条带罩面法、全深度补块法。各种修补方法的适用条件如下：

（1）压注灌浆法

适合于宽度在 0.8 mm 以下的非扩展性的表面裂缝修补。

（2）扩缝灌浆法

适合于宽度小于 3 mm 的轻微裂缝修补。

（3）直接灌浆法

适合于非扩展性裂缝的修补。

（4）条带罩面法

适合于贯穿全厚的大于 3 mm 小于 15 mm 的中等裂缝的修补。

（5）全深度补块法

适合于宽度大于 15 mm 的严重裂缝的修补。全深度补块分集料嵌锁法、刨挖法、设置传力杆法。

（6）龟裂处理方法

对于表面裂缝较多及表面龟裂，可采用以下方法进行修补，即把裂缝划为一个施工面，将施工面中的裂缝凿成一块 3 ~ 6 cm 凹槽，清干混凝土碎屑后，浇筑修补混凝土。

3. 孔洞坑槽修补

孔洞、坑槽主要是由于混凝土材料中夹带块木、纸张和泥块等杂物所致，影响行车的舒适性。其修补应根据不同情况采取相应的措施，对个别的坑洞，应清除洞内杂物，用水泥砂浆等材料填充，达到平整密实；对较多坑洞且连成一片的，应采取薄层修补方法进行修补；低等级公路对面积较大，深度在 3 cm 以内成片的坑洞，可用沥青混凝土进行修补。

4. 错台的处治

水泥混凝土路面错台的处置方法，可根据板块错台的高度采取相应的修补方法：

（1）磨平法

错台高度小于等于 10 mm，可采用磨平机磨平，或人工凿平。

（2）填补法

高差大于 10 mm 的严重错台，可采用沥青砂或水泥混凝土进行处治。

5. 板体拱起处治

当胀缝的上部被硬物堵塞，缝两旁的板体因受热伸长而引起板拱起时，应立即用大切缝机将板拱起的部分切除，使相邻板放平，并在缝隙内灌填缝料。

6. 路面磨光处治

为了改善水泥混凝土路面的防滑性能，可采用刻槽机对磨光的路面进行刻槽处理。

7. 板下封堵

板下封堵是指对水泥混凝土路面板下和基层、垫层中的细小空隙进行灌浆，以加固现有路面的技术。在修复水泥混凝土路面时，采用板下封堵的目的是恢复对路面结构的支承，它是通过向这些空隙灌浆而实现的。灌浆时要施加一定的压力，而施加的压力不应使路面板抬升。板下封堵作为一种预防性维护措施，应在板角刚一出现支承丧失的情况就尽快地进行。

8. 加铺面层

（1）加铺水泥混凝土面层

在旧水泥混凝土路面上加铺水泥混凝土路面层的方法有分离式、直接式及结合式三种。结合式加铺层是指对旧水泥混凝土板采取一定技术处理后,使加铺层与旧水泥混凝土板完全黏接在一起,这时可认为层间的相对水平移为零,即连续接触,结合式加铺层水泥混凝土厚度一般不小于 10 cm。直接式加铺层是指加铺层直接铺筑在清扫和清洗之后的旧水泥混凝土板上,层间不做任何的处理,加铺层水泥混凝土路面厚度不小于 14 cm。分离式加铺层是指加铺层与旧水泥混凝土板之间设置一层隔离层,通常采用沥青砂或沥青混凝土,加铺层水泥混凝土层厚一般小于 18 cm。

（2）加铺沥青混凝土面层

在旧水泥混凝土路面上加铺沥青混凝土路面层的方法有直接加铺和碎石化后加铺两种方式。直接加铺适用于旧水泥板板角弯沉较小，板间传荷能力较好的情况，加铺之前还需对旧板的板缝进行清灌缝处理。对于旧板板角弯沉值偏大、板间传荷能力较差的水泥混凝土路面，宜采用将旧水泥板碎石化后进行加铺的方法，可有效预防加铺的沥青面层出现反射裂缝。

第六节 路面养护管理系统简介

一、概述

公路是经济社会发展的重要基础设施，在现代物质流通和市场运作中都占有重要的地位。而路面在使用过程中，由于受到车轮荷载以及环境因素的不断作用，其使用性能将不断降低，从而导致车辆的运行费用（包括油耗、轮胎和保修材料的消耗以及行程时间等）不断增加。因此，在路面使用期内，需要继续投入大量资金用于养护或改建，使之保持一定的性能。很多养护技术相对成熟的国家一直致力于在路面使用年限中对路面使用性能进行不间断的调查和研究，通过对未来年限使用性能变化的预测得出与之相适应的养护方案。在确定实际的养护方案的过程中，能够使路网的使用品质保持在良好的状态。

事实证明：维持路网性能和服务水平好坏的有效工具是路面管理系统。路面管理系统又称之为 Pavement Management System，路面管理系统就是结合路面使用性能预测的结果，满足用户最小的投入和最大的效益比的养护决策工具。它主要解决在哪些路段需要养护（Which）、什么时候养护（When）、采取何种措施养护的问题（What），称为“3W”问题。

路面管理系统可分为网级管理和项目级管理两个层次，以分别适应不同的管理层次的需求。网级管理系统的范围，适用于一个地区（省、市）的公路网或一大批工程项目；而项目级管理系统仅针对一个工程项目，它的主要任务是为管理部门，对某一工程进行技术决策时提供对策，以选择费用最佳的方案。网级管理包括的内容有：分析路况、规划路网、优化排序、经济分析、计划实施。项目级管理包括的主要内容有：路面结构分析、寿命周期费用分析、经济评价、优化排序、方案实施。从以上分析可以发现，路面管理系统无论是网级还是项目级，均包含以下因素：

（一）道路使用性能状况日常检查和数据库管理系统

采集、存储、处理、检索路面管理系统所需的各种数据。

（二）使用性能评价模型

依据采集来的数据，选择能反映道路结构设计特点、功能特点、服务特点、管理特点的指标，按照一定的标准进行评定，其结果是进行道路设施养护对策分析、需求分析以及项目优化排序的重要依据。

（三）养护对策模型

依据技术状况，综合考虑技术、材料、环境、经济等因素，选择技术上先进、经济上合理的对策方案。

（四）设施使用性能预估模型

从资源合理分配的角度出发，结合上述的各个模型考虑道路设施在寿命周期内的费用与效益情况，采用多目标决策和数学规划原理，将有限的道路养护资金合理分配到道路中去，以尽可能提供最好服务水平的道路设施。它是进行项目规划和排序的重要依据之一。

实施路面管理系统的重要意义在于可以帮助管理部门改善所要做出的决策，扩大了决策范围，为决策的效果及时提供反馈信息，以积累管理经验，并保证管理部门内部的协调一致。但需要说明的是，路面管理系统只是一种辅助决策工具，它是为相关管理部门的决策提供依据和进行项目分析的工具，其本身并不进行决策。其主要功能主要包括：①可通过采集到的客观资料说明路面现状，以便及时采取相应的措施解决存在的问题；②可迅速、及时查询有关管理信息、数据、资料等，利用客观数据分析解决日常管理工作中遇到的问题，提高决策的科学性和效率；③可以利用具有一定可靠度的预估模型，预测未来路面状况的发展变化、可能采取的养护、改建对策；④可以客观数据为依据，分析不同投资水平对路段、路网状况和服务水平的影响；⑤为科学、合理、有效地分配有限的资金和资源提供费用—效益最佳方案；⑥可合理评价各种设计方案，为选择费用—效益最佳方案提供分析工具；⑦利用采集到的数据，考察、评价设计、施工和养护效果，为改善和更新不合理的设计、施工、养护方法提供客观、科学的依据；⑧路面管理系统的实施将带来管理方式和观念上的更新。

二、路面管理系统的数据库

路面管理系统涉及路面的规划、设计、施工、评价和相关研究工作。因此，与上述工作相关的数据库就成为路面管理系统的核心。

为了实现路面管理系统的目标，为路面养护和修复对策提供支持，施工和养护历史数据对于路面模型的开发至关重要。不断收集起来的路面资料为开发、更新、评价在规划和设计中用的路面模型提供了基础。路面施工资料包括材料的质量信息，例如混凝土的抗弯强度、沥青混凝土的密实度等。路面养护资料包含所有影响使用的养护工作，例如封缝、补坑、表面剥落等。高效的养护将使得使用周期大于设计周期成为可能。

使用性能评价的主要目的是确定路面结构现有状况。常用的 4 项关键测试可以用来确定路面状况：①不平整度（与行车舒适性有关）；②表面破损；③弯沉（与结构承载能力有关）；④表面摩擦（与安全有关）。

上述四项指标和养护、用户费用一起被作为路面的管理系统的输出参数，即它们是确定路面是否令人满意的变量。这些输出变量多数在设计阶段就应预测，并且在路面服务期间予以结束。如果有足够的资金进行修复，则一个新的服务周期又重新开始。

三、路面损坏的预测模型

为了预估路网中某些路段的服务年限，有必要预测路面评价指标的变化规律，从而进行维护需求的分析和评价。

为了建立路面损坏预测模型，必须具备这些基本条件：①满足需求的数据库；②包含影响路面损坏的所有重要因素；③认真选择能代替实际情况的预测模型的形式；④合理评价模型精度的标准。

路面预测模型可分为两种基本类型：确定型和概率型。确定型模型可以用于结构基本响应的确定等。

四、决定需求维修年和实施维修年

在拥有足够资金的前提下，改建已达到最大容许破坏程度的路段的年份就是实施维修年，此时维修需求年和实施维修年是一致的。但是如果资金不足，特别是路网中其他路段享有更高的优先权时，实施维修年将被推迟。相反，某些特殊路段，如交通荷载较重的路段，将需要提前实施维修年，这能产生显著的经济效益。

另一种改变需求维修年及可能的实施维修年的方法是改变最低容许路面损坏程度标准。目的是把实施维修年限制在一个比较实用和经济的范围内。例如，边疆地区提前实施维修年对于已经出现某些破坏的路面可以起到预防性养护作用。另一方面，过分推迟实施维修年将可能耗费日益增长的过量的维修费用。同样，它也会限制原本可行的设加铺层或重建的方案。

损坏预测模型的可靠性会影响到对维修需求年和实施维修年的正确确定。因此，损坏预测模型应根据实际情况进行定期修正。预测年限也应控制在一定的时间范围内，以便预测模型能与交通量等相关变量保持较好的一致性。

参考文献

[1] 李珍贵，张亮，王绍兵主编 . 道路桥梁工程 [M]. 天津：天津科学技术出版社，2017.

[2] 徐鸣，吴军华，张磊主编 . 道路桥梁与工程 [M]. 长春：吉林科学技术出版社，2017.

[3] 苏志忠编著 . 道路与桥梁工程概论 [M]. 北京：人民交通出版社股份有限公司，2017.

[4] 陈武林，徐晖，周小俊主编 . 道路与桥梁工程 [M]. 天津：天津科学技术出版社，2017.

[5] 张玲，朱明明主编 . 道路桥梁工程概论 [M]. 长春：吉林大学出版社，2017.

[6] 刘存柱，张丽，王加弟 . 道路建筑材料（道路桥梁工程技术专业用）[M]. 北京：人民交通出版社，2017.

[7] 周小勇主编; 李田军，李娜副主编 . 土木工程专业毕业设计指导书: 道路桥梁工程分册 [M]. 武汉：中国地质大学出版社，2017.

[8] 徐永峰主编 . 道路与桥梁工程概论 [M]. 长春：吉林大学出版社，2018.

[9] 唐莉，黄春水主编 . 道路与桥梁工程 [M]. 长春：吉林大学出版社，2018.

[10] 武太峰，苗振旭，王光耀编著 . 道路桥梁工程与路基路面 [M]. 天津: 天津科学技术出版社，2018.

[11] 何德文，王庆良，张秋月著 . 公路路基路面施工质量控制研究 [M]. 长春：东北师范大学出版社，2018.

[12] 张健，刘博强，刘彩英著 . 山区高速公路路基路面施工技术与研究 [M]. 长春：吉林科学技术出版社，2018.

[13] 李志农，陈杰，王翠著 . 风积沙路基公路设计施工与防沙 [M]. 上海: 上海科学技术出版社，2018.

[14] 张俊著 . 道路工程施工技术 [M]. 武汉：华中科技大学出版社，2018.

[15] 颜景波著 . 道路施工技术研究 [M]. 天津：天津科学技术出版社，2018.

[16] 于玲，闫晓慧著 . 斜向连续配筋预应力水泥混凝土路面的应用技术研究 [M]. 郑州：黄河水利出版社，2018.

[17] 应惠清 . 土木工程施工下册第三版 [M]. 上海：同济大学出版社有限公司，2018.

[18] 安关峰主编 . 市政道路桥梁工程质量通病防治指南 [M]. 北京：中国建筑工业出版社，2019.

[19]（中国）周静，刘占良．高职高专道路桥梁工程类课程规划教材 公路工程资料编制与管理第二版 [M]. 大连：大连理工大学出版社，2019.

[20]（中国）顾俊．江苏联合职业技术学院院本教材 道路桥梁工程检测技术 [M]. 北京：人民交通出版社，2019.

[21] 辛建丽编．道路桥梁工程技术专业系列规划教材 高等职业教育“十三五”规划教材 公路工程计量与计价修订版 [M]. 北京：科学出版社，2019.

[22] 张忠主编．道路与桥梁工程施工技术 [M]. 北京：中国建材工业出版社，2019.

[23]（中国）彭彦彬，张银峰．道路桥梁工程概论第 2 版 [M]. 郑州：黄河水利出版社，2019.

[24] 江斗，刘成，熊文斌主编．道路桥梁和工程建设 [M]. 北京：中国石化出版社，2020.

[25] 王修山主编．道路与桥梁工程概论 [M]. 北京：机械工业出版社，2020.

[26] 韩婧著；瞿澜绘．桥梁 [M]. 北京：电子工业出版社，2020.

[27] 张庆勋著．桥梁工程与施工管理 [M]. 长春：吉林科学技术出版社，2020.

[28] 郭健主编．公路桥梁工程概预算 [M]. 北京：人民交通出版社，2020.

[29] 王立军主编．道路工程检测 [M]. 西安：西北工业大学出版社，2020.

[30] 于洪江，李明樾主编．道路工程施工技术 [M]. 重庆：重庆大学出版社，2020.